ÉVEILLEZ VOTRE TROISIÈME ŒIL

Éloges pour *Éveillez votre troisième œil*

« Les livres de Susan ont toujours été une source inestimable pour mes propres écrits et mes enseignements, et avec *Éveillez votre troisième œil,* elle nous donne la clé de la vision intérieure et de l'intelligence spirituelle : « l'œil de Dieu », qui nous aide à voir le monde à travers une lentille de lumière. »

— Cyndi Dale, auteure de
Le Corps subtil, La Bible de la guérison par les chakras, La Voyance au quotidien et *Kundalini.*

« Jetant un pont entre la science, la philosophie et la pratique, ce livre est une véritable mine d'informations. Je ne peux imaginer un ouvrage plus complet et plus exhaustif sur l'ouverture du sixième chakra et la découverte du portail menant à l'éveil transcendant. Un petit bijou plein à craquer d'intuitions spirituelles. »

— Anodea Judith, Ph. D., auteure de
Les Roues de la vie et *Les Chakras*

« Certains livres divertissent alors que d'autres amènent une prise de conscience. Il est rare d'en trouver un qui fasse les deux à la fois. *Éveillez votre troisième œil* de Susan Shumsky illumine. Ses méthodes éprouvées peuvent vous aider à ouvrir votre troisième œil – la source de pouvoir, d'intuition et de sagesse – et du même coup vous transformer d'une chenille spirituelle en un papillon éclairé. »

— Dr Joe Vitale, auteur de
Zéro limite et *Le Facteur d'attraction*

« Je doute que quiconque ait jamais écrit de façon aussi exhaustive et effectué autant de recherches que Susan Shumsky sur le troisième œil. Dans *Éveillez votre troisième œil*, elle a compilé d'innombrables références historiques, des recherches scientifiques approfondies et de nombreux exercices mettant en lumière les bienfaits (et la facilité) de l'ouverture du chakra du troisième œil et du savoir intérieur. Son expérience comme membre du personnel de Maharishi Mahesh Yogi pendant sept ans sert ici de toile de fond aux informations contenues dans ce livre. »

— Denise Linn, auteure de *Coaching de l'âme* et *Secrets et mystères*

« Avec ce livre, Susan Shumsky nous ouvre les yeux sur tout ce qui peut nous être révélé une fois que nous avons ouvert notre troisième œil. Un tout nouveau monde s'offre à nous. À la fois plan détaillé du champ énergétique humain et guide pratique de l'éveil spirituel, *Éveillez votre troisième œil* vous montrera comment ouvrir votre troisième œil et vivre votre propre éveil spirituel. Que peut-il y avoir de mieux ? »

— Colin Tipping, auteur de *Le Pouvoir du pardon radical*

« Susan Shumsky a su conjuguer différentes pratiques anciennes à ses 47 ans d'expérience spirituelle dans le domaine de la méditation, de la prière, du yoga et de l'intuition, pour concevoir des méthodes efficaces qui vous aideront à éveiller votre troisième œil. »

— Mas Sajady, guérisseur spirituel

ÉVEILLEZ VOTRE TROISIÈME ŒIL

Comment votre sixième sens peut vous aider à trouver savoir, illumination et intuition

Susan Shumsky, D. D.

Traduit de l'anglais par
Christian Hallé

ADA éditions

Éditeur : François Doucet
Traduction : Christian Hallé
Révision linguistique : Maryse Faucher
Correction d'épreuves : Nancy Coulombe, Féminin pluriel
Conception de la couverture : Matthieu Fortin
Photo de la couverture : © Thinkstock
Mise en pages : Sébastien Michaud
ISBN papier 978-2-89767-161-7
ISBN PDF numérique 978-2-89767-162-4
ISBN ePub 978-2-89767-163-1
Première impression : 2016
Dépôt légal : 2016
Bibliothèque et Archives nationales du Québec
Bibliothèque Nationale du Canada

Éditions AdA Inc.
1385, boul. Lionel-Boulet
Varennes, Québec, Canada, J3X 1P7
Téléphone : 450-929-0296
Télécopieur : 450-929-0220
www.ada-inc.com
info@ada-inc.com

Diffusion

Canada :	Éditions AdA Inc.
France :	D.G. Diffusion
	Z.I. des Bogues
	31750 Escalquens — France
	Téléphone : 05.61.00.09.99
Suisse :	Transat — 23.42.77.40
Belgique :	D.G. Diffusion — 05.61.00.09.99

Imprimé au Canada

Québec
Crédit d'impôt livres
Gestion SODEC
Financé par le gouvernement du Canada
Canada

Participation de la SODEC.
Nous reconnaissons l'aide financière du gouvernement du Canada par l'entremise du Fonds du livre du Canada (FLC) pour nos activités d'édition.
Gouvernement du Québec — Programme de crédit d'impôt pour l'édition de livres — Gestion SODEC.

Catalogage avant publication de Bibliothèque et Archives nationales du Québec et Bibliothèque et Archives Canada

Shumsky, Susan G.

[Awaken your third eye. Français]
Éveillez votre troisième œil
Traduction de : Awaken your third eye.
ISBN 978-2-89767-161-7
1. Perception extrasensorielle. 2. Parapsychologie. I. Titre. II. Titre : Awaken your third eye. Français.

BF1321.S5814 2016 133.8 C2016-940074-3

Avertissement

Éveillez votre troisième œil peut vous aider à vous familiariser avec le domaine complexe de la méditation, du développement spirituel et du yoga, mais l'auteure ne prétend en aucun cas enseigner les techniques décrites de façon exhaustive. Il est par conséquent recommandé de suivre une formation personnelle. *Éveillez votre troisième œil* n'est pas un guide indépendant d'autoguérison. Susan Shumsky n'est pas médecin ; elle ne propose ni diagnostic ni traitement. Les méthodes, les exercices et les postures suggérés dans ce livre n'impliquent aucune prétention à exercer la médecine, même si des « bienfaits » et des « possibilités de guérison » spécifiques sont mentionnés. Consultez un médecin ou un psychiatre avant de suivre les méthodes et les suggestions offertes dans ce livre. Susan Shumsky, ses agents, ses cessionnaires, ses concessionnaires et ses représentants officiels, de même que Divine Revelation, Teaching of Intuitional Metaphysics et New Page Books, ne revendiquent rien et n'ont aucune obligation et se dégagent de toute responsabilité légale pour ce qui est de l'efficacité, des résultats et des bienfaits pouvant être retirés de la lecture de ce livre, ou de l'utilisation des méthodes décrites, ou du fait d'avoir pris contact avec quiconque mentionné dans ce livre ou sur le site Web *www.divinerevelation.org* ; ne peuvent être tenus responsables des accidents ou des blessures que vous pourriez encourir ; et se déclarent innocents de toute revendication, responsabilité, perte ou dommage causé ou provoqué par le fait d'avoir suivi l'une des suggestions faites dans ce livre, ou d'avoir pris contact avec quiconque mentionné dans ce livre ou sur le site Web *www.divinerevelation.org*.

Dédicace

J'offre ce livre, avec tout mon amour, à ces précieuses âmes qui luttent et qui font des sacrifices pour atteindre l'illumination spirituelle, et à tous ces maîtres qui nous ont montré la voie vers le sommet de la montagne. Avec tous les professeurs et aspirants professeurs dévoués à la vérité suprême, je partage ce don de lumière en reconnaissance de toutes les années que vous avez passées sur la voie.

Remerciements

Je souhaite exprimer mon appréciation à tous ceux qui m'ont aidée à mettre ce livre sous presse. Tout d'abord, je veux remercier Jeff et Deborah Herman, qui, en plus d'être mes agents et mes conseillers, sont également mes plus fidèles amis. Merci également à Michael Pye et Laurie Kelly-Pye, qui m'ont demandé d'écrire ce livre, qui se sont tenus à mes côtés pendant plus d'une décennie, et pour qui j'ai la plus grande admiration et le plus grand respect. Merci à Adam Schwartz, Eileen Munson, Jeff Piasky et toute l'équipe de New Page Books, qui ont travaillé avez zèle pour que ce livre puisse voir le jour.

Durant la rédaction de ce livre, j'étais sous les soins et l'œil vigilant de plusieurs amis et adeptes qui m'ont aidée à surmonter certains obstacles tout particulièrement difficiles. Je tiens à mentionner et à remercier Til Luchau, Amy Valenta, Marsha Clark, Hani Saeed, Pat Dorsey, Annette Gore, Helaine Hayutin, Gail Hayutin, Abbie Hayutin et Sid Hayutin pour leur amour et leur soutien.

Je souhaite remercier tout spécialement ces mentors qui m'ont soutenue dans ma quête pour ouvrir et explorer mon troisième œil, entre autres Maharishi Mahesh Yogi, Peter Victor Meyer, Raman Kumar Bachchan, ainsi que tous mes maîtres et êtres divins de lumière, tels que l'immortel Mahamuni Babaji et le Saint-Esprit. Sans ces magnifiques étoiles pour me guider, je n'aurais aucune compréhension des énergies subtiles et mon troisième œil ne se serait pas ouvert.

Table des matières

PREMIÈRE PARTIE

À la découverte du troisième œil

1

Qu'est-ce au juste qu'un troisième œil ?

La lampe du corps, c'est l'œil. Si donc ton œil est sain, ton corps tout entier sera dans la lumière.
— Jésus de Nazareth

Récemment, un monsieur nommé Craig Loverich de la Nouvelle-Zélande a partagé son expérience du troisième œil avec moi :

« Je m'étais mis au lit après avoir commencé à lire votre livre intitulé *Ascension*. Quelques instants après avoir fermé les yeux, j'ai vécu une expérience merveilleuse… comme une explosion dans mon esprit. Je ne savais pas ce que c'était. On aurait dit que tout mon esprit avait été recouvert d'une éclatante peinture blanche. Cela n'a duré que quelques instants, mais c'était génial. Je n'avais jamais rien vécu de pareil. Cela m'a laissé par la suite un sentiment de paix et de pureté.

« Sur le coup, je n'ai pas compris ce qui s'était passé. Mais plus loin dans votre livre, j'ai lu les informations que vous donnez sur ce phénomène. Depuis, cela s'est reproduit. »

La description de Craig est typique de ce qui peut arriver quand s'ouvre votre troisième œil. Cet heureux événement est le signe d'un éveil à un niveau de conscience supérieur.

Voir avec votre troisième œil

Qu'est-ce que le troisième œil ? Et comment l'ouvrir ?

Par la fenêtre de vos yeux, vous pouvez observer le paysage constamment changeant de votre monde splendide et miraculeux. Vous pouvez prendre plaisir à regarder la glorieuse manifestation de la création autour de vous, qu'il s'agisse du monde naturel ou d'objets fabriqués par l'homme. Vous percevez ce monde magnifique avec vos cinq sens : la vue, l'ouïe, le goût, l'odorat et le toucher.

Mais il existe un sixième sens. Grâce à ce pouvoir sensoriel supérieur, vous pouvez franchir le portail menant aux royaumes subtils de l'existence. Vous pouvez développer un œil intérieur et voir un monde invisible, composé de multiples dimensions, de réalités différentes, de plans subtils, de mondes spirituels remplis de lumière et d'univers parallèles d'une indescriptible splendeur. Cet œil de sagesse, de savoir, d'illumination et d'intuition porte à juste titre le nom de « troisième œil ».

Le mécanisme de la vision, selon la science, est un mariage entre l'objet perçu, nos deux yeux et notre cerveau. On croit que le mécanisme de la vision intérieure (ou intuitive) utilise un troisième œil situé dans la glande pinéale. Cette glande, quelque peu mystérieuse pour la médecine allopathique moderne, est bien connue de la médecine ayurvédique de l'Inde ; de la médecine chinoise ; de plusieurs cultures, qu'elles soient druidique, judaïque, islamique, taoïste, maya, tibétaine ou aborigène ; ainsi qu'en Égypte, à Sumer, en Assyrie, à Babylone, en Grèce, à Rome et en Mésoamérique durant l'Antiquité.

En Inde, ce troisième œil est appelé *ājñā chakra*, un plexus d'énergie subtile au centre du cerveau, situé dans la glande pinéale. C'est le portail de la vision supérieure, où vous pouvez voir ce qui est invisible à vos yeux. L'*ājñā* chakra ne se trouve pas dans votre corps physique. Si vous disséquiez un cadavre, vous ne le trouveriez nulle part. Il est situé dans votre corps subtil.

Durant l'Antiquité et l'époque moderne, ce troisième œil situé dans la glande pinéale a porté plusieurs noms : « œil divin », « œil-qui-voit-tout », « œil de l'esprit », « œil de l'âme », « œil intérieur », « œil de l'illumination », « œil de la sagesse », « œil d'Horus », « troisième œil », « œil de la providence », « œil de Dieu », « sixième chakra », « *ājñā* chakra » et « chakra du front ».

Dans ce livre, vous explorerez en profondeur ce que l'on appelle le troisième œil. Vous découvrirez le fonctionnement de votre corps subtil et sa relation avec le corps physique. En utilisant les méthodes présentées dans ce livre, vous apprendrez comment éveiller votre troisième œil et développer votre perception suprasensorielle à l'aide de diverses méthodes traditionnelles et non traditionnelles, anciennes et modernes.

Pourquoi développer votre troisième œil ?

Explorer votre troisième œil peut vous apporter des bienfaits inestimables. Cet œil de sagesse et d'intuition est littéralement votre maître intérieur. En Inde, la planète Jupiter, associée au troisième œil, est appelée *Gurú*, un terme que l'on peut traduire par « précepteur spirituel » ou « maître ». Par conséquent, en éveillant et en développant votre troisième œil, vous établissez des lignes de communication entre votre ego et votre moi supérieur.

Que peut faire pour vous ce maître intérieur ? C'est simple : des miracles ! Quand vous ouvrez l'œil de la sagesse intérieure, vous recevez un flot de conseils divins. Une fois que vous aurez appris à percevoir ce flot, à lui donner libre cours, à lui faire confiance, puis à vérifier qu'il s'agit bien de quelque chose de réel, et finalement à suivre les conseils intérieurs que vous recevez, alors des miracles commenceront à se produire partout, dans tous les secteurs de votre vie.

Le troisième œil est l'œil de l'illumination qui fait briller la lumière de la sagesse sur votre chemin. Il est celui qui vous montre la voie, le signal lumineux qui vous guide vers votre véritable destination : la demeure à laquelle vous aspirez depuis toujours. C'est le phare de votre conscience, ce que tous les chercheurs de vérité espèrent atteindre. Au milieu de ce trésor se trouve votre vision intérieure, l'essence et la source même de votre véritable moi. C'est un lieu de paix parfaite, de compréhension divine, de joie intérieure, d'épanouissement et de pure satisfaction.

Le troisième œil est l'endroit où se trouve la vérité, où tout ce qui est faux meurt et disparaît. Rien de faux ne peut vivre dans la lumière de la pure sagesse. Le troisième œil est le siège du discernement et de la discrimination. Là, vous distinguez entre ce qui est réel et ce qui est irréel. La vérité brille dans ce rayonnement intérieur, où vous êtes enveloppé de la lumière divine, qui luit pareillement sur tous, sur les justes et les injustes, sur les riches et sur les pauvres, sur les personnes en santé et sur les malades, sur les hommes et sur les femmes, quel que soit leur parcours, leur religion, leur statut social ou leur niveau économique.

Voici ce à quoi vous pouvez vous attendre en ouvrant ce miraculeux œil intérieur de sagesse :

- Une plus grande confiance en vous à mesure que vous découvrez votre véritable mission ;
- Une plus grande sagesse à mesure que vous puisez à la source de toute sagesse ;
- Un accès à des conseillers intérieurs qui vous guideront en cours de route ;
- La capacité de prendre des décisions sans effort, avec détermination, certitude et assurance ;
- Une clarté d'esprit dans tout ce que vous faites ;
- Le développement de vos aptitudes psychiques et intuitives ;
- Le développement spirituel d'une plus haute conscience ;

- Une communication directe avec des êtres supérieurs ;
- Un plus grand sentiment de paix intérieure, d'épanouissement, de satisfaction et de joie ;
- La capacité de percevoir la réalité et la vérité au-delà des illusions ;
- Des dons spirituels de perception subtile, de prophétie et de communication directe ;
- La santé, le bien-être, la longévité et la jeunesse.

Évaluez votre quotient spirituel

Vous ne savez peut-être rien des concepts abordés dans ce livre, ni même du troisième œil. Ou peut-être avez-vous étudié différentes disciplines spirituelles au cours des dernières décennies. Même si vous pensez être un expert, ce petit questionnaire pourrait vous donner du fil à retordre. Vérifiez l'état de vos connaissances en encerclant la bonne réponse pour chacune de ces questions.

1. Qu'est-ce que le troisième œil ?

A. L'œil qui voit tout au niveau du front.
B. Un cyclope.
C. Une habileté de clairvoyance.
D. Le siège de la sagesse.
E. Une expérience hallucinogène sans fin.

2. *Qu'est-ce qu'un chakra ?*

   A. Une roue.
   B. Le centre du corps.
   C. Une sorte d'énergie qui devrait être en équilibre dans le corps.
   D. Un nerf.
   E. Un chat qui sent mauvais.

3. *Qu'est-ce que l'*āјñā *chakra ?*

   A. Le plus haut centre d'énergie.
   B. Le centre de commande.
   C. Ma chance de connaître l'illumination.
   D. Un plexus au sein du système nerveux.
   E. Choc et effroi.

4. *Que fait la glande pinéale ?*

   A. Elle produit des hormones masculines.
   B. Elle éveille le troisième œil.
   C. Elle sécrète de la pinoline dans le noir.
   D. Elle régule le métabolisme du sucre.
   E. Elle produit des pommes de pin pour le père Noël.

5. *Qui a dit que la glande pinéale était le « siège de l'âme » ?*

   A. Platon.
   B. Baruch de Spinoza.
   C. René Descartes.
   D. Ralph Waldo Emerson.
   E. Dr Scholl.

6. *Qu'est-ce que la DMT ?*

A. Une substance qui déclenche des expériences psychédéliques.
B. Une substance utilisée par le troisième œil pour voir la lumière intérieure.
C. Une substance qui éveille le *prāṇa* dans le corps.
D. Une substance qui produit de la mélatonine.
E. L'endroit où vous passez votre examen de conduite.

7. *Que signifie le mot* Gurú ?

A. L'*ājñā* chakra.
B. La planète Jupiter.
C. Le troisième œil.
D. Un professeur qui sait mieux que moi ce qui est bon pour moi.
E. Gollum dans une vie antérieure.

8. *Que signifie le mot* prāṇa ?

A. Souffle ou respiration.
B. Énergie subtile.
C. Le souffle de vie.
D. Un exercice de respiration.
E. Un poisson mangeur d'hommes.

9. *Qu'est-ce qu'un* nāḍī ?

A. Un son.
B. Un taureau chevauché par Shiva.

C. Un conduit d'énergie subtile.
D. Un mot qui signifie « rien ».
E. L'endroit où je peux vérifier le prix des voitures d'occasion.

10. *Qu'est-ce que la* kuṇḍalinī ?

A. Une énergie dans le troisième œil.
B. Le pouvoir du serpent.
C. Le signe que je vis une expérience de conscience supérieure.
D. Une déesse indienne.
E. Une sorte de pâte.

11. *Qu'est-ce que le* suṣumṇā ?

A. Un conduit d'énergie subtile.
B. Un conduit d'énergie qui est toujours ouvert.
C. Un conduit d'énergie dans le cerveau.
D. Un conduit d'énergie par lequel passe la *kuṇḍalinī*.
E. Le nom de l'auteure de ce livre.

12. *Que sont l'*iḍā *et le* piṅgalā ?

A. Des plexus nerveux dans le corps.
B. Les fonctions automatiques du repos, de la digestion, de l'alimentation et de la reproduction.
C. Des conduits d'énergie associés au système nerveux autonome.
D. Les côtés masculin et féminin du corps.
E. Des jumeaux siamois.

13. *Qu'est-ce qu'un* granthi ?

A. Un esprit en détresse.
B. Un nœud psychique.
C. Un attachement aux choses matérielles.
D. Un blocage énergétique des chakras.
E. Ce que fait un type obèse après avoir mangé trop vite.

14. *Qu'est-ce qu'un* bandha ?

A. Un blocage musculaire.
B. Une posture de yoga.
C. Un exercice de respiration.
D. L'action d'élever le diaphragme.
E. Un type portant un masque de ski qui me vole sous la menace d'un revolver.

15. *Qu'est-ce que le* sóma ?

A. Le nectar de la vie éternelle.
B. Le corps physique.
C. Le corps subtil.
D. L'énergie vitale du corps.
E. La sœur de Yo-Yo Ma.

16. *Qu'est-ce que le yoga ?*

A. Un programme d'exercice physique.
B. Des exercices de respiration.
C. Une philosophie orientale.

D. Un mot sanskrit signifiant « union ».
E. Le copain de Boo-Boo.

17. *Que sont les Yoga-Sūtra ?*

A. Un dialogue entre Shiva et la Mère divine.
B. Les aphorismes d'anciens prophètes.
C. Les liens d'une union divine.
D. Les aphorismes du hatha-yoga.
E. Ce que les extraterrestres ont utilisé pour construire l'« Aiguille de l'espace ».

18. *Qu'est-ce qu'un* siddhi *?*

A. Un *yoga-sūtra* de Patañjali.
B. La plus haute intention d'un méditateur.
C. Un retrait des sens.
D. La perfection.
E. New York, New York.

19. *Qu'est-ce qu'un* āsana *?*

A. Une pratique de méditation.
B. Un siège.
C. Un chant.
D. Un exercice.
E. Le bas du dos de J.Lo.

20. *Qu'est-ce que le* prāṇāyāma *?*

A. Un exercice de yoga pour la flexibilité.
B. Une pratique yogique de la méditation.

C. La meilleure façon de développer la clairvoyance.
D. Une façon d'augmenter l'énergie vitale par la respiration.
E. Une marque d'essuie-tout.

21. *Qu'est-ce que le* samādhi *?*

A. L'immobilité de l'esprit et du corps.
B. Une forme de méditation.
C. Une philosophie indienne.
D. Être libéré de la roue karmique.
E. Samedi à Paris.

22. *Qu'est-ce que les PES ?*

A. Le fait de voir, d'entendre et de sentir sans l'aide des sens.
B. Acquérir un savoir supérieur.
C. Prédire l'avenir.
D. Avoir intérieurement des expériences sensorielles subtiles.
E. Une chaîne de sport à la télévision.

23. *Qu'est-ce que la clairvoyance ?*

A. Voir clairement.
B. Entendre clairement.
C. Toucher clairement.
D. Sentir clairement.
E. La sœur jumelle de Clair de Lune.

24. *Qu'est-ce que l'intuition ?*

A. La télépathie.
B. Quelque chose que les femmes ont.
C. Un aperçu.
D. Prédire l'avenir.
E. Ce que je dois débourser pour aller à l'université.

Évaluez votre résultat

Marquez un point pour chaque bonne réponse. Les réponses sont les suivantes.

1 : D. Votre troisième œil, situé dans la glande pinéale, est connu comme étant le siège de la sagesse, de l'illumination spirituelle, de la connaissance, de l'intuition supérieure et des sens de perception supérieure : clairvoyance, clairaudience et clairsentience.

2 : A. Le mot sanskrit *cakra* signifie « roue ». Ces centres énergétiques de votre corps subtil possèdent un moyeu, où convergent plusieurs conduits d'énergie, et ils ont des rayons ou des radiations d'énergie. Quand vos chakras sont complètement ouverts, vous êtes robuste, en santé et heureux.

3 : B. L'*ājñā* chakra, situé au niveau de la glande pinéale, est le siège du troisième œil. Tous les chakras sont des plexus d'énergie, mais le sixième chakra majeur est appelé *ājñā*, ce qui signifie littéralement « centre de commande ».

4 : C. La pinoline est produite par la glande pinéale durant le métabolisme d'une autre hormone appelée mélatonine. La production de mélatonine, stimulée par l'absence de lumière, est reliée aux rythmes circadiens.

5 : C. René Descartes a beaucoup étudié la glande pinéale et croyait qu'il s'agissait du point de contact entre l'intellect et le corps. Il a été critiqué par Baruch de Spinoza pour cette croyance.

6 : A. La substance chimique DMT, ou diméthyltryptamine, est un puissant hallucinogène qui a un effet important sur la conscience humaine. Certains chercheurs croient qu'elle est produite par la glande pinéale et que son ingestion pourrait éveiller le troisième œil.

7 : B. *Gurú* est le mot sanskrit pour la planète Jupiter, connue comme étant le précepteur des dieux. L'*ājñā* chakra (troisième œil) est associé à Jupiter. Les racines sanskrites *gu* et *ru* signifient « ténèbres » et « lumière », respectivement. Par conséquent, un vrai *gurú* (maître) est celui qui chasse les ténèbres de l'ignorance pour faire briller la lumière de la connaissance.

8 : A. Le mot sanskrit *prāṇa* signifie « souffle ou respiration ». Le *prāṇa* est la force vitale à l'intérieur de tout ce qui existe dans l'univers. Aussi appelé *chi* ou *qi*. Le *prāṇamaya kośa* (l'enveloppe énergétique du corps subtil) est présent dans tous les chakras, y compris dans le troisième œil.

9 : C. *Nāḍī* est un mot sanskrit pour les conduits d'énergie subtile, à travers lesquels le *prāṇa* (la force vitale) circule dans le corps sensible. Le mot sanskrit *nāda* signifie « son », et *Nandi* est le taureau de Shiva. Le mot espagnol *nada* signifie « rien ».

10 : B. Le mot sanskrit *kuṇḍalinī* signifie littéralement « lové ». Il s'agit d'une puissante énergie vitale située à la base de la colonne vertébrale et qui, une fois éveillée, apporte des expériences inhabituelles, des sensations corporelles, des pouvoirs supranormaux et une conscience supérieure de soi. La *kuṇḍalinī* est souvent appelée « anneau mystique » ou « pouvoir du serpent », parce que cette énergie est enroulée au niveau du chakra de base, puis se déroule comme un cobra avec son capuchon au-dessus de notre tête.

11 : D. Le *suṣumṇā* est un conduit spécifique d'énergie (*nāḍī*) à travers lequel circule la *kuṇḍalinī*. Il commence à la base de la colonne vertébrale et remonte le long de celle-ci jusqu'au chakra couronne, au-dessus de la tête. Le *suṣumṇā* est fermé chez la plupart des individus, mais quand la *kuṇḍalinī* s'éveille, il force l'ouverture du *suṣumṇā* et circule à travers celui-ci.

12 : C. *Iḍā* et *piṇgalā* sont des tubes d'énergie subtile qui régulent le système nerveux autonome. *Iḍā* est associé au système parasympathique et *piṇgalā*, au système sympathique.

13 : B. Les nœuds psychiques, ou *granthi*, sont des blocages qui empêchent la libre circulation du *prāṇa* à travers le corps subtil. Les trois principaux *granthi* sont situés au niveau du chakra racine à la base de la colonne vertébrale (asservissement au plaisir physique), du chakra du plexus solaire dans l'abdomen (asservissement à l'action et à la vie matérielle) et du troisième œil dans la glande pinéale (asservissement aux idées et aux pouvoirs psychiques).

14 : A. Les *bandha* sont des entraves musculaires ; les exercices de yoga traditionnels amènent la *kuṇḍalinī*, normalement située dans le chakra de base, à remonter à travers le *nāḍī suṣumṇā* jusqu'au-dessus de la tête, dans le chakra couronne.

15 : A. Le *sóma*, le nectar de l'immortalité, est une mystérieuse substance mentionnée dans les anciens écrits indiens. Les yogis croient qu'elle est sécrétée par la glande pinéale, siège du troisième œil. On dit que sa production est stimulée par la pratique yogique du *khecarī mudrā.*

16 : D. Le mot sanskrit *yoga* vient de la racine *yuj*, qui signifie « unir ». Le but du yoga, par conséquent, est d'unir ou d'unifier l'esprit individuel (le moi) à l'esprit universel (le divin). La philosophie du yoga est l'un des six principaux systèmes philosophiques de l'Inde. Le hatha-yoga, qui enseigne la culture physique, y compris des postures et des exercices de respiration, est l'une des huit voies principales du yoga.

17 : C. Les textes sanskrits du sage Patañjali, appelés *Yoga-Sūtra*, écrits au Xe siècle, signifient littéralement « union divine ». Il s'agit d'un recueil d'aphorismes qui enseigne l'*aṣṭāṇga yoga* (les huit membres du yoga), soit la base de la voie appelée *rāja yoga.*

18 : D. Le mot sanskrit *siddhi* signifie « perfection ». Les *Yoga-Sūtra* de Patañjali sont un texte ancien de l'Inde qui explique comment atteindre la perfection par les voies yogiques, lesquelles aident à développer sa singularité (*kaivalya*) : un état de conscience éveillée.

19 : B. Le terme *āsana* est un mot sanskrit signifiant « siège ». Par conséquent, les *āsana*, ou postures de yoga, ne sont pas des exercices ni des états méditatifs. Il s'agit de positions corporelles qui doivent être maintenues pendant des durées diverses.

20 : D. Les *prāṇāyāma* sont des exercices de respiration qui augmentent le *prāṇa* à travers le système d'énergie subtile. Ils apportent la santé, un sentiment de bien-être, le bonheur, le charisme, l'attirance, le succès et la paix intérieure.

21 : A. Le mot sanskrit *samādhi* vient des racines *sama* (égalité d'humeur) et *dhi* (intellect). Par conséquent, il évoque l'égalité de l'esprit et l'immobilité du corps dans un état de méditation profonde, où les fonctions corporelles ralentissent et la respiration devient imperceptible. Quand on atteint un état de *samādhi* perpétuel, la conscience n'est plus perturbée par les effets délétères de la loi karmique (cause et effet, action et réaction).

22 : D. La PES ou « perception extrasensorielle » est en réalité une expression qui ne convient guère, car il est impossible de percevoir quelque chose sans avoir recours aux sens. Les expériences sensorielles subtiles d'autres dimensions peuvent se produire quand nous sommes dans un état de conscience élargie, que nous soyons ou non en train de méditer.

23 : A. La « clairvoyance » signifie, comme son nom l'indique, « voir clair ». Il s'agit de recevoir des impressions extrasensorielles par le biais d'images, de voir des messages dans notre esprit. Ce terme est souvent utilisé pour décrire le fait de recevoir des impressions psychiques de n'importe quel type, qu'il s'agisse d'images, de sons ou de sensations.

24 : C. L'intuition est votre moi supérieur ou votre « conseiller personnel », la petite voix intérieure de sagesse, de guérison, d'amour et d'inspiration. Nos capacités intuitives ne dépendent pas du fait d'être un homme ou une femme. Tout le monde peut recevoir des impressions par le biais de visions, de mots et de sensations.

Total

Évaluez vos résultats

Additionnez vos bonnes réponses. Voici les résultats :

- Si vous avez obtenu 24 bonnes réponses, votre « quotient spirituel » est de 200. Vous n'avez pas besoin de lire des ouvrages traitant de spiritualité. Vous devriez en écrire un.
- Si vous avez obtenu de 19 à 23 bonnes réponses, vous êtes un DOCTEUR DU TROISIÈME ŒIL. Vous avez une extraordinaire compréhension du troisième œil, et votre quotient spirituel est de 175.
- Si vous avez obtenu de 12 à 18 bonnes réponses, vous êtes un MAÎTRE DU TROISIÈME ŒIL. Vous

en savez beaucoup sur le sujet, mais vous avez encore certaines choses à apprendre. Votre quotient spirituel est de 150.

- Si vous avez obtenu de 7 à 11 bonnes réponses, vous êtes un BACHELIER DU TROISIÈME ŒIL. Vous en savez pas mal sur le sujet, mais vous avez encore beaucoup de choses à apprendre. Votre quotient spirituel est de 125.
- Si vous avez obtenu de 1 à 6 bonnes réponses, félicitations : c'est le résultat que vous auriez obtenu en choisissant vos réponses au hasard. Votre quotient spirituel est de 100.
- Si vous n'avez obtenu aucune bonne réponse, ce n'est pas surprenant. Votre quotient spirituel est de 75.
- S'il vous est arrivé de choisir la réponse E, félicitations : cela montre que vous avez le sens de l'humour.

Avez-vous été étonné par certaines de ces réponses ? C'est sans doute en raison des nombreux mythes qui entourent ces mots. Avoir déjà entendu ces termes ésotériques n'est pas la même chose que les comprendre parfaitement. Dans ce livre, vous découvrirez la véritable signification du développement spirituel par le troisième œil. Vous apprendrez à utiliser des méthodes pour ouvrir cet œil de sagesse de diverses manières pratiques et efficaces qui sont faciles à assimiler et à mettre en œuvre.

Ce livre est la clé d'une grande aventure. En franchissant le seuil des royaumes subtils, vous pourrez commencer à explorer toutes les merveilles de la création multidimensionnelle qui sont généralement cachées à notre vue. En ouvrant votre troisième œil et en développant votre sixième sens, vous pourrez enrichir votre vie, connaître davantage de succès et atteindre un plus haut niveau de conscience.

Commençons sans plus attendre ce voyage d'approfondissement et d'édification spirituels.

2

Histoire du troisième œil

Tous les hommes possèdent un œil de l'âme qui peut être réveillé par les moyens appropriés. Celui-ci est beaucoup plus précieux que dix mille yeux physiques.
— Platon

De nombreux artéfacts anciens nous indiquent que le troisième œil est beaucoup plus qu'une image récurrente sur les affiches psychédéliques des années 1960 ou au verso des billets de un dollar américain. Les hommes cherchent à éveiller cet œil de sagesse et de perception subtile depuis qu'ils ont commencé à marcher debout. Ce portail vers l'espace intérieur et les royaumes de conscience supérieure était déjà bien connu des anciens.

On trouve de nombreuses représentations du troisième œil dans les cultures bouddhiste, hindoue, jaïniste et taoïste, sur des sculptures, des toiles et des murales à l'intérieur des temples où il apparaît sous la forme d'un point, d'une spirale, d'un bijou ou d'un œil au milieu du front, au-dessus et entre deux yeux humains. On l'appelle *ūrnā* ou *ūrnā-kośa* en sanskrit, *unna* en pali, *byakugo* en japonais et *trinetrā* (troisième œil), un surnom du dieu Shiva.

Sur les statues de Bouddha et d'autres déités, un bijou est placé entre les sourcils. Les déités hindoues sont représentées avec un *tilak* (un point rouge de poudre *kumkum*) sur le front. En Inde, les femmes mariées sont traditionnellement obligées de porter le *tilak*. Aujourd'hui, il est également à la mode pour les femmes célibataires de le porter.

Le troisième œil est symbolisé par « l'œil de la providence » au sommet d'une pyramide sur les billets de un dollar américain. Il est dépeint dans les mythes et les fables sous les traits des cyclopes. Certains chercheurs dans le domaine des ovnis croient qu'il s'agit d'un organe vestigial hérité de nos ancêtres extraterrestres. Il est représenté dans la kabbale par 2 des 10 Sephirot (lumières) de l'Arbre de Vie : *Binah* et *Hokhmah*, qui incarnent la sagesse et la compréhension.

Le corps pinéal

Bien que le troisième œil soit l'un de vos chakras (l'*ājñā* chakra), et par conséquent situé dans votre corps subtil, il est également associé à votre corps physique. Il est situé au niveau de la glande pinéale (*conarium* ou *epiphysis cerebri*), au milieu de votre cerveau. Fait intéressant, le mot « épiphanie » vient du grec et du latin *epiphania*. Ce n'est pas une coïncidence. Les Grecs de l'Antiquité croyaient que l'inspiration trouvait sa source dans la glande pinéale.

Le mot hébreu *peniel* se traduit par « visage de Dieu ». Cette expression est appropriée, car les mystiques peuvent voir le visage de Dieu avec leur troisième œil. Après avoir lutté face à face avec l'ange, le prophète Jacob a donné le nom de « Peniel » à l'endroit où cette vision s'est produite[1].

La glande pinéale ressemble à une pomme de pin, à une ruche ou à un épi de maïs minuscule. Selon le médecin grec Galien (vers l'an 130 à 210 de notre ère), son nom (en grec : *kônarion*, en latin : *glandula pinealis*) vient de sa ressemblance avec les noix produites par le pin parasol (grec : *kônos*, latin : *pinus pinea*).

Le symbole de la pomme de pin, représentant le plus haut niveau d'illumination spirituelle, était largement répandu en Indonésie, à Babylone, dans la région de Sumer, en Égypte, en Grèce et à Rome dans les temps anciens. Il est également très présent dans l'imagerie de la franc-maçonnerie, de la théosophie, du gnosticisme et du christianisme. La ruche est un symbole maçonnique courant, et l'épi de maïs était largement représenté par les tribus indigènes des deux Amériques.

Image 2a. *Angkor Wat*[2]

Image 2b. *Fontaine de la Pigne au Vatican*[3]

Le plus grand monument religieux du monde, Angkor Wat, se trouve au Cambodge. Ces dômes colossaux ont la forme d'une pomme de pin. Des pommes de pin et des ruches ornent la tête des statues de Bouddha partout en Asie. La plus grande sculpture représentant une pomme de pin, que l'on peut admirer dans la « cour de la Pigne » du Vatican, est flanquée de deux paons, représentant la résurrection et l'immortalité. La pomme de pin est présente sur la crosse du pape et sur les armoiries du Saint-Siège. Pigna (pomme de pin) est le nom du neuvième *rione* (l'un des 22 secteurs administratifs) de Rome.

Le thyrse est un bâton ou une crosse de l'Antiquité grecque, porté par Dionysos (aussi connu sous le nom du dieu romain Bacchus), le dieu de la fertilité, et ses disciples, les satyres et les ménades. Fabriqué à partir de tiges de fenouil géant, tressées avec des branches de lierre et de vigne, et décoré d'un ruban, le thyrse était surmonté d'une pomme de pin.

Image 2c. *Crosse de thyrse*[4]

Le troisième œil dans la littérature grecque

Dans *L'Odyssée* d'Homère, écrit approximativement huit siècles avant notre ère, nous trouvons une allégorie du troisième œil. Après la guerre de Troie, le héros Ulysse entreprend de rentrer chez lui à Ithaque. Il accoste en Sicile, l'île des cyclopes, où il rencontre un géant cruel et brutal nommé Polyphème (fils de Poséidon) n'ayant qu'un seul œil au milieu du front. Ulysse et ses marins sont emprisonnés dans une grotte par le géant, qui mange six d'entre eux. Ulysse amène le géant à se soûler par la ruse. Devenu faible et vulnérable, Polyphème s'endort, et Ulysse lui transperce l'œil à l'aide d'un pieu enflammé, le rendant ainsi aveugle. Ulysse et ses compagnons parviennent de justesse à s'échapper vivants de l'île.

En Inde, le mot *cakra* signifie littéralement « roue ». Le chakra du troisième œil est situé au milieu du front, à l'endroit où se trouve l'œil des cyclopes. Fait remarquable, en grec, le mot *cyclope* signifie « œil-roue ».

En gardant cela à l'esprit, nous pouvons essayer d'interpréter le mythe de Polyphème. Une explication serait que le fait de transpercer l'œil de Polyphème représente l'atrophie du troisième œil et la perte subséquente de la sagesse divine. Une autre serait que celui qui utilise à de mauvaises fins les dons spirituels provenant de l'ouverture du troisième œil, est vulnérable et risque la destruction.

Les Grecs de l'Antiquité croyaient que la glande pinéale était l'entrée du royaume de la pensée. Platon (428-348 avant notre ère) et Hippocrate (460-377 avant notre ère) croyaient que le troisième œil (*enkephalos*) était « l'œil de la sagesse ». Platon considérait les chakras comme des organes subtils à travers lesquels l'âme (psyché) communique avec le corps physique. Il pensait que la moelle ou le liquide cérébro-spinal était l'essence de l'âme, et que les chakras émettaient de l'énergie par le truchement de cette sève spirituelle, qu'il appelait « l'humide radical ». Pour lui, le troisième œil était le centre de contrôle de tous les autres chakras. Cela coïncide avec la sagesse indienne de l'Antiquité. En sanskrit, le terme *ājñā cakra* signifie littéralement « centre de commande[5] ».

Plutarque, l'historien, biographe et essayiste grec ayant vécu au premier siècle de notre ère, affirme que l'œil d'Horus (le symbole égyptien pour le troisième œil) représente non seulement un regard perçant, mais aussi le fait de savoir à l'avance[6]. Plutarque ajoute que la plus haute aptitude de l'âme humaine est porteuse d'une étincelle divine[7].

L'œil omniscient de Dieu

Le 4 juillet 1776, la Déclaration d'Indépendance était signée, et 13 colonies se déclaraient membres d'une nouvelle nation. Le même jour, le congrès continental entreprenait la conception du Grand sceau : son emblème national. Benjamin Franklin, John Adams et Thomas Jefferson supervisèrent le processus créatif, qui dura six ans.

Pour commencer, Pierre Eugène du Simitière conçut un sceau héraldique, surmonté d'un œil unique : un symbole de Dieu bien connu dans l'art héraldique de la Renaissance. Du Simitière le décrit comme étant « l'œil de la Providence dans un triangle irradiant dont la Gloire s'étend au-delà du

Image 2d. Le Grand sceau[8]

blason et des chiffres. » Ce dessin influença celui de Jean-Jacques-François Le Barbier pour la Déclaration des droits de l'Homme, surmonté d'un œil similaire.

Francis Hopkinson, un consultant en science héraldique ayant travaillé au sein du comité du Grand sceau en 1780, avait précédemment conçu le billet de 50 dollars continental, sur lequel se trouvait également une pyramide. Puis en 1782, William Barton, qui avait étudié la science héraldique en Angleterre, fut engagé pour poursuivre le travail. Il suggéra une pyramide de 13 étages (représentant les 13 colonies) surmontée d'un œil irradiant qu'il décrit ainsi : « Au zénith, un œil, entouré d'une gloire. »

Le 13 juin 1782, le secrétaire du congrès Charles Thomson (1729-1824) fut assigné pour compléter le projet. Membre très respecté du congrès, il était un défenseur de la cause des esclaves africains et des Amérindiens. Utilisant des éléments provenant des premières ébauches, Thomson a créé le dessin à deux volets officiellement adopté le 20 juin 1782. Depuis, ce dessin est demeuré inchangé[9].

Voici comment Charles Thomson décrit le sceau : « La pyramide représente la force et la durée. L'œil au-dessus de celle-ci et la devise *Annuit Coeptis* font allusion aux nombreux signes envoyés par la providence [signes d'intervention divine] en faveur de la cause américaine. » *Annuit Coeptis* peut se traduire par : « Il [l'œil omniscient de Dieu] voit et approuve notre entreprise [notre projet][10]. »

Plusieurs révolutionnaires américains croyaient que la providence était souvent intervenue pour rendre possible leur indépendance face à la Grande-Bretagne. Comme le déclarait George Washington le 26 mars 1781 : « Les nombreuses et remarquables interventions du gouvernement divin, durant nos heures les plus sombres et les plus douloureuses, ont été trop lumineuses pour que nous puissions douter de l'heureuse issue de notre combat présent[11]. »

La devise latine sous la pyramide, *Novus Ordo Seclorum*, signifie « le début d'une nouvelle ère américaine », selon Thomson. On peut la traduire littéralement par : « Un nouvel ordre pour les siècles ». Ces deux devises au verso du Grand sceau sont tirées des œuvres du poète romain Virgile (70-19 avant notre ère)[12].

Les francs-maçons disent que l'œil représenté sur le Grand sceau n'est pas un symbole maçonnique[13]. Ils croient que l'œil de la providence illustre l'intervention active de Dieu dans les affaires humaines, alors que l'œil omniscient maçonnique symbolise la vigilance passive et l'attention constante de Dieu envers l'univers. L'œil omniscient maçonnique est un symbole officiel de Dieu – « le grand architecte de l'univers » – aussi représenté par la lettre G dans leur littérature.

Image 2e.
L'œil omniscient de Dieu selon la tradition maçonnique

Les francs-maçons prétendent que ce symbole a été emprunté à des peuples de l'Antiquité, aux Égyptiens entre autres, pour qui la représentation d'un œil ouvert était le hiéroglyphe pour Osiris, la principale déité égyptienne[14]. L'œil omniscient est également utilisé par diverses sociétés secrètes, telles que les Shriners, les Chevaliers de Pythias et les Odd Fellows.

Durant les réunions secrètes de la franc-maçonnerie, les tableaux, qui représentent les emblèmes de l'Ordre, étaient à l'origine des dessins à la craie réalisés par le couvreur ou le vénérable maître, sur une table ou le plancher de la loge. Après la réunion, le diagramme était effacé à l'aide d'une vadrouille, afin de préserver le caractère secret

Tapis des maîtres

Image 2f. Tableau de loge maçonnique[15]

de la rencontre. Par la suite, ces tableaux ont évolué pour devenir des tapis et finalement des peintures. L'œil omniscient de Dieu était souvent placé au sommet de l'œuvre et surveillait les symboles apparaissant sur le tableau.

Vingt fois plus lumineux que notre soleil, Sirius, aussi connu sous le nom de « l'Étoile du chien », est l'étoile la plus brillante dans le ciel. Dans les civilisations anciennes, Sirius était d'une suprême importance dans les domaines de l'astronomie, de la mythologie et de l'occulte. Considéré comme étant le « soleil derrière le soleil » et la véritable source de la puissance de notre soleil, Sirius était présenté comme la lumière qui maintenait en vie le royaume spirituel, la véritable lumière de l'Orient, la lumière spirituelle. Cette étoile est associée à la glande pinéale, la source de la lumière spirituelle dans le corps. Sa vraie signification est l'œil de la sagesse, le troisième œil que chaque humain peut éveiller.

Sirius est considéré comme étant la demeure de la hiérarchie spirituelle, des êtres divins de lumière et des

L'apprenti

Image 2g. *L'étoile flamboyante maçonnique*[16]

maîtres ascensionnés. Cette étoile joue un rôle central dans les ordres hermétiques et les sociétés secrètes. C'est « l'étoile flamboyante » de la maçonnerie, décrite par l'auteur William Hutchinson comme « le premier et le plus important objet qui demande notre attention au sein de la loge. » Sirius est le symbole du créateur omniscient[17].

L'œil d'Horus

Parmi les hiéroglyphes de l'Égypte antique, on retrouve l'œil *Oudjat,* aussi appelé *Ouadjet* ou « œil d'Horus ». Il est également connu sous différents noms : *Ouadjet, Utchat, Oudjat, Wedjoyet, Edjo* et *Uto.* L'œil d'Horus est un symbole d'éveil spirituel, de protection, de puissance royale et de bonne santé.

Horus est le dieu du ciel. Son œil droit symbolise Rê, le dieu du soleil, et le sud. On l'appelle « l'œil de Rê ». Son œil gauche représente la lune, le nord et le dieu Djehuti, aussi appelé Tehuti ou Thot. C'est « l'œil de Thot ».

Sept hiéroglyphes étaient utilisés pour représenter l'œil dans l'Égypte antique. Le sens de ces hiéroglyphes implique toujours une activité. Par conséquent, l'œil représente une action plutôt que le fait de regarder passivement. Il dénote l'action, la protection ou la colère. L'œil de la providence au verso des billets de banque américains a une connotation similaire.

Le dieu Horus (de l'égyptien « Horou »), fils d'Osiris, est représenté dans l'art égyptien sous les traits d'un faucon lanier ou d'un faucon pèlerin[18]. Après la mort d'Osiris (le dieu créateur et souverain de la planète Saturne), son frère

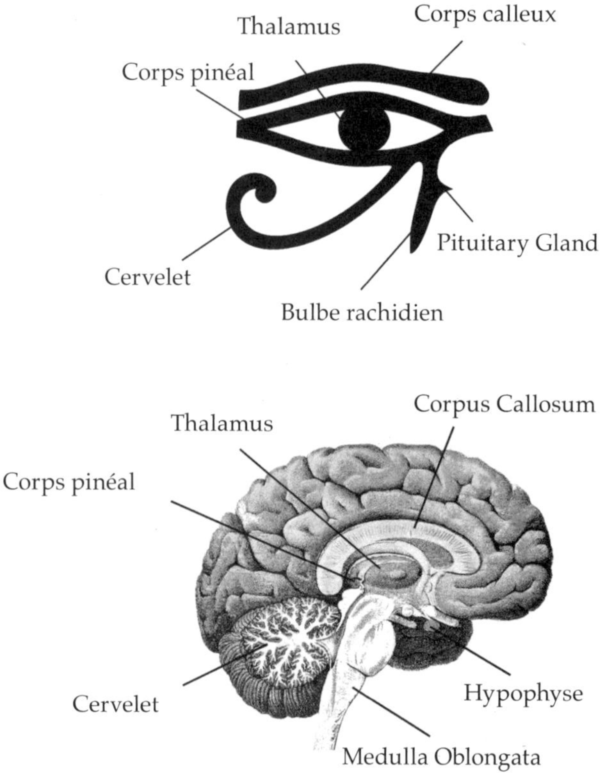

Image 2h. *L'œil d'Horus en tant que carte du cerveau*

Seth et son fils Horus se battent pour son trône. Durant le combat, Seth arrache l'œil gauche d'Horus et perd ses testicules. Seth lance l'œil d'Horus dans l'océan céleste ou le découpe en morceaux (selon différentes versions du mythe)[19].

Quand Thot, le dieu de la magie et de la sagesse, reconstitue grâce à ses pouvoirs magiques l'œil à l'état de pleine rondeur, Horus l'offre à son père Osiris, dans l'espoir que cela le ressuscitera. Osiris mange l'œil et revient à la vie, et régnera ensuite sur le monde souterrain. Par conséquent, le mot *Oudjat* signifie « intact, complet, sain ». Il symbolise également les phases de la lune, car cet œil dans le ciel est « arraché » à chaque mois.

Horus est le héros de la mythologie égyptienne. Il a vaincu les puissances des ténèbres, réglé le cours du Nil et rétabli l'ordre, l'harmonie et la productivité. Par conséquent, l'œil d'Horus nous permet d'atteindre un plus haut niveau de conscience, de faire briller la lumière dans les ténèbres et d'atteindre la véritable illumination.

Une théorie intéressante est que l'œil d'Horus serait une carte du cerveau. L'œil représenterait le thalamus, le sourcil correspondrait au corps calleux, le canal lacrymal et la larme symboliseraient l'hypophyse et le bulbe rachidien, la longue spirale en forme d'arc correspondrait au cervelet, et le petit point au bout serait le corps pinéal, ou troisième œil.

Dans l'Égypte antique, l'unité de mesure standard était le *heqat* (approximativement 4,8 litres). La plupart des fractions étaient écrites sous la forme d'une somme de deux ou plusieurs fractions ayant 1 pour numérateur. Par exemple, la fraction ¾ était écrite ½ + ¼. Le papyrus mathématique Rhind était une table des « fractions de l'œil d'Horus », écrite en 1650 avant notre ère par le scribe égyptien Ahmès, la plus ancienne contribution mathématique pouvant être attribuée à une personne connue.

L'Ouadjet est divisé en six parties, représentant les six morceaux de l'œil découpé par Seth. Ces six morceaux symbolisent les six sens (l'ouïe, la vue, le goût, le toucher, l'odorat et la pensée). Selon Sir Alan Henderson Gardiner, dans sa grammaire égyptienne publiée en 1927, ces fractions ont été écrites à l'aide de hiéroglyphes qui permettent

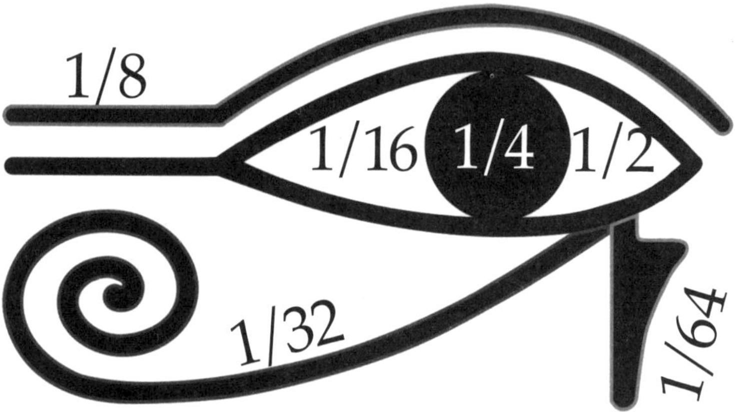

Image 2i. *Les fractions de l'œil d'Horus*[22]

de rassembler les différents morceaux de l'Ouadjet, comme le montre l'image des fractions de l'œil d'Horus[21].

Ces parties de l'œil d'Horus étaient utilisées par les Égyptiens de l'Antiquité pour représenter 1 divisé par les 6 premières puissances de 2 :

- Le côté droit de l'œil = 1/2, représentant le sens de l'odorat ;
- L'iris = 1/4, représentant le sens de la vue ;
- Le sourcil = 1/8, représentant la pensée ;
- Le côté gauche de l'œil = 1/16, représentant le sens de l'ouïe ;
- La queue recourbée = 1/32, représentant le sens du goût ;
- La larme = 1/64, représentant le sens du toucher.

Quand on additionne ces fractions, on obtient un total de 63/64, plutôt que 64/64 (ou 1). Certains chercheurs croient que le 1/64 manquant symbolise la magie utilisée par Thot pour reconstituer l'œil d'Horus. D'autres pensent que la partie manquante pourrait vouloir dire que la perfection n'est pas de ce monde[23]. Mais puisque l'œil *Oudjat* représente la perfection, cette hypothèse est illogique.

Une idée intéressante est que le 1/64 manquant était considéré par l'école des mystères d'Égypte comme un nom secret de Dieu, permettant à ceux qui le connaissaient d'atteindre un plus haut niveau de conscience[24].

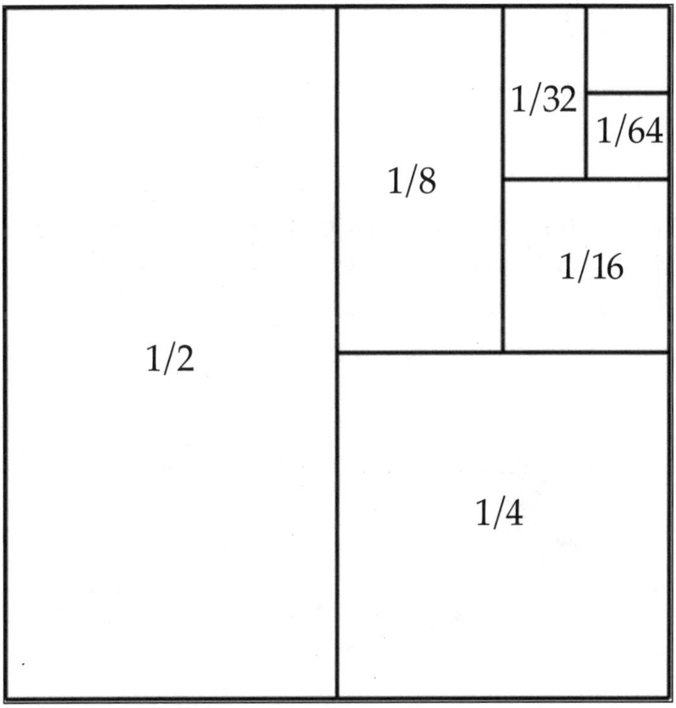

Image 2j. *Les proportions de l'Ouadjet jusqu'à l'infini*

H. Peter Aleff, auteur du livre *Ancient Creation Stories Told by the Numbers*, offre un argument encore plus intrigant. Il dit que le hiéroglyphe représentant l'œil d'Horus n'a pas de pupille. Toutefois, il existe un hiéroglyphe égyptien correspondant à un plus petit cercle que celui utilisé pour le quart de heqat (représenté par l'iris dans l'œil d'Horus). Ce petit cercle illustre les heqats entiers de un à neuf.

Donc la pièce manquante, qui est en fait la pièce la plus importante, la pièce qui laisse entrer la lumière, la « fenêtre de l'âme », existe bel et bien. Elle symbolise la complétude (le chiffre 1) et possiblement l'infini. La méthode qui consiste à diviser par 2 les fractions jusqu'à 1/64 mène nécessairement à cette conclusion définitive : le processus n'a pas de fin. Pour qu'un heqat entier puisse exister, on doit atteindre l'infini. Et seul l'infini possède le pouvoir de ressusciter les morts, comme dans le mythe d'Osiris[25].

On croit également que l'œil d'Horus était utilisé comme outil de mesure médical. Ses proportions mathématiques permettaient aux médecins de préparer des médicaments en mélangeant les ingrédients en fonction des proportions de l'œil. Le papyrus Ebers, datant

Image 2k. *Origine du symbole* R_x

de l'an 1550 avant notre ère et inspiré des livres de Thot (3000 ans avant notre ère), contient la liste de 700 médicaments et 800 composés. Le mot « pharmacie » vient de l'égyptien *ph-ar-maki* (« qui procure la sécurité »). Le dieu Toth était le patron des médecins[26].

Au IIe siècle de notre ère, le médecin grec Claudius Galenus, communément connu sous le nom de Galien, utilisait souvent des symboles mystiques pour impressionner ses patients. Il emprunta l'*Oudjat* égyptien et le symbole R_x, couramment employé pour désigner une ordonnance dans le domaine de la pharmacologie moderne, aux hiéroglyphes de l'Égypte antique.

Des amulettes représentant l'*Oudjat* ont accompagné bon nombre d'Égyptiens dans l'au-delà. Des bracelets, des pendentifs et des colliers, fabriqués en faïence bleue ou verte ou sertis de pierres semi-précieuses, protégeaient les morts du danger et du mauvais sort durant leur voyage dans l'au-delà, et assuraient leur résurrection. L'amulette était placée sous les bandelettes de la momie, au-dessus de l'incision pratiquée par les embaumeurs pour retirer les organes internes.

L'*Oudjat* était peint sur les côtés des cercueils rectangulaires, sculpté sur les sarcophages et les stèles, et placé au milieu ou au-dessus d'une fausse porte orientée vers l'est. Par cette porte, le défunt pouvait par enchantement apercevoir le lever du soleil. On utilisait aussi l'*Oudjat* pour décorer les portes, et d'anciens manuscrits mentionnent un loquet représentant deux yeux. Les marins du Proche-Orient peignaient ce symbole sur la proue de leur navire pour chasser le mal. On le retrouve sur les trières, une

Image 21. *Trière sur une mosaïque carthaginoise*[28]

galère de combat utilisée par les Phéniciens, les Grecs et les Romains, par exemple[27].

D'autres symboles représentant le troisième œil

L'hypocéphale de Tasheritkhons (305-330 avant notre ère) est un disque égyptien fait de lin, de papyrus, d'or, de bois et d'argile. Placé sous la tête du défunt, on croyait qu'il irradiait de la chaleur et enveloppait la tête de lumière divine. Lorsqu'on l'utilisait avec un sort tiré du *Livre des morts*, il était censé apporter une nouvelle vie aux défunts[29]. Ce disque symbolise l'œil d'Horus. Sa partie supérieure représente le monde des vivants et de la lumière du jour, et sa partie inférieure, le monde des morts et des ténèbres de la nuit.

Image 2m. *L'hypocéphale de Tasheritkhons*[30]

Certains chercheurs croient que le disque est une carte du cerveau humain, la portion inférieure (ce qui est à l'envers sur l'image) représentant le cervelet (la partie inférieure du cerveau) et la portion supérieure symbolisant la partie supérieure du cerveau. Dans la section du bas, un serpent en érection offre l'*Oudjat* au pharaon. L'érection symbolise la *kuṇḍalinī,* l'énergie sacrée qui monte de la base de la colonne vertébrale jusqu'au troisième œil.

Les prêtres, les déités et les souverains d'Égypte portaient une coiffe au-devant de laquelle se trouvait un *uræus*

Image 2n. Uraeus: *symbole de résurrection*[31]

(« le cobra ressuscité », symbole de résurrection) au niveau du troisième œil. Les Égyptiens de l'Antiquité croyaient qu'au centre du cerveau était le soleil ou « l'œil de Dieu » ; d'ailleurs, l'œil d'Horus s'appelait au départ l'œil de Rê (dieu du soleil). Le cobra *uræus* avec son capuchon déployé est le hiéroglyphe représentant l'*Ouadjet* : l'un des titres de la déesse Sekhmet (fille de Rê). L'*uræus* tient le disque solaire sur le front de Sekhmet et sur la couronne du pharaon. Le nom de la planète Uranus (qui est, comme Horus, un dieu du ciel) dérive d'*uræus*.

Peut-être le plus ancien livre du monde, le *Popol Vuh* des Mayas, représente le dieu Quetzalcóatl portant une couronne sur laquelle se trouve un soleil irradiant et une forme de serpent.

Dans un mythe très ancien, Rê (le dieu du soleil et également pharaon d'Égypte) devient vieux et faible. Ses sujets ne le respectent plus et n'obéissent plus à ses ordres. Il est devenu un sujet de plaisanterie. Furieux, il arrache l'*uræus* (l'*Ouadjet* : sa propre fille) de sa couronne royale et l'envoie sur terre sous la forme de la lionne Sekhmet, pour exercer sa vengeance contre l'humanité.

Mais Sekhmet devient rapidement assoiffée de sang. Même Rê est incapable de la faire revenir. Il l'amène alors par ruse à boire 7000 jarres de bière mélangée à du jus de grenade, un liquide ayant la couleur du sang. Sekhmet se gave de ce breuvage, dort pendant trois jours et se réveille avec la gueule de bois. Ce qui met fin à sa campagne de destruction[32].

Par conséquent, l'*Ouadjet* n'est pas seulement un œil omniscient et protecteur. C'est aussi un œil de destruction inéluctable. Sekhmet (« la puissante »), aussi appelée l'*Ouadjet*, est la déesse dont le souffle détient la puissance de la force vitale. Son temple est une école des mystères pour faire monter le *sekhem* : l'énergie qui porte le nom de *kuṇḍalinī* en Inde.

Au sein de plusieurs cultures, les yeux représentent l'univers. Dans le symbole taoïste du yin et du yang, les deux yeux symbolisent les polarités masculine et féminine de la création. L'œil droit est associé au masculin, à l'énergie solaire, alors que l'œil gauche est associé au féminin, à l'énergie lunaire. En Égypte, l'énergie masculine est symbolisée par Rê, le dieu du soleil, et l'énergie féminine par Isis, la déesse de la lune.

Dans l'art égyptien, Osiris, le dieu créateur, est représenté debout entre Horus et Isis. Il incarne l'unité et la complétude. Horus, le principe masculin, se tient à sa droite, symbolisant l'action, et Isis, la déesse féminine et lunaire des émotions, se tient à sa gauche. Donc Horus est le yang, Isis est le yin, et Osiris est l'unité entre ces deux polarités.

Entre les deux hémisphères du cerveau, en plein centre, se trouve la clé du lien entre le masculin et le féminin en chacun de nous. Il s'agit de la glande pinéale, du troisième œil : la porte entre les mondes matériel et spirituel, la clé du développement psychique et de la vision supérieure.

Image 2o. *Symbole Tai Chi*

Le *ka* de l'Égypte antique représente l'âme ou le corps subtil, qui était souvent symbolisé par un phénix, avec le corps d'un homme et les ailes d'un oiseau, les bras pliés, tournés vers le haut. Le phénix est un symbole de mort et de renaissance. La huppe de plumes sur sa tête représente la glande pinéale et sa fonction de troisième œil.

Tephillins

Le port des *tephillins* chez les juifs orthodoxes pourrait être un rappel du troisième œil. On peut lire dans le Deutéronome, au chapitre 6, verset 8 : « [...] tu en feras un signe [des paroles sacrées de la plus sainte prière du judaïsme] attaché à ta main, une marque placée [en totafot] entre tes yeux » ; et au chapitre 11, verset 18 : « Mes paroles que voici, vous les mettrez en vous, dans votre cœur, vous en ferez un signe attaché à votre main, une marque placée [en totafot] entre vos yeux. »

Image 2p. *Port des tephillins en Russie (circa 1898)*[33]

Le *totafot* désigne les boîtes en cuir de forme cubique, appelées *tephillins* (grec : *phylactères*), qui contiennent quatre passages des Écritures. Selon des érudits juifs tels que Chizkuni (Rabbi Hezekiah ben Manoach, un rabbin français du XIIIe siècle), la racine de *totafot* viendrait de l'araméen et signifierait « voir ».

Les juifs de sexe masculin les attachent à leur tête et à leur bras, et les portent durant les prières du matin. Ils sont censés avoir pour fonction de rappeler les lois de Dieu. Se pourrait-il qu'ils aient également pour rôle de nous rappeler que la véritable loi de Dieu est présente dans la région du troisième œil, au-dessus de laquelle on place le *tephillin* ? Se pourrait-il que le *totafot* nous montre que nous voyons aussi avec notre troisième œil ?

Trépanation

Depuis plus de 7000 ans, les humains se percent des trous dans le crâne, pour des raisons médicales ou autres. Le cas le plus ancien de trépanation (du grec *trypanon*, « percer ») a été découvert en 1685 dans un cimetière du néolithique à Ensisheim, en France. En termes médicaux, une craniotomie est une opération qui consiste à retirer un morceau d'os du crâne. Cette opération était pratiquée durant l'Antiquité par les Égyptiens, les Arabes, les Chinois, les Indiens, les Romains, les Grecs, les Mésoaméricains et les Sud-Américains.

Au XIXe siècle, à Cusco au Pérou, Ephraim George Squier a mis la main sur un fragment d'os du front (provenant d'un cimetière inca) dans lequel on avait pratiqué une ouverture carrée mesurant 15 millimètres par 17 millimètres. Paul Broca, le célèbre anthropologue qui a fondé la Société d'anthropologie de Paris en 1859, a examiné le fragment et conclu que la trépanation était le résultat d'une opération chirurgicale très avancée pratiquée par les Péruviens dans les temps anciens.

Des centaines de crânes trépanés ont été découverts partout à travers le monde. Certains contiennent plusieurs trous. La raison pour laquelle ces civilisations anciennes pratiquaient la trépanation à des fins autres que médicales nous est inconnue. Les anthropologues pensent qu'il s'agissait peut-être de rituels tribaux ou de superstitions.

Le rite de la trépanation pour l'ouverture du troisième œil est devenu célèbre en 1956 avec la publication du best-seller *Le troisième œil*. Son auteur, Cyril Henry Hoskin, un plombier britannique, prétendait que son corps était habité par l'esprit d'un moine tibétain nommé Tuesday Lobsang Rampa. Le livre contient une description à vous faire dresser les cheveux sur la tête de la trépanation que Rampa prétendait avoir subie.

Rampa dit avoir subi cette opération le jour de son huitième anniversaire. Un lama musclé a maintenu la tête de l'enfant entre ses genoux et pressé un instrument en acier brillant contre son front. Le jeune Rampa a eu l'impression d'être piqué par des épines, et le temps a semblé s'arrêter. Il a ressenti un choc, puis entendu un crissement tandis que l'instrument pénétrait dans son crâne. Un éclat de bois dur et propre, durci au feu et traité avec des herbes, a été utilisé pour percer une ouverture dans sa tête. Il a ressenti une sensation de picotement et de chatouillement à la base du nez et humé des parfums subtils qu'il n'arrivait pas à identifier. Puis il a eu l'impression d'être poussé contre un voile offrant une grande résistance.

Tout à coup, un éclair l'a ébloui. Une douleur intense l'a envahi comme une flamme blanche et brûlante. Il a vu des spirales de couleur et des volutes de fumée incandescentes. On a retiré l'instrument en métal. Mais l'éclat de bois est resté en place pendant quelques semaines, tandis que l'enfant était retenu dans une petite pièce où régnait une obscurité presque totale.

Grâce à cette opération, Rampa aurait obtenu le don de clairvoyance et, à partir de ce jour, il a pu voir les auras. Le mentor de l'enfant, le lama Mingyar Dondup, a dit à Rampa : « Tu es maintenant l'un d'entre nous, Lobsang. Pour le reste de tes jours, tu verras les gens tels qu'ils sont et non tels qu'ils prétendent être[35]. »

La trépanation est encore utilisée de nos jours pour traiter certains traumatismes crâniens. Les avocats de la trépanation non médicale, tels que Bart Hughes des Pays-Bas, prétendent que la procédure facilite la circulation du sang et entraîne une augmentation de la taille du cerveau, tout comme les *fontanelles* (espaces membraneux) permettent au cerveau de l'enfant de grossir. Ils croient que la trépanation du front ouvre le troisième œil. En 1965, Hughes a pratiqué sur lui-même cette opération à l'aide d'une perceuse électrique et d'un scalpel, sous anesthésie locale. Ses disciples ont suivi son exemple en s'autotrépanant ou en pratiquant cette opération chirurgicale sur leurs amis.

N'essayez surtout pas cela à la maison ni ailleurs !

Le troisième œil dans l'art et l'architecture

Richard Cassaro, auteur de *Written in Stone,* explore le symbolisme du troisième œil dans l'architecture de l'Antiquité. Il a découvert que des édifices construits par diverses cultures anciennes, y compris au Mexique, en Indonésie et en Égypte (et qui n'ont aucun lien entre eux selon les experts), ont tous en commun d'avoir trois portes sur leur façade. Cassaro montre également que ce motif est présent sur les édifices des sociétés secrètes : Shriners, Chevaliers de Pythias, francs-maçons et Skull and Bones. Cassaro a donné à ce motif le nom de « triptyque », étant donné qu'il s'agit de trois éléments.

Cassaro va encore plus loin et montre que le motif du troisième œil est également présent au-dessus de la porte du milieu sur la façade de nombreux édifices. Le triptyque peut être associé aux trois principaux conduits d'énergie traversant le centre du corps humain subtil : *nāḍī iḍā* sur la gauche, *nāḍī piṅgalā* sur la droit et *nāḍī suṣumṇā* au centre (voir page 102 pour plus d'information sur les *nāḍī*), qui se rencontrent au niveau du troisième œil.

Ces tubes d'énergie sont également représentés par le *caducée* : un très ancien symbole connu dans la mythologie grecque et latine sous le nom de *baguette d'Hermès* ou *de Mercure,* respectivement. C'est aussi le bâton d'Asclépios, nommé d'après le médecin grec Asclépios, vénéré comme une déité de la médecine et de la guérison par les Romains de l'Antiquité. Ce symbole, aperçu pour la première fois sur un vase de libation du roi Gudea de Lagash (*circa* 2 000 ans avant notre ère), a par la suite été adopté comme emblème par la profession médicale.

Image 2q. *Thiptyque et troisième œil : la cathédrale de Reims*[36]

En Inde, le symbole de la *kuṇḍalinī* est une pousse de bambou avec sept nœuds représentant les sept chakras majeurs (centres d'énergie). Les enseignes de coiffeurs, ayant la forme d'un tube à l'intérieur duquel se trouve une spirale blanche et rouge surmontée d'une boule, sont aussi un symbole de la *kuṇḍalinī*. On sait que ces enseignes représentent l'ancienne activité secondaire des barbiers qui consistait à pratiquer certaines chirurgies. L'arbre païen, qui est devenu par la suite l'arbre de Noël des chrétiens, et ses décorations lumineuses représentent également les

Image 2r. *Caducée*

divers chakras. Le symbole judaïque de la *kuṇḍalinī* est l'Arbre de Vie cabalistique.

Au chapitre suivant, nous en apprendrons davantage sur la glande pinéale : le siège du chakra du troisième œil.

3

Le siège du troisième œil dans le cerveau

Jacob appela ce lieu Peniël – c'est-à-dire Face-de-Dieu – car « j'ai vu Dieu face à face et ma vie a été sauve ». Le soleil se levait quand il passa Penouël. Il boitait de la hanche.

— Genèse 32,31-32

Votre troisième œil est situé dans la glande pinéale. Approximativement de la taille d'un raisin, ses fréquentes calcifications (« sable cérébral ») la rendent facilement reconnaissable sur les radiographies. Cette glande endocrine est positionnée à l'arrière des yeux, derrière le troisième ventricule cérébral sur la ligne médiane (entre les deux hémisphères cérébraux) du cerveau. Elle est située au centre géométrique de votre crâne, près de l'entrée de l'aqueduc cérébral qui relie le troisième et le quatrième ventricule du cerveau. En tant que partie intégrante de l'épithalamus, entre les deux hémisphères, elle repose dans un sillon où les deux moitiés du thalamus se rejoignent.

La glande pinéale est considérée comme une glande « maîtresse », car elle règle les cycles corporels, stimule la production de plusieurs hormones et contrôle d'autres glandes. Votre système endocrinien est composé de plusieurs glandes qui sécrètent des hormones directement dans les capillaires poreux de votre système sanguin. Les principales glandes du système endocrinien sont la glande pinéale, l'hypophyse, le pancréas, les ovaires et les testicules, la glande thyroïde, la glande parathyroïde, l'hypothalamus et les glandes surrénales.

Les hormones sécrétées par vos glandes endocrines sont des agents biochimiques transportés par le sang vers des organes spécifiques. Ces hormones règlent le métabolisme, la digestion, la respiration, le cycle reproductif, l'activation ou l'inhibition du système immunitaire, le déclenchement de la puberté et de la ménopause, les sens

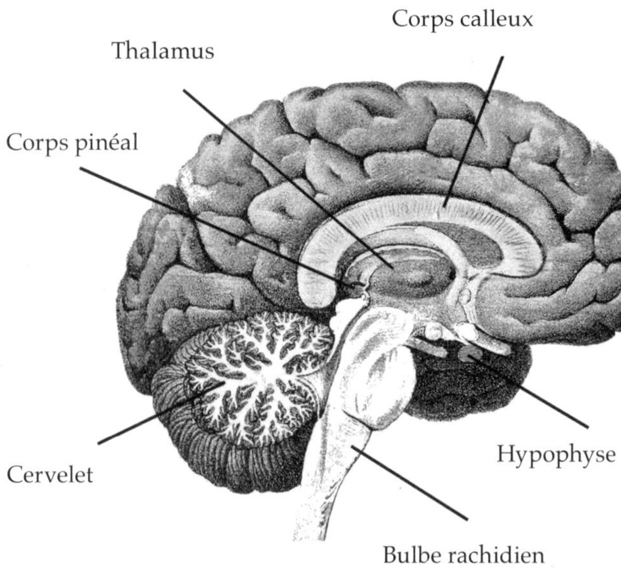

Image 3a. *Le corps pinéal dans le cerveau*

de la perception, les sautes d'humeur, le cycle veille-sommeil, les rythmes circadiens, la faim, l'excitation sexuelle, la réaction de lutte ou de fuite, la lactation, le stress, la stimulation ou l'inhibition de la croissance et le mouvement.

La glande pinéale, contrairement au reste du cerveau, n'est pas isolée par la barrière sang-cerveau, qui sépare la circulation du sang du fluide extracellulaire que l'on retrouve dans les cavités et les canaux du cerveau et de la moelle épinière. La circulation sanguine à l'intérieur de la glande pinéale est l'une des plus élevées de tout le corps, à l'exception des reins.

Le tristement célèbre « ver »

On sait aujourd'hui que la lumière qui pénètre par nos yeux est envoyée vers l'hypothalamus et la glande pinéale. En réaction aux cycles de la lumière et de la noirceur, notre corps pinéal produit de la mélatonine et d'autres hormones qui contrôlent et modulent la structure du sommeil selon les saisons et les rythmes circadiens. Il contrôle également le comportement sexuel, les cycles menstruels et les réactions du système nerveux sympathique (réaction de lutte ou de fuite).

Notre glande pinéale produit diverses quantités de mélatonine durant le jour et la nuit. Dérivée de la sérotonine, la mélatonine provoque le sommeil et abaisse la température du corps. La mélatonine n'a été découverte qu'en 1958. Pendant près de 2000 ans, les médecins et les philosophes occidentaux avaient spéculé sur les fonctions du corps pinéal.

Au cours du IIe siècle, le médecin, chirurgien et philosophe grec Claudius Galenus (Galien) a décrit la glande pinéale dans son ouvrage d'anatomie *De l'utilité des parties du corps*. Il l'a identifiée comme étant une glande dont la fonction, comme celle de toutes les autres glandes, était, selon lui, de servir de soutien aux vaisseaux sanguins. Galien n'a jamais pratiqué d'autopsie sur des humains, car cela était interdit par la loi. Pourtant, aussi étonnant que cela puisse paraître, ses théories anatomiques ont été acceptées comme parole d'évangile jusqu'au XVIe siècle.

Le médecin grec Hippocrate (460-377 avant notre ère), tout comme Galien, croyait que les ventricules du cerveau étaient remplis de *pneuma psychique*, une substance fine, volatile, légère et vaporeuse, et « premier instrument de l'âme ». Selon la théorie de Galien, la structure ayant la forme de ver reliant le côté droit et le côté gauche du cervelet contrôle la circulation du pneuma entre les ventricules du centre et les ventricules arrière. Aujourd'hui, ce lien porte le nom de *cerebellar vermis* (latin pour « ver »). Galien a rejeté avec véhémence le point de vue dominant à son époque selon lequel la glande pinéale correspondait à ce « ver[1] ».

Les anatomistes médiévaux pensaient que la raison, la mémoire et l'imagination étaient situées dans les différents ventricules du cerveau et que le « ver » servait à les séparer. Parmi ces anatomistes, on retrouve Posidonius de Byzance (fin du IVe siècle), Némésius d'Émèse (*circa* 400 de notre ère), Avicenne (980-1037) et Mondino de Luzzi (1306)[2].

Qusta ibn Luqa (864-923), un médecin grec d'origine byzantine, a avancé l'hypothèse que cet appendice en forme de ver contrôlait la circulation de « l'esprit animal » entre les ventricules. Il avait remarqué que les gens regardaient vers le haut quand ils essayaient de se souvenir de quelque chose, et vers le bas pour se concentrer. Il a posé comme principe que le mouvement des yeux faisait monter ou descendre cet appendice en forme de ver, soit pour récupérer des souvenirs dans le ventricule postérieur ou pour empêcher ces souvenirs de déranger l'esprit[3].

Les auteurs de la fin du Moyen-Âge utilisaient le terme *pinea* pour désigner cette célèbre valve ressemblant à un ver. Soit précisément la théorie rejetée par Galien. Pour ajouter à la confusion, les textes médiévaux ne font pas de distinction entre la glande pinéale et « l'appendice en forme de ver ». La confusion a atteint de nouveaux sommets quand divers auteurs ont commencé à utiliser le terme « ver » pour désigner trois parties distinctes du cerveau : le vermis du cervelet, la glande pinéale et les plexus choroïdes[4].

Finalement, Andreas Vesalius (1514-1564), un médecin belge connu comme étant le fondateur de l'anatomie humaine moderne, a rejeté toutes ces théories selon lesquelles les fonctions mentales étaient situées dans des ventricules spécifiques. Il a réfuté la fable du « ver » réglant la circulation des esprits dans les ventricules du cerveau[5].

« Siège de l'âme »

René Descartes (1596-1650), mathématicien français, auteur et père de la philosophie moderne, croyait que le corps humain fonctionnait comme une machine et que la glande pinéale était responsable des sensations, de l'imagination, de la mémoire et du mouvement des muscles. Il voyait dans la glande pinéale le siège de la perception, de la faculté universelle (*sensus communis*). Il l'appelait le « principal siège de l'âme et le lieu où toutes les pensées se forment ». Il croyait également que les souvenirs y étaient emmagasinés.

Selon lui, puisque nous ne voyons qu'une seule image avec nos deux yeux, et puisque nous avons deux oreilles mais n'entendons qu'un seul son, il doit nécessairement exister un organe qui unifie ces deux impressions avant que le cerveau ne puisse les percevoir[6]. Et comme la glande pinéale est le seul organe du cerveau qui ne fait pas partie d'une paire, Descartes a conclu que la glande pinéale « doit nécessairement être le siège du sens commun, c'est-à-dire de la pensée et, par conséquent, de l'âme. » Il trouvait également absurde l'idée selon laquelle l'âme n'était pas directement jointe au corps[7].

Descartes a avancé l'hypothèse que les « esprits animaux », tournoyant dans les ventricules, étaient responsables des réactions musculaires en circulant à travers des tubes entre la glande pinéale et les muscles. Ces esprits animaux, jouant le rôle d'intermédiaire entre l'esprit (situé dans la glande pinéale) et le corps, étaient considérés comme « un certain vent très subtil, ou plutôt une flamme très vive et très pure ».

Descartes croyait que les tissus du cerveau entourant la glande pinéale étaient une sorte de tamis. Seules les plus fines particules sanguines pouvaient passer par les minuscules ouvertures chargées de filtrer les parties de matières les plus subtiles et les plus actives (correspondant aux esprits animaux)[8].

Il croyait que les mouvements physiques de la glande pinéale poussaient les esprits animaux « vers les pores du cerveau », puis à travers les nerfs jusqu'aux membres. Les nerfs étaient considérés comme des tubes évidés contenant des fibres ou des fils qui reliaient les organes sensoriels aux minuscules valves situées sur les parois des ventricules du cerveau[9].

Même si les idées de Descartes n'étaient pas compatibles avec celles de l'anatomie moderne, on peut se demander s'il n'avait pas étudié l'*āyurveda* ou la médecine chinoise. Peut-être que les « tubes évidés » ou « pores » sont le pendant des *nāḍī*, et ses « esprits animaux », celui des cinq *prāṇa* qui circulent à travers notre corps subtil, conférant vie et mouvement. (Lisez mon livre *L'Énergie des chakras* pour plus d'information sur les *nāḍī* et les cinq *prāṇa*.)

Chronobiologie

La chronobiologie étudie la relation entre les organismes vivants et les cycles solaires-lunaires, afin de dresser la carte de leur horloge biologique. Le rythme circadien (cycles qui se reproduisent naturellement toutes les 24 heures) est le cycle le plus important de la chronobiologie. Ces processus biologiques permettent aux activités du cerveau de s'adapter à l'heure du jour (cycles lumière-obscurité).

Les organismes vivants sont fondamentalement *diurnes* (plus actifs durant le jour), *nocturnes* (actifs durant la nuit) ou *crépusculaires* (actifs à l'aube et au crépuscule). Les humains ont tendance à se lever tôt ou à vivre la nuit. Ces classifications sont appelées *chronotypes*.

Les cycles circadiens ont d'abord été observés chez les plantes durant le XVIIIe siècle par le scientifique français Jean-Jacques d'Ortous de Mairan. Au cours du même siècle, Carolus Linnaeus, un botaniste et naturaliste suédois, a créé une « horloge florale » qui permettait de suivre l'éclosion des fleurs à certains moments spécifiques du jour[10].

En 1898, le Dr Otto Heubner, un pédiatre allemand, a établi que le corps pinéal était en réalité une glande. Il a découvert que la présence de tumeurs sur la glande pinéale était associée à la fois à des cas de puberté précoce et retardée. De 1898 à 1958, on a cru que la seule fonction de cette glande était de contrôler la puberté.

En 1918, un anatomiste suédois, Nils Holmgren, a examiné la glande pinéale des grenouilles et des requins. À l'extrémité de cette glande, il a découvert des cellules qui ressemblaient à des cellules en forme de cône (des cellules photoréceptrices qui permettent de voir les couleurs). Il a conclu que le corps pinéal n'était pas une glande, mais un « troisième œil » chez ces animaux.

Le tuatara, un reptile de la Nouvelle-Zélande pouvant mesurer jusqu'à 78 centimètres, est le survivant d'une espèce qui prospérait il y a 200 millions d'années. On croit que son « troisième œil », photosensible et très développé (œil pariétal), sert à régler les cycles saisonniers et les cycles circadiens. On trouve également un troisième œil de ce genre chez les lézards, les iguanes, les grenouilles, les lamproies, les crevettes de mer, les larves de crustacés et certains poissons, comme le thon et le requin pélagique. Les arthropodes comme l'araignée possèdent souvent des ocelles dorsaux sensibles à la lumière (des yeux additionnels ayant des conduits oculaires distincts).

Le biologiste allemand Erwin Bünning a déterminé que le comportement des plantes et des insectes était lié aux rythmes circadiens, qui sont héréditaires. En 1935, il a découvert l'origine génétique de « l'horloge biologique », une expression de son cru. Son hypothèse était que les plantes affichaient des phases endogènes de sensibilité à la lumière et à l'obscurité : une phase *photophile* (qui aime la lumière) et une phase *scotophile* (qui aime l'obscurité)[11].

En 1958, une découverte capitale dans le domaine de la recherche sur la glande pinéale est survenue quand le Dr Aaron B. Lerner, directeur du département de dermatologie de l'Université Yale, a isolé l'hormone de la mélatonine. Il a compris que cette substance pouvait être utilisée pour traiter le vitiligo (perte de pigmentation de la peau). Des recherches subséquentes ont montré que la mélatonine, produite par la glande pinéale durant la nuit, règle les cycles de veille et de sommeil et l'activité métabolique[12].

Le Dr Jürgen Walther Ludwig Aschoff a étudié de quelle façon un stimulus pouvait modifier les rythmes circadiens. En 1960, il a inventé le terme *zeitgeber* : un indice environnemental qui entraîne ou synchronise les rythmes biologiques. Après 20 ans de recherche dans un bunker souterrain, où les sujets pouvaient allumer ou éteindre la lumière selon leurs propres rythmes internes, Aschoff a conclu que les humains possèdent des oscillateurs (rythmes) circadiens (changements réguliers sur une période de 24 heures) endogènes (innés, autonomes). Il a également découvert que le fait de modifier le cycle lumière-obscurité pouvait entraîner des problèmes graves, voire l'apparition de maladie mentale.

Colin S. Pittendrigh, un biologiste d'origine britannique ayant dirigé la Society of Research in Biological Rythms dans les années 1970, est considéré comme le père de l'horloge biologique. Il a étudié le rôle de l'horloge circadienne chez diverses espèces, y compris chez les drosophiles. Il a démontré que les rythmes circadiens, qui synchronisent les cycles lumière-obscurité, sont intrinsèques et indépendants de tout indice environnemental.

Le Dr Franz Halberg de l'Université du Minnesota, considéré comme le père de la chronobiologie américaine, a inventé le mot *circadien*. Durant sa carrière de plus de 50 ans, il s'est efforcé de convaincre les médecins que la compréhension des rythmes corporels pouvait prévenir et même traiter la maladie. Selon Halberg : « L'une des plus grandes erreurs que l'on commet est de croire que l'on peut soigner en se fiant à une horloge… au lieu de soigner le corps en fonction de sa propre horloge. » Il a découvert que la quantité de cellules blanches chez les souris variait grandement durant la journée et à un rythme régulier. Il a été le premier à guérir un cas de cancer en planifiant les séances de radiothérapie en fonction des rythmes corporels du patient. Ses recherches sur les rythmes de la pression artérielle ont permis l'identification de différents marqueurs de maladies potentielles. Il a découvert que les cycles associés aux vents solaires, aux taches solaires et aux tempêtes géomagnétiques avaient des effets physiologiques plus importants que les changements de saison[13].

Au laboratoire Cold Spring Harbor de New York, l'étude de la chronobiologie a pris son envol en 1960 lors d'un célèbre symposium sur les horloges biologiques. La même année, Patricia DeCoursey inventait la *courbe de réaction de phase* (PRC), qui est utilisée pour déterminer les rythmes circadiens.

En 1972, Robert Y. Moore et Victor B. Eichler de l'Université de Chicago, et Friedrich K. Stephan et Irving Zucker de l'Université de la Californie à Berkeley, ont découvert que le noyau suprachiasmatique (NSC) est un chronomètre important, suivant à la trace les rythmes biologiques quotidiens qui gèrent les cellules, dont plusieurs possèdent leurs propres horloges moléculaires[14, 15]. Situé dans l'hypothalamus antérieur, ce noyau est composé d'un ensemble de 20 000 minuscules « cellules horloges » ayant la forme d'une aile et rassemblées par paire. Il coordonne le cycle du sommeil ainsi que les fluctuations du rythme cardiaque, de la pression artérielle, de la température et de la sécrétion de certaines hormones. Par le biais d'impulsions nerveuses, le noyau reçoit des messages provenant de la rétine et les transmet à l'hypothalamus et à la glande pinéale[16, 17].

En 1989, le Dr Alfred J. Lewy et le Dr R. L. Sack de l'Oregon Health Services University à Portland, ont découvert que la glande pinéale sécrétait naturellement de la mélatonine deux heures avant l'heure du coucher, pourvu que la lumière soit faible. C'est ce que l'on appelle le *début de la sécrétion de mélatonine en lumière faible* (*dim light melatonin onset* ou DLMO). Ce mécanisme aide le corps à se préparer à dormir et assure la régularité de l'horaire veille-sommeil[18].

La glande pinéale est-elle un troisième œil ?

On dit que la glande pinéale est un troisième œil, mais il ne s'agit pas d'un troisième globe oculaire. Elle n'a ni iris, ni pupille, ni lentille. Toutefois, certaines de ses cellules ressemblent à celles de la rétine. Les principales cellules composant la glande pinéale sont les *pinéalocytes,* qui auraient évolué, croit-on, à partir de cellules sensibles à la lumière comme celles de la rétine[19]. Les pinéalocytes humains ont été décrits par le chercheur Allan F. Wiechmann comme étant des « cellules photoréceptrices modifiées en forme de cône[20]. »

Un groupe de chercheurs réunis à Bethesda, dans le Maryland, sous la direction de Paul O'Brien du National Eye Institute et de David Klein du National Institute of Child Health and Human Development, ont montré que « la glande pinéale était un précurseur évolutif de l'œil moderne » et découvert « des similitudes étonnantes entre les deux organes », y compris la présence de mélatonine à la fois dans la rétine et la glande pinéale[21].

La preuve de ce lien est la présence d'un « œil pinéal » chez certains animaux. Le lézard occidental de barrière possède une ouverture jaunâtre de un millimètre de diamètre entre les os du crâne sur le dessus de sa tête. Cette extension de la glande pinéale ressemblant à un œil est composée d'une rétine, d'une lentille et d'une cornée. D'autres espèces, incluant des lézards, des grenouilles et des lamproies, possèdent un œil pinéal tout aussi élaboré.

Même si cet œil pinéal ressemble à un vrai œil, il ne réagit pas à la lumière et ne peut pas faire la mise au point d'une image. Toutefois, quand il est illuminé, il réagit en envoyant des impulsions électriques. Il perçoit la lumière ambiante, mais il est incapable de percevoir des motifs détaillés comme le ferait la rétine.

Même s'ils ne possèdent pas d'œil pinéal à proprement parler, plusieurs oiseaux, poissons, reptiles et amphibiens ont une glande pinéale sensible à la lumière, dotée de cônes et de bâtonnets photorécepteurs, quoique placés de façon plus rudimentaire et aléatoire que ceux de la rétine.

Des protéines que l'on croyait uniquement présentes dans la rétine ont également été découvertes dans la glande pinéale de divers vertébrés. Chez les mammifères, certaines cellules de la glande pinéale dans le fœtus ressemblent à des cellules photoréceptrices. Chez l'embryon humain, ces cellules ont le potentiel (appelé *potentiel de différenciation*) de devenir des cellules de la lentille, de l'épithélium ou de la rétine. Mais elles se développent plutôt pour former la glande pinéale[22].

David Klein dit croire à présent que « la glande pinéale – le prétendu troisième œil – est en réalité le premier œil. Le plus primitif organe de la vision était un œil unique dont le rôle se résumait à convertir la lumière en composés chimiques. » Selon lui, la glande pinéale a évolué pour produire des signaux nerveux et une réaction hormonale[23].

Cette opinion est partagée par le Dr Masasuke Araki, professeur de biologie développementale à l'Université pour femmes de Nara, qui, après 20 ans de recherche, a découvert que les effets de la structure même du cerveau, de même que ceux des nerfs périphériques sur les cellules, amenaient la formation d'une glande pinéale plutôt que d'un œil[24].

Une étude publiée en 1986 par Allan F. Wiechmann du département de biologie cellulaire du collège de médecine de l'Université de l'Oklahoma, montre que la glande pinéale et la rétine possèdent plusieurs similitudes, y compris la capacité de synthétiser de la mélatonine. Il écrit : « Plusieurs chercheurs soupçonnent que le rythme cyclique de la synthèse de la mélatonine par la rétine pourrait être lié à d'autres événements cycliques qui se produisent normalement dans la rétine. »

L'auteur ajoute plus loin que « la présence de protéines dans la glande pinéale qui sont normalement impliquées dans la phototransduction (perception de la lumière) dans la rétine nous permet d'envisager la possibilité que des événements photiques puissent se produire directement dans la glande pinéale des mammifères[25]. »

En 1995, dans la revue *USC Health & Medicine*, Cheryl C. Craft, directrice du département de neurobiologie et de biologie cellulaire de l'USC, écrivait : « La glande pinéale est « l'œil de l'esprit ». Une fois disséquée, la glande pinéale des reptiles ressemble énormément à un œil pour ce qui est de la forme et des tissus[26]. »

En 2004, David C. Klein déclarait que les cellules photoréceptrices de la rétine ressemblaient beaucoup aux cellules de la glande pinéale, et que les cellules pinéales de certaines espèces animales (telles que les poissons, les grenouilles et les oiseaux) pouvaient détecter la présence de lumière[27]. »

Présence de DMT dans la glande pinéale

Voici ce que l'on peut lire sur le site Web de la fondation Cottonwood Research : « En raison de ses liens avec la conscience, la glande pinéale est un objet de grand intérêt depuis des milliers d'années, et la preuve que la glande pinéale est une source de DMT confirme que cette glande énigmatique joue un rôle dans certains états de conscience inhabituels. »

La DMT (diméthyltryptamine) est une substance illégale qui est devenue une drogue euphorisante très populaire dans les années 1960, connue pour ses effets hallucinogènes rapides et extrêmement intenses. Composé psychédélique de la famille des tryptamines, la DMT ressemble à un neurotransmetteur et peut franchir la barrière sang-cerveau. L'ingestion de cette substance entraîne instantanément un état modifié de conscience, une perte de contact avec le monde matériel, une immersion complète dans une expérience hallucinatoire, une impression de communiquer avec des royaumes spirituels ou des êtres qui ne sont pas de ce monde, ou la sensation de pénétrer dans un environnement étrange évoquant des univers extraterrestres ou parallèles.

La jungle amazonienne est récemment devenue une destination touristique très populaire pour ceux qui cherchent à se procurer de la DMT sous forme d'*ayahuasca*, un remède chamanique sacré dans les cultures indigènes de l'Amérique du Sud. On l'utilise sous forme de potion pour guérir ou ouvrir la conscience aux royaumes subtils au-delà du monde matériel.

Les Indiens Aguaruna de l'Amazonie utilisent l'*ayahuasca* durant leurs cérémonies rituelles depuis l'an 500 avant notre ère. Cette concoction est fabriquée à partir des feuilles et des tiges de plantes hallucinogènes telles que la *Banisteriopis caapi* (*ayahuasca*), la *Psychotria viridis* (chacruna) et parfois la *Diplopterys cabrerana* (*chagropanga, chaliponga, oco-yage*). Aussi appelé *yagé, huasca, rambi, shuri, ayahuasca, nishi oni, natema, iona, mii, nixi, pae, ka-hee, mi-hi ou kumabasere,* ce remède sacré à base de plantes est utilisé dans la partie amazonienne du Pérou, en Équateur, en Colombie, en Bolivie, dans l'ouest du Brésil et dans certaines régions du bassin de l'Orénoque[28].

Pour ceux qui sont réticents à l'idée de visiter l'Amazonie, l'Église Santo Daime, une religion fondée dans les années 1920, est aujourd'hui présente dans plusieurs pays. Elle mélange catholicisme, rituels indigènes des forêts pluvieuses amazoniennes et animisme des Caraïbes. Ces rituels liturgiques sacrés incluent la consommation d'infusions à base d'*ayahuasca*.

Puisque les chamans amazoniens prétendent que la DMT éveille à la compréhension de soi et permet de communiquer avec une puissance supérieure, les scientifiques ont cherché à découvrir son lien avec la glande pinéale, elle-même associée au troisième œil et aux états supérieurs de conscience depuis l'Antiquité.

En 1976, R. B. Gucchait a montré que la glande pinéale contenait une enzyme capable de synthétiser la DMT[29].

Le Dr Rick Strassman, auteur du livre *DMT : La molécule de l'esprit,* a mené des recherches intensives sur la DMT au cours des années 1990 à l'Université du

Nouveau-Mexique. Il a émis l'hypothèse que la glande pinéale est le lieu de production le plus probable de la DMT, en raison de sa ressemblance chimique avec la mélatonine. Il a également conjecturé que la DMT est sécrétée par la glande pinéale durant le sommeil paradoxal (pendant que nous rêvons) et à l'approche de la mort, ce qui provoquerait les expériences de mort imminente (EMI)[30].

En 2011, Nicholas V. Cozzi, de l'école de médecine et de santé publique de l'Université du Wisconsin, a découvert que l'indoléthylamine N-méthyltransférase (INMT), une enzyme associée à la biosynthèse de la DMT et des hallucinogènes endogènes, est présente dans la glande pinéale des singes rhésus, dans les neurones des ganglions de la rétine et dans les neurones moteurs de la moelle épinière[31].

En 2013, Stephen A. Barker, Jimo Borjigin, Rick Strassman et Izabela Lomnicka, de la fondation Cottonwood Research, ont fait une découverte stupéfiante : la glande pinéale produit de la DMT hallucinogène. « Nous rapportons ici pour la première fois la présence de DMT dans la glande pinéale dialysée provenant d'un rat[32]. »

Beach Barrett, un collaborateur du Dr Rick Strassman, a inventé le terme *métatonine* pour désigner la DMT endogène que produit naturellement la glande pinéale, afin de la différencier de la DMT synthétique. Pour les scientifiques qui liront ce livre, la mélatonine et la métatonine sont toutes les deux dérivées de la sérotonine, qui fait partie de la famille des tryptamines. La mélatonine dérive de la sérotonine (sérotonine plus une molécule de méthyle), la métatonine dérive de la mélatonine (mélatonine plus une molécule de méthyle).

Les tissus les plus riches en sérotonine dans le corps humain sont ceux de la glande pinéale. Toutefois, la sérotonine produite par la glande pinéale n'influence pas directement le cerveau. Elle sert principalement à la production de mélatonine et de métatonine. La métatonine est produite quand la glande pinéale sécrète l'enzyme méthyltransférase (INMT)[33].

Certains chercheurs croient que la DMT endogène produite par la glande pinéale est responsable des expériences de sortie hors du corps, des expériences de mort imminente, des expériences spirituelles, de l'inspiration, des rêves et même des croyances religieuses. La DMT est présente chez l'humain de façon naturelle dans le sang, l'urine et le liquide cérébro-spinal.

La DMT inonde le corps humain à la naissance, à la mort et durant la treizième semaine de gestation dans l'utérus. Les bouddhistes et les hindous croient que l'âme du nouveau-né entre dans le fœtus vers la douzième ou la treizième semaine de gestation. La glande pinéale devient visible chez le fœtus humain 49 jours après la conception. Les bouddhistes croient depuis longtemps que l'âme se réincarne en moins de 49 jours.

Les implications de la découverte de DMT chez les mammifères sont énormes. Étant donné que la DMT entraîne des états modifiés de conscience, un lien entre la DMT et la glande pinéale pourrait indiquer que les anciens de l'Inde avaient raison depuis le début : la glande pinéale est effectivement le siège du troisième œil.

Au chapitre suivant, nous examinerons de nombreuses autres découvertes scientifiques récentes concernant la glande pinéale et le troisième œil.

4

Le troisième œil à l'épreuve de la science

L'œil de l'âme, qui est obscurci et ignoré par les autres champs d'étude, est naturellement adapté pour être ressuscité et excité par les seules disciplines mathématiques.

— Platon

La mélatonine, une hormone sécrétée par la glande pinéale, a été découverte en 1958 par le Dr Aaron B. Lerner et ses collègues de l'école de médecine de l'Université Yale. Dérivée d'un acide aminé appelé tryptophane, la mélatonine est produite par la glande pinéale des mammifères, des oiseaux, des reptiles et des amphibiens, et influence le cycle quotidien veille-sommeil (rythmes circadiens)[1].

La glande pinéale convertit la sérotonine en mélatonine de façonrégulière et quotidienne. La production de mélatonine et de sérotonine est déterminée par les cycles de luminosité et d'obscurité, détectés par la rétine de l'œil[2]. La production de mélatonine est plus élevée durant la nuit et plus basse durant le jour. La production de sérotonine est plus élevée durant le jour et plus basse durant la nuit. De plus, la mélatonine est produite en plus grande quantité durant les longues nuits d'hiver que durant l'été quand les nuits sont plus courtes.

Les récepteurs de mélatonine sont principalement situés dans le noyau suprachiasmatique (NSC), responsable de la gestion du rythme circadien. La présence de mélatonine entraîne des modifications physiologiques qui favorisent le sommeil, telles que la baisse de la température et le ralentissement du rythme respiratoire. Au matin, la production de mélatonine est inhibée. Cette inhibition stimule l'éveil et nous garde alerte durant la journée[3].

En 2012, Peter McCormick et son équipe de la faculté de biologie de l'Université de Barcelone ont découvert que l'interaction de la dopamine avec ses récepteurs au niveau de la glande pinéale inhibait les effets de la norépinéphrine et réduisait la production de mélatonine. Les récepteurs de dopamine apparaissent uniquement dans la glande pinéale à la fin d'une période d'obscurité. C'est ce qui interrompt la production de mélatonine au début de la journée[4].

Bienfaits de la mélatonine et de la méditation

La mélatonine est un extracteur de radicaux libres à l'intérieur de toutes les cellules et donc un puissant antioxydant aux propriétés antivieillissement et anticancer. Elle neutralise les radicaux oxydants dommageables et active les enzymes antioxydants. La baisse de la production de mélatonine avec l'âge contribue à l'apparition de maladies liées au vieillissement. La mélatonine protège le fœtus embryonnaire et assure la médiation de plusieurs fonctions hormonales[5].

Le professeur Russell Reiter, un grand spécialiste de la mélatonine, résume ses bienfaits comme suit :

1. Elle joue un rôle essentiel pour maintenir de saines habitudes de sommeil, y compris pour faire baisser la température du corps ;
2. Elle réduit le cholestérol et les risques d'athérosclérose et de maladie coronarienne ;
3. Elle réduit la pression artérielle, les risques de formation de caillots et d'avoir une attaque ;
4. Elle réduit les risques de crise cardiaque, de cancer et de réplication virale ;
5. Elle maintient et améliore la santé du système immunitaire[6, 7].

Notre santé mentale est grandement influencée par la glande pinéale. Si la glande pinéale ne trouve pas assez de sérotonine pour produire une quantité adéquate de mélatonine, des troubles du sommeil apparaissent et nos rythmes biologiques sont perturbés. Les personnes souffrant de maladie mentale ont généralement des niveaux fluctuants ou insuffisants de sérotonine.

L'absence de lumière naturelle fait baisser les taux de sérotonine et perturbe par conséquent l'horloge biologique. Dans les climats où la lumière du soleil est limitée, les gens peuvent développer des troubles affectifs saisonniers (TAS). Les habitants de la Norvège et de la Finlande souffrent d'un taux élevé d'irritabilité, de fatigue, de maladies, d'insomnie, de dépression, d'alcoolisme et de suicide.

À l'inverse, une exposition suffisante à la lumière du soleil favorise la production de sérotonine, équilibre le cycle circadien et augmente la production de mélatonine.

On observe également une corrélation constante entre la maladie mentale et la saison de la naissance[8]. L'incidence de la schizophrénie et des troubles bipolaires est plus élevée chez les personnes qui sont nées l'hiver ou le printemps. La recherche montre qu'il existe un lien entre les saisons, les fluctuations du champ géomagnétique, la production de mélatonine et diverses maladies mentales et physiques.

Les astrologues-médecins de l'Antiquité grecque, les *iatro-mathematici*, et plus tard les astrologues médicaux européens, croyaient que les corps lourds avaient une influence directe sur le bien-être des humains. Les médecins grecs soignaient leurs patients en tenant compte des forces cosmiques, de l'influence des planètes, du climat, de la géographie et de l'anatomie[9]. La recherche scientifique sur les rythmes circadiens corrobore cette hypothèse.

Au cours du IIe siècle, Arétée de Cappadoce, dans *Airs, eaux, lieux*, écrit : « Les maladies humaines varient au fil des saisons. » Le médecin anglais du XVIIIe siècle Richard Mead était du même avis. Dans *L'Action du soleil et de la lune sur les corps animaux*, il souligne l'influence des facteurs saisonniers sur le bien-être et la maladie[10].

La glande pinéale est spirituellement liée à la conscience. La tomographie par émission de positons (TEP) indique que la méditation stimule le cortex préfrontal médian (la région du troisième œil). La recherche sur le cerveau montre que le fait de méditer régulièrement modifie l'anatomie neuronale du cerveau pour favoriser un plus haut niveau de conscience.

Les neuroscientifiques ont découvert que le cortex préfrontal, responsable de nombreux processus mentaux, peut calmer la partie limbique du cerveau. Quand une personne est stressée, l'amygdale enclenche la réaction de lutte ou de fuite, produisant une hormone appelée cortisol. Cette hormone endommage les cellules et entraîne un rétrécissement de l'hippocampe. À l'inverse, la méditation active le cortex préfrontal, ce qui réduit l'anxiété et les traumas. Des images du cerveau ont montré que la méditation faisait rétrécir l'amygdale et augmenter la taille de l'hippocampe. Cela réduit le stress et augmente la stabilité émotionnelle et la capacité à vivre le moment présent.

L'hippocampe est l'une des premières régions du cerveau à subir des dommages chez les personnes atteintes de la maladie d'Alzheimer. La méditation peut renverser ou réparer certains de ces dommages. Il a été démontré que cette pratique avait un effet calmant sur le système corps-esprit et amenait le système nerveux autonome à se détendre. Un tel état de détente favorise et soutient le processus de guérison[11].

Recherche révolutionnaire sur la glande pinéale

Depuis 1984, le *Journal of Pineal Research* a publié des centaines d'articles citant des études scientifiques sur la glande pinéale. Pour lire ces articles publiés depuis 1984 à nos jours, consultez leurs archives disponibles en ligne au http://goo.gl/IxThnt. Plusieurs de ces articles récents mentionnent les importants bienfaits de la mélatonine pour la santé et le ralentissement du vieillissement, et les effets néfastes de la pollution lumineuse durant la nuit.

« Nous ne comprenons pas encore complètement le rôle de la glande pinéale », affirme Jimo Borjigin, professeure de physiologie et de neurologie de l'Université du Michigan, pionnière de la visualisation médicale (création d'images virtuelles en trois dimensions à partir de données obtenues par imagerie médicale) de la sécrétion de la mélatonine par la glande pinéale.

Selon Borjigin : « De nombreuses molécules sont présentes dans la glande pinéale, et plusieurs uniquement durant la nuit, et nous n'avons toujours pas une idée claire de leurs fonctions. La seule fonction qui a été établie de façon certaine est la synthèse et la sécrétion de la mélatonine durant la nuit, qui est contrôlée par l'horloge centrale du noyau suprachiasmatique et modulée par la lumière. Tout le reste n'est que spéculation. »

Borjigin ajoute : « L'horloge centrale circadienne coordonne les activités de presque tous les aspects de la vie, y compris ses aspects physiologiques et comportementaux, et la mélatonine est le meilleur marqueur pour décoder les empreintes du chronomètre circadien [...]. [La mélatonine sécrétée durant la nuit] aide le cerveau à se réparer et à synchroniser nos corps avec la rotation de la Terre. La mélatonine est un composé chimique étonnant [...] ; c'est un puissant antioxydant dont la liste des utilisations médicinales s'allonge chaque année, à mesure que nous en apprenons davantage sur sa capacité à combattre les troubles immunitaires, les maladies chroniques et la neurodégénérescence.

« La microdialyse de la glande pinéale [une procédure exclusive au laboratoire de Borjigin] nous permet de surveiller de plus près la sécrétion de la mélatonine sous diverses conditions simulant les effets du décalage horaire, du travail nocturne, de la pollution lumineuse, de l'alimentation et d'une foule d'autres facteurs, afin de déterminer les empreintes de la réaction circadienne à l'environnement. Cela nous a permis de découvrir des animaux ayant des chronotypes extrêmes, lève-tôt et couche-tard, qui nous aident à comprendre comment des individus ayant des chronotypes différents réagissent aux défis circadiens[12]. »

L'une des études de Borjigin a montré que la sécrétion de mélatonine par la glande pinéale est contrôlée par le ganglion cervical supérieur et le noyau suprachiasmatique. Quand l'un des deux ganglions est retiré, la sécrétion de mélatonine est réduite de 50 %, mais récupère complètement en l'espace de 36 heures. On ignore comment la glande pinéale peut récupérer aussi rapidement et complètement[13].

Exposition à la radiation électromagnétique

En 1989, la Chinoise S. W. Chang a découvert que les travailleurs exposés à de fortes quantités de radiofréquences et de micro-ondes (RF/MW) avaient des taux de sérotonine plus élevés et des taux de mélatonine plus bas. Depuis, plusieurs expériences scientifiques ont confirmé que l'exposition aux EBF (extrêmement basses fréquences) et aux radiofréquences et micro-ondes réduisait la production de la mélatonine dans la glande pinéale[14].

Une étude menée en 2011 par Kavindra Kumar Kesari, Sanjay Kumar et J. Behari de l'école des sciences environnementales de l'Université Jawaharla Nehru à New Delhi, en Inde, a permis de mesurer les effets des champs électromagnétiques (RF-EMF, en anglais) sur le cerveau. Chez les rongeurs, l'exposition chronique à des champs électriques de 60 Hz (omniprésents dans notre environnement) réduit les taux de mélatonine de 40 %. Et une exposition à des fréquences micro-ondes de 900 MHz favorise l'oxydation du cerveau. L'exposition à la radiation émise par les téléphones portables et les micro-ondes réduit sensiblement la présence de mélatonine dans la glande pinéale et pourrait représenter un risque pour la santé[15].

Barry W. Wilson, Cherylyn W. Wright et d'autres chercheurs des laboratoires Pacific Northwest de l'organisme Battelle, situé à Richland dans l'État de Washington, et Rita Sommers-Flanagan de l'Université du Montana à Missoula, ont découvert que les fonctions de la glande pinéale chez les humains sont compromises par l'utilisation continue de couvertures chauffantes contenant des fils électriques en polymère[16].

À l'Université de Berne en Suisse, des chercheurs ont étudié les effets de l'exposition à des champs magnétiques de 16,7 Hz sur les travailleurs du réseau ferroviaire. Ceux qui travaillaient à proximité de moteurs électriques ou sous des lignes de transmission affichaient une baisse de la production de mélatonine[17].

Risques associés à la luminosité nocturne

Une étude menée par Shu-qun Shi, Tasneem S. Ansari, Owen P. McGuinness, David H. Wasserman et Carl Hirschie Johnson à l'Université Vanderbilt de Nashville dans le Tennessee, a montré que le fait de rester éveillé tard en présence d'une source de lumière artificielle freine la production de mélatonine. C'est la première étude à montrer que l'horloge biologique circadienne de l'organisme coordonne l'activité de l'insuline. Les habitudes alimentaires qui perturbent la structure du sommeil et les emplois de nuit mènent à des problèmes d'obésité et de diabète, et font augmenter les risques de cancer et de maladie cardiaque[18].

« Notre étude confirme que ce n'est pas seulement ce que vous mangez et comment vous mangez qui est important pour maintenir un mode de vie sain, car l'heure à laquelle vous mangez est également très importante », selon Shu-qun Shi. « On soupçonnait depuis longtemps que la réaction de nos cellules à l'insuline suivait un cycle circadien, mais nous sommes les premiers à l'avoir mesurée », rapporte Owen McGuinness. « L'horloge principale du système nerveux central met en branle le cycle, et la réaction à l'insuline suit[19]. »

Des chercheurs du Département des ressources naturelles et de gestion environnementale de l'Université d'Haïfa en Israël ont montré que « l'habitat dans lequel dort la population des villes modernes » augmente de façon importante les risques de cancer d'origine hormonale. De 2008 à 2012, Itai Kloog, Richard G. Stevens,

Abraham Haim et Boris A. Portnov ont publié une série d'articles scientifiques sur les risques de la luminosité nocturne (LAN)[20].

Lors d'un entretien, Kloog a déclaré : « Il a été démontré à plusieurs niveaux, par notre propre groupe et d'autres, que la luminosité nocturne contribuait sans aucun doute à augmenter les risques de développer un cancer hormonal. » L'équipe de Kloog a découvert que le taux de cancer du sein augmentait de façon significative chez les femmes qui étaient davantage exposées à des sources lumineuses durant la nuit[21].

Selon Kloog : « Jusqu'à il y a environ 120 ans, les humains étaient essentiellement exposés à 12 heures d'ensoleillement et 12 heures d'obscurité en moyenne, tout dépendant évidemment des saisons et de la latitude. Mais depuis l'invention de l'ampoule électrique, nous avons artificiellement étiré la durée du jour. Nous nous mettons au lit plus tard, nous dormons en présence de sources lumineuses et nous dormons moins longtemps. Une foule de facteurs contribuent à étirer la durée de nos journées, comparativement aux périodes de luminosité auxquelles nous avaient habitués des millions d'années d'évolution. »

Kloog nous suggère de « dormir dans une pièce plus sombre, d'utiliser moins de lumière et de fermer nos volets. Les perturbations circadiennes sont cancérogènes chez les humains[22]. »

Le Dr Alfred J. Lewy de l'Oregon Health and Science University de Portland, le Dr Josephine Arendt de l'Université du Surrey au Royaume-Uni, et plusieurs autres ont étudié les effets liés au fait d'avancer ou de retarder le début du sommeil. Ils ont découvert que les rythmes circadiens des animaux et des humains pouvaient être réinitialisés grâce à une thérapie lumineuse (pour maintenir l'état de veille) et l'administration de mélatonine par voie orale (pour favoriser le sommeil).

En 2012, David W. Frank, Jennifer A. Evans, Jeffrey A. Elliot et Michael R. Gorman de l'Université de la Californie à San Diego, ont découvert qu'un faible niveau de luminosité durant la nuit accélérait le réentraînement circadien des hamsters de tous âges de 50 %. La lumière tamisée avait pour but de simuler le clair de lune[23, 24].

Selon l'Organisation mondiale de la santé, les perturbations circadiennes telles que le décalage horaire, le travail de nuit et les troubles du sommeil touchent 40 % de la population mondiale. Ces perturbations ont amené l'indice de masse corporelle à dépasser le seuil recommandé chez plus de 50 % de la population européenne, en plus de provoquer des troubles comportementaux qui touchent 25 % de la population au moins une fois au cours de leur vie en lien avec leur taux de mélatonine[25].

Calcification de la glande pinéale

Les bébés et les enfants ont des glandes pinéales intactes et de bonne taille. À l'approche de la puberté, leur glande se rétrécit. Avec cette contraction, le pouvoir d'émerveillement de l'enfant semble également diminuer. Les expériences de clairvoyance vécues par les enfants disparaissent avec l'âge. Cela pourrait être une conséquence de la calcification de la glande pinéale qui débute parfois dès l'âge de cinq ans.

Avec le temps, des dépôts de calcium s'accumulent dans la glande pinéale : *corpora arenacea* (*acervuli* ou « sable cérébral »). Ce sable est composé de calcium, de phosphate, de carbonate de calcium, de phosphate de magnésium et de phosphate d'ammonium, et a été associé au vieillissement[26]. La recherche montre que le niveau de calcification de la glande pinéale est sensiblement plus élevé chez les personnes atteintes de la maladie d'Alzheimer comparativement à d'autres types de démence[27].

La glande pinéale se calcifie avec l'introduction des halogénures, tels que le bromure, le fluorure et le chlorure. La calcification de la glande pinéale et la diminution de la production d'enzymes ont d'ailleurs été associées au fluorure de sodium, qui est ajouté dans l'eau potable dans 90 % des cas aux États-Unis, dans l'eau utilisée pour se laver (absorbée par notre peau), dans les breuvages, dans les aliments, dans la pâte dentifrice, dans le Prozac (fluoxétine), dans les antibiotiques fluoroquinolones et dans les ustensiles de cuisine antiadhésifs.

En 1997, Jennifer Anne Luke de l'école des sciences biologiques de l'Université du Surrey à Guildford, au Royaume-Uni, en collaboration avec le Royal London Hospital, a été la première à étudier les effets du fluorure sur la glande pinéale. Le fluorure ne s'accumule pas dans le cerveau, et la barrière sang-cerveau l'empêche d'entrer dans le système nerveux central. Toutefois, la glande pinéale ne fait pas partie du cerveau. Elle est située à l'extérieur de la barrière sang-cerveau.

Dans son étude sur l'état de la glande pinéale chez les personnes âgées, Luke a montré pour la première fois que le fluorure s'accumule dans la glande pinéale, et qu'à un âge avancé, notre glande pinéale en contient en moyenne 300 mg par kilogramme, soit autant de fluorure que dans nos dents (300 mg dans la dentine et 100 mg dans l'émail). La glande pinéale présente la plus forte concentration de fluorure dans l'organisme, suffisamment pour inhiber la production des enzymes.

Luke a découvert que ces taux élevés de fluorure dans la glande pinéale sont dus aux grandes surfaces recouvertes de phosphate de calcium cristallisé (hydroxyapatite) à l'intérieur et à l'extérieur de ses cellules. La glande pinéale présente la plus forte concentration de calcium de tous les tissus mous normaux. De plus, seuls les reins ont une circulation sanguine et une densité capillaire supérieures à celles de la glande pinéale[28].

La plupart des pays développés ont interdit la fluorisation de l'eau potable. Toutefois, plus de gens boivent de l'eau fluorée aux États-Unis que dans le reste du monde pris dans son ensemble. Les pays où l'on retrouve des niveaux élevés de fluorure dans l'eau prennent aujourd'hui des mesures pour l'éliminer en raison des problèmes de santé que de telles concentrations peuvent entraîner. Consultez le site Web *www.fluoridation.com* pour découvrir 50 raisons d'interdire la fluorisation de l'eau[29].

En 2006, le National Research Council (NRC) a publié une étude intitulée « Fluoride in Drinking Water : A Scientific Review of EPA's Standards ». En voici un extrait : « L'exposition au fluorure modifie la production de mélatonine et le processus de maturation sexuelle [...)]. Des informations récentes sur le rôle de la glande pinéale chez les humains indiquent que tout agent qui influe sur le fonctionnement de la glande pinéale peut avoir diverses conséquences sur la santé humaine, y compris des effets sur la maturation sexuelle, le métabolisme du calcium, la fonction parathyroïdienne, l'ostéoporose post-ménopausique, le cancer et les maladies psychiatriques[30]. »

Décalcifier votre glande pinéale

Vous pouvez facilement imaginer l'effet de la calcification de la glande pinéale sur votre troisième œil. Par conséquent, vous pouvez utiliser certaines des méthodes suivantes pour décalcifier votre glande pinéale[31].

IMPORTANT : Consultez un médecin avant d'ingérer quoi que ce soit ou de suivre l'un ou l'autre de ces conseils.

Alimentation

Parmi les aliments qui contribueraient à décalcifier la glande pinéale, on retrouve : l'ail, le citron, le vinaigre de cidre de pomme non pasteurisé Bragg, l'huile de beurre naturelle, le cacao cru, le tamarin, les baies de goji, la coriandre, le melon d'eau, les bananes, l'huile de noix de coco, les graines de chanvre, la nigelle, les algues, les champignons chaga et le jus de noni.

À éviter : les aliments et boissons transformés, les aliments contenant des OGM, les pesticides, les édulcorants, les rince-bouche, les détergents, les sucres raffinés, les boissons gazeuses, la caféine, l'alcool, le tabac, les poissons contenant du mercure, les plombages dentaires et les vaccins.

Eau

Buvez de l'eau fraîche et pure qui n'a pas été fluorée. Cela inclut les eaux de source, distillées ou obtenues par osmose inversée. La plupart des filtres n'éliminent pas les traces de fluor. Évitez de boire de l'eau du robinet ou de cuisiner avec celle-ci.

Les suppléments alimentaires

Les suppléments recommandés incluent l'hydrilla verticillata (une plante d'eau douce), la chlorelle (algue verte), la spiruline (algue d'eau douce de couleur bleu-vert), le ginseng, la vitamine D3, la vitamine K1/K2 (formule Jarrow), le MSM, l'argile bentonite, la chlorophylle, l'huile de foie de raie (Blue Ice), l'huile de foie de grenadier, l'huile de foie de morue, l'écorce de racine d'iboga, l'origan sauvage (OregaMax) et l'huile de neem. Évitez les suppléments alimentaires de calcium.

Bore

Le bore peut éliminer efficacement les accumulations de fluor. Les betteraves biologiques en contiennent de façon naturelle. L'entreprise d'homéopathie Boiron propose également un produit à base de borax qui ne présente aucun risque pour la santé. Ou préparez une solution concentrée en dissolvant ¼ cuillère à thé (1,25 ml) ou moins de borax dans un litre d'eau pure. Commencez par une dose d'une cuillère à thé (5 ml) par jour mélangée avec vos aliments ou vos boissons, et continuez en prenant une ou deux doses quotidiennes. Gardez hors de la portée des enfants[32].

Minéraux

L'iode (solution de Lugol) contribue à éliminer le fluor présent dans la glande pinéale, et le magnésium contribue à chasser le fluor accumulé dans votre organisme. Les algues contiennent de l'iode de façon naturelle. La zéolithe (Zeolite Pure) et les extraits de mica noir (Adya Clarity) permettent d'éliminer efficacement les toxines.

Dentifrice

Évitez les dentifrices contenant du fluor pour éviter d'aggraver la calcification de la glande pinéale.

Yoga

Les exercices de yoga présentés dans ce livre, incluant la technique du *khecarī mudrā*, contribuent à éveiller et à décalcifier votre corps pinéal.

Habitudes de sommeil

Dormir dans le noir stimule la production de mélatonine dans la glande pinéale. Procurez-vous un masque pour les yeux efficace et confortable, et utilisez-le chaque nuit pour un sommeil plus profond et un plus grand sentiment de bien-être.

Sungazing *(fixer le soleil)*

Sous la supervision d'un gourou compétent, habituez-vous lentement, en commençant par quelques secondes à la fois, jusqu'à ce que vous puissiez fixer le soleil pendant quelques minutes, durant les 15 premières minutes après le lever du soleil et les 15 dernières minutes avant le coucher du soleil. N'essayez pas de vous adonner à cette pratique sans la permission de votre médecin.

Huiles essentielles

Les huiles recommandées incluent la lavande, le bois de santal, l'encens, le persil, l'armoise davana, le pin, le lotus rose et l'armoise. On peut les inhaler directement (sauf l'armoise), les faire brûler dans un diffuseur ou un nébuliseur, ou les ajouter à l'eau du bain.

Méditation

La méditation sur le troisième œil le remplira de *prāṇa* et améliorera sa santé et sa taille. Pour apprendre à méditer, rendez-vous au chapitre 14.

Affirmation

Le recours à la prière affirmative peut vous aider à décalcifier votre troisième œil. Il en sera question au chapitre 13 de ce livre.

Pour plus d'information et d'autres recommandations de produits pouvant vous aider à décalcifier votre troisième œil, visitez le *http://decalcifypinealgland.com/how-to-decalcify-the-pineal-gland*.

Preuves scientifiques de l'existence du troisième œil

Le professeur Robin Dunbar de l'Université d'Oxford, le Dr Joanne Powell et le Dr Marta García-Fiñana de l'Université de Liverpool, le Dr Penny Lewis de l'Université de Manchester et le professeur Neil Roberts de l'Université d'Édimbourg ont découvert, lors d'une étude menée en 2012, que les gens doivent posséder des habiletés cognitives spécifiques pour soutenir une conversation, entretenir plusieurs amitiés et gérer un monde social complexe. La « mentalisation », par exemple, est définie comme la capacité à comprendre ce que les gens pensent. Ils ont découvert que ceux qui excellent dans ce domaine ont des lobes frontaux plus gros que la moyenne (région du troisième œil : cortex orbitofrontal)[33].

Le Dr Joanne Powell a déclaré : « Nous avons pu montrer que la relation entre la taille du cerveau et l'étendue du réseau social dépendait des habiletés de mentalisation. Cela nous apprend que la taille du cerveau détermine nos aptitudes sociales et que c'est ce qui nous permet d'avoir plusieurs amis[34]. »

En 1993, Serena M. Roney-Dougal du Psi Research Centre de Glastonbury dans le Somerset, en Grande-Bretagne, a compilé plusieurs travaux de recherche montrant qu'il existe un lien entre la glande pinéale, les états de conscience propices aux phénomènes psi et le champ électromagnétique de la terre (CEM).

La glande pinéale produit une substance endogène hallucinogène, le 6-MeOTHBC (6-méthoxytétrahydrobétacarboline), appelée pinoline, qui est presque chimiquement identique aux harmanes alcaloïdes que l'on retrouve dans la vigne *Banisteriopsis caapi*, utilisée par les tribus amazoniennes à des fins médiumniques. Les enzymes de la glande pinéale agissent sur la mélatonine pour produire plusieurs substances potentiellement hallucinogènes. La production de mélatonine, de 6-MeOTHBC et de sérotonine est influencée par les variations du champ électromagnétique de la terre. Cela pourrait avoir des répercussions sur les états de conscience propices aux phénomènes psi.

Roney-Dougal considère que tout changement important au sein du champ magnétique de la terre peut produire une brusque augmentation des substances hallucinogènes naturellement présentes dans l'organisme, permettant ainsi aux gens d'être plus réceptifs sur le plan psychique. Les études du parapsychologue Stanley Krippner ont montré qu'il existait un lien entre le CEM, l'activité géomagnétique et l'augmentation des rêves et des activités psychiques.

Quand les gens visitent certains endroits sur la terre connus pour être des sites sacrés, on observe une augmentation des expériences psi. Cela suggère que la sensibilité aux expériences psi est d'une certaine façon influencée par le champ magnétique de la terre. La production de mélatonine et de béta-carboline, possiblement associées aux expériences psi, est influencée non seulement par la lumière et le stress, mais aussi par le CEM[35].

Vision extra-rétinienne

Les parapsychologues russes utilisent le terme « bio-introscopie » pour parler de « vision extra-rétinienne », de « vision cutanée », de « perception dermo-optique » ou de « vision paroptique ». Ce terme signifie simplement voir des choses cachées à notre vue, vraisemblablement avec notre troisième œil.

Rosa Kuleshova (1955-1978) pouvait lire avec les doigts de sa main droite des mots imprimés, quand sa vision normale était complètement obstruée. Elle pouvait également percevoir la couleur des images sur le papier et celle des objets en les touchant. Elle a participé à une série d'expériences à l'Institut de biophysique de l'Académie soviétique des sciences de Moscou[36].

Tania Bykovskaïa a été mise à l'épreuve par l'Institut médical Kuban à Krasnodar, qui rapporte qu'elle a été capable de distinguer la couleur de deux balles cachées à la vue[37].

Le Dr Abram Novomeisky, du laboratoire de psychologie de l'Institut Nizhne-Tagil, a étudié le cas d'un métallurgiste nommé Vasily B., qui était complètement aveugle depuis sept ans. Ce dernier pouvait distinguer les couleurs par le toucher et même à distance. Sa capacité à voir sans les yeux diminuait dans un environnement faiblement éclairé ou dans l'obscurité. Les sources de lumière électrique vive amélioraient sa perception, et certaines couleurs étaient associées à des sensations spécifiques[38].

En 1960, une jeune fille âgée de 14 ans, Margaret Foos de Ellerson en Virginie, a participé à une série de tests très élaborés. Les yeux bandés, Margaret pouvait lire des passages imprimés, identifier des couleurs et des objets, et même jouer aux dames.

Yakov Fishelev de l'Institut pédagogique de Sverdlovsk, avec des élèves de l'école pour aveugles de Pyshma, a mené des expériences sur la vision extra-rétinienne où il s'agissait de reconnaître des couleurs avec le bout de leurs doigts et de distinguer la forme des lettres.

En 1965, lors de la conférence de la division Oural de la Société des parapsychologues organisée à Perm, le Dr S. N. Dobronravov de Sverdlovsk a affirmé que 72 % des enfants avaient le potentiel pour « voir avec la peau », en particulier entre l'âge de 7 et 12 ans.

Anatoly Rodionov, chercheur à l'Université d'État de Voronezh en Russie, a étudié la vision extra-rétinienne pendant plus de 40 ans. Il a découvert que les objets animés possèdent un champ biomagnétique, et que ces champs, sous certaines conditions, peuvent être perçus par le troisième œil.

Pendant plusieurs années, Rodionov a travaillé comme consultant auprès de l'équipe de gymnastique russe. Grâce à son don pour le « diagnostic par imagerie » (clairvoyance médicale), il a aidé des athlètes bien connus à retourner à la compétition après que des médecins eurent déclaré qu'ils ne se remettraient jamais de leurs blessures. Rodionov a conçu un plan de réhabilitation médicale pour une gymnaste très célèbre, Lyubov Burda. Celle-ci a récupéré et remporté les titres de championne d'Union soviétique et des Jeux olympiques.

De plus, grâce à la bio-introscopie expérimentale, il a été possible de poser des diagnostics, de recommander des traitements et de réduire la gravité des traumatismes subis par les joueurs de l'équipe de hockey de l'Union soviétique.

Selon Rodionov, presque tout le monde est capable d'apprendre à percevoir les processus bioénergétiques subtils qui sont normalement invisibles à l'œil nu. En Russie, le diagnostic par imagerie est devenu une discipline universitaire, et des scientifiques ont publié de nombreux articles sur le sujet. À l'Université d'État de Voronezh, Rodionov forme des étudiants pour leur apprendre à maîtriser cette habileté[39].

Recherche sur la méditation et la glande pinéale

Beverly Rubik, du Institute for Frontier Science d'Oakland en Californie, s'intéresse au biochamp, l'énergie vitale qui entoure tous les organismes vivants. Selon Rubik, le biochamp est la « prochaine étape » dans le domaine de la science, car il permettra « d'expliquer plus en profondeur comment l'esprit fonctionne et comment le corps réagit à divers types de thérapies non conventionnelles ».

Rubik, qui croit que le corps humain n'est pas qu'un « tas de biomolécules », étudie la clairvoyance, le qi gong, la guérison psychique et les « hautes fréquences cérébrales qui pourraient impliquer des états supérieurs de conscience ». Grâce aux appareils de neurofeedback de Neurotek, Rubik a mesuré les ondes cérébrales de personnes qui méditent régulièrement et découvert que leur cerveau émet des fréquences plus élevées que le cerveau des non-méditants.

Rubik a constaté que la portion frontale du cerveau de certains méditants bouddhistes du Tibet, juste au-dessus de la région du troisième œil, émettait constamment une fréquence de 40 hertz. Ses recherches indiquent que cette fréquence est associée à des sentiments d'amour, de joie, de gratitude, de clairvoyance et d'émerveillement enfantin[40].

En 2005, Sara Lazar, avec ses collègues du Massachusetts General Hospital de Boston, a utilisé un appareil d'imagerie par résonance magnétique (IRM) pour comparer le cerveau de méditants bouddhistes (ayant entre 1 et 30 ans d'expérience) avec celui de non-méditants. Elle a découvert que la méditation augmentait l'épaisseur du cortex au niveau de la région préfrontale (celle du troisième œil) et du lobe insulaire antérieur droit. Cela corrobore les études montrant que ces régions du cerveau sont plus épaisses chez les musiciens, les athlètes et les linguistes accomplis. C'est également une preuve additionnelle, selon Lazar, que les yogis ne « restent pas tout simplement assis à ne rien faire ».

Ces différences d'épaisseur au niveau du cortex préfrontal étaient plus prononcées chez les méditants plus âgés et plus expérimentés, ce qui suggère que la méditation pourrait compenser l'amincissement cortical dû au vieillissement. Ces données constituent les premières preuves structurales d'une plasticité corticale dépendante de l'expérience associée à la pratique de la méditation[41].

En 2007, à l'Université nationale de Taiwan, Chien-Hui Loou, Chang-Wei Hsieh, Jyh-Horng Chen, Si-Chen Lee et Chi-Hong Wang ont étudié la corrélation entre l'activation de la glande pinéale et la méditation, à l'aide d'un appareil d'IRM. Leurs résultats indiquent que la glande pinéale, tout comme les autres régions du cerveau, exhibait une activité significative durant la méditation, confirmant une très ancienne hypothèse selon laquelle la glande pinéale joue un rôle important dans la conscience intrinsèque que nous avons de l'esprit ou de l'âme.

Jyh-Horng Chen de l'Université nationale de Taiwan à Taipei, codirecteur de l'étude, a déclaré : « Nos résultats démontrent qu'il existe une corrélation entre l'activation de la glande pinéale et la méditation religieuse, qui pourrait avoir des implications profondes sur notre compréhension physiologique de l'esprit, de l'intellect et de l'âme[42] ».

Je vous recommande la lecture de mes livres *L'Énergie des auras* et *L'Énergie des chakras*, dans lesquels vous trouverez le résumé de recherches scientifiques exhaustives sur la clairvoyance et le biochamp (le corps d'énergie qui se propage à travers le corps physique, qui le traverse et l'entoure). Au prochain chapitre, nous nous tournerons vers la sagesse séculaire de l'Orient pour approfondir notre compréhension du troisième œil.

DEUXIÈME PARTIE

Anatomie du troisième œil

5

Votre corps subtil

Gloire, gloire à mère Kuṇḍalinī,
qui, par le biais de sa grâce et de sa puissance infinie,
mène gentiment le Sādhaka de chakra en chakra, illumine son intellect et l'amène à prendre conscience de son identité avec le Brahmā suprême.
— Sri Swami Sivananda

Comme vous l'avez vu, les esprits occidentaux ont développé de nombreuses théories au sujet du troisième œil. Mais c'est en Orient, haut lieu de la sagesse humaine, que vous trouverez non pas des hypothèses mais la vérité. Depuis que le monde est monde, l'Orient est la source de la vérité au sujet des énergies subtiles. Et le troisième œil (l'*ājñā* chakra) fait partie de l'anatomie du corps subtil. Ce centre d'énergie, situé au milieu de la tête, est mentionné dans la littérature antique partout en Orient. Il est invisible aux yeux humains, et on ne le trouve dans aucun cadavre, car il n'est pas physique.

La clé de la vie

Le mot sanskrit *prāṇa* dérive de la racine *pra* (« premier », « primaire », « avant » ou « en avant ») et de la racine *an* (« respirer », « bouger », « vivre »). Donc *prāṇa* signifie « respirer en avant ». Toutefois, le sens de *prāṇa* est beaucoup plus large que celui de respirer. C'est également l'énergie qui donne vie à notre corps et à toute matière dans l'univers.

Connu sous le nom de *qi* en Chine, de *ki* au Japon et de *ka* dans l'Égypte antique, et appelé biochamp par les chercheurs modernes, le *prāṇa* est l'énergie vitale : le pouvoir à l'intérieur de toutes les choses et de tous les êtres, des particules élémentaires aux formes de vie les plus complexes. En tant que force vitale, le *prāṇa* se manifeste sur le plan physique en tant que mouvement et sur le plan mental en tant que pensée.

Le *prāṇa* est dans l'air, et pourtant ce n'est pas une composante physique de l'air. Tous les êtres vivants absorbent le *prāṇa* à chaque respiration. L'oxygène et le *prāṇa* sont tous les deux nécessaires pour rester en vie. L'oxygène circule à travers votre système sanguin pour fortifier et réapprovisionner vos cellules sanguines. Le *prāṇa* circule à travers votre corps subtil pour vous apporter force et énergie. Le *prāṇa* ressemble aux courants électriques qui courent dans votre corps, transmettant les commandes de votre cerveau par le biais des nerfs. L'énergie pranique est indispensable au maintien de l'homéostasie de votre organisme, et si sa circulation est entravée, vous risquez de développer des maladies ou de mourir.

Sans le *prāṇa*, vous ne pourriez ni bouger ni respirer. Votre sang arrêterait de circuler, vos poumons s'immobiliseraient et votre corps deviendrait raide et froid. Il est écrit dans un texte indien très ancien intitulé *Haṭha Yoga Pradīpikā* : « Quand le *prāṇa* est présent dans le corps, c'est ce que l'on appelle la vie ; quand il quitte le corps, la mort s'ensuit[1] ».

Votre champ énergétique

Votre forme physique n'est que l'un de vos corps. Vous êtes un être multidimensionnel ayant un corps physique grossier et un corps subtil, que nous appelons en Occident *aura* ou *champ d'énergie*. Votre corps physique est visible à vos yeux physiques. Votre corps subtil est invisible à vos yeux physiques, mais visible à votre troisième œil. En développant votre perception subtile et votre vision spirituelle, vous pouvez apprendre à voir ce champ aurique.

Selon la sagesse de l'Inde antique, vous avez un corps triple : un corps physique grossier, un corps subtil et un corps causal. À l'intérieur de ces trois corps se trouvent cinq enveloppes : l'enveloppe de nutrition (corps physique grossier), l'enveloppe d'énergie vitale, l'enveloppe mentale, l'enveloppe de l'intellect et l'enveloppe de béatitude ou corps causal. On parle ici d'enveloppes car, comme des voiles, elles cachent votre *ātman* lumineux (votre moi supérieur). Vos enveloppes et vos corps subtils entourent les plus grossiers et les englobent. Par conséquent, vous habitez simultanément tous ces corps multidimensionnels.

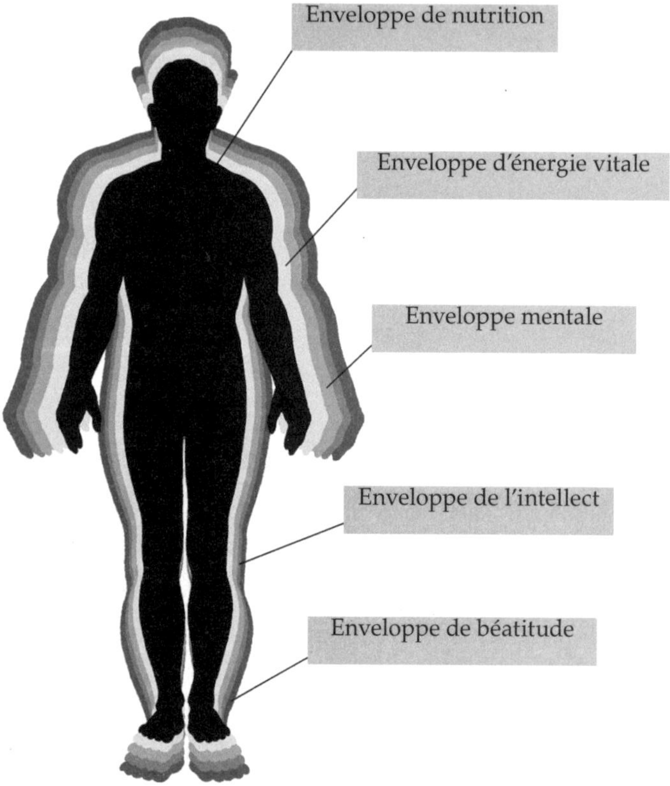

Image 5a. Les cinq enveloppes

Votre enveloppe vitale (*prāṇamaya kośa*), souvent appelée corps astral ou éthérique, donne vie à votre corps et lui permet de s'exprimer. Votre corps physique (enveloppe de nutrition) participe à toutes les activités du corps comme s'il était vivant, mais sans l'enveloppe vitale, votre corps physique ne serait qu'un cadavre.

Votre enveloppe vitale est composée de *prāṇa*. L'intensification de l'énergie pranique entraîne une augmentation de la vitalité, de la santé, de la puissance, de l'influence, du charisme, de la volonté et des pouvoirs supranormaux. Chaque pensée, parole et action épuise nos réserves d'énergie pranique, alors que chaque respiration les renfloue. Les autres sources de *prāṇa* sont la lumière du soleil, l'eau, l'air et les aliments.

Les pensées sont la forme de *prāṇa* la plus raffinée et la plus puissante qui soit. Par conséquent, quand votre esprit se détend et se dilate durant une séance de méditation profonde, votre énergie pranique croît de façon exponentielle. En fait, la méditation est la façon la plus efficace d'augmenter vos réserves d'énergie pranique.

La parole vibre d'énergie pranique, et certaines formes de parole, telles que la prière et les affirmations, augmentent l'énergie pranique. Les affirmations vraies, positives et puissantes revitalisent et accroissent votre aura. À l'inverse, les paroles négatives et dommageables réduisent et rétrécissent votre aura.

Gopi Krishna dit que le *prāṇa* « stimule, revitalise et purifie les neurones, et maintient la région subtile et vivifiante [l'âme] du corps de la même façon que le plasma sanguin maintient ses parties plus grossières[2] ».

Les exercices modérés, tels que la marche, la bicyclette, la natation et le yoga (*āsana*), de même que les exercices de respiration et de respiration yogique (*prāṇāyāma*), réapprovisionnent le sang en oxygène et revitalisent l'énergie pranique.

L'énergie pranique est indétectable, quels que soient les instruments de mesure scientifiques utilisés. Pourtant, plus cette énergie est subtile, insaisissable et abstraite, plus elle est puissante. Si vous apprenez à maîtriser les minuscules courants praniques qui circulent dans votre esprit, le secret de la maîtrise du *prāṇa* universel vous sera également révélé. Et une fois que ce secret vous a été révélé, vous ne craignez plus aucune puissance, car vous avez appris à maîtriser toutes les puissances de l'univers.

Le pouvoir du serpent

L'enveloppe vitale (*prāṇamaya kośa*) de votre corps subtil consiste en un ensemble complexe de *nāḍī* (conduits d'énergie) et de chakras (plexus d'énergie subtile), par lesquels le *prāṇa* circule et revitalise l'organisme. Ce système est une sorte de carte mère : l'intelligence qui sous-tend la croissance, la santé et l'entretien de votre corps.

Sous la forme de courants vitaux, le *prāṇa* circule le long de conduits spécifiques, des tubes d'énergie subtile appelés *nāḍī* (conduits ou canaux). Selon les textes de l'Inde antique, notre corps pranique compte 72 000 *nāḍī*. Certains sont connus de l'acupuncture chinoise sous le nom de méridiens.

Votre corps pranique comprend de nombreux centres d'énergie vitale concentrée appelés *chakras*. Ils apparaissent sous la forme de vortex d'énergie pranique à des points spécifiques de votre corps subtil. Leur principale fonction est de diriger la circulation du *prāṇa* à travers votre système. Certains correspondent à des points d'acupuncture bien connus.

Le mot sanskrit pour *chakra* signifie « roue ». On a choisi ce nom parce que les chakras sont des plexus circulaires d'énergie pranique concentrée : des centres d'énergie ayant un moyeu et des rayons. Le moyeu est l'endroit où plusieurs *nāḍī* (conduits d'énergie pranique) se croisent, et les rayons correspondent au rayonnement de cette énergie pranique concentrée.

Les textes de l'Antiquité affirment que nous possédons des centaines de centres énergétiques de ce genre. Toutefois, sept principaux chakras sont responsables de maintenir notre corps en vie et de rendre possible la perception par les sens, l'activité mentale et la conscience supérieure. Ces sept chakras correspondent à des glandes, des organes et des centres nerveux dans notre système nerveux physique. Bien qu'ils soutiennent et gouvernent notre corps physique, les *nāḍī* et les chakras ne sont pas eux-mêmes physiques. Si vous disséquez un cadavre, vous ne trouverez nulle part ni *nāḍī* ni chakra.

Les trois *nāḍī* les plus importants pour la circulation du *prāṇa* sont appelés *suṣumṇā, iḍā* et *piṇgalā*. De tous les *nāḍī*, le plus essentiel au développement spirituel est le *nāḍī suṣumṇā*. Les textes anciens donnent au *nāḍī suṣumṇā* le nom de « voie royale » (*rāja path*), car c'est le conduit à travers lequel la *kuṇḍalinī* (le pouvoir du serpent) circule. Le *nāḍī suṣumṇā* est le canal médian qui court le long de votre colonne vertébrale, à partir du sacrum jusqu'au sommet de votre crâne.

Le caducée, symbole de l'Association médicale américaine, est la représentation des *nāḍī iḍā* et *piṇgalā* s'enroulant autour du canal central, *suṣumṇā*. Même si la plupart des médecins ne savent rien des *nāḍī*, les *nāḍī iḍā* et *piṇgalā* gouvernent respectivement les aspects parasympathiques et sympathiques de votre système nerveux autonome. Voir l'image du caducée à la page 51 de ce livre.

Seule la forme la plus raréfiée, la plus raffinée et la plus subtile de *prāṇa*, la *kuṇḍalinī*, peut forcer l'ouverture du *nāḍī suṣumṇā* et circuler à travers celui-ci. La *kuṇḍalinī* est l'énergie pranique cosmique qui demeure inexploitée tant qu'elle n'a pas été éveillée, généralement par le biais d'une pratique spirituelle. Le passage de la *kuṇḍalinī* à travers les chakras conduit à un éveil progressif de la conscience.

Le mot *kuṇḍalinī* dérive des racines sanskrites *kuṇḍala* (« lové ») et *kuṇḍa* (« trou », « dépression », « lieu profond »). Aussi appelée « pouvoir du serpent », « anneau mystique » et « pouvoir primordial », la *kuṇḍalinī* est associée à un serpent enroulé résidant à la base de votre colonne vertébrale. Chez la plupart des humains, cette énergie demeure inexploitée, enroulée sous le chakra racine. Lorsqu'elle s'éveille et remonte le long de la colonne vertébrale à travers le canal *suṣumṇā*, elle ouvre les chakras, apporte santé, bien-être, énergie et illumination spirituelle.

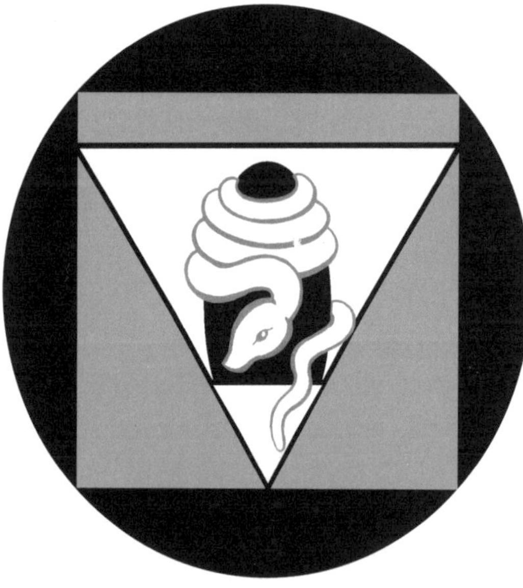

Image 5b. *Kuṇḍalinī* enroulée à la base de la colonne vertébrale

Selon B. K. S. Iyengar, auteur de l'excellente *Bible du yoga* :

> « *Le corps humain est un univers miniature en lui-même. [...] On dit que les énergies solaire et lunaire circulent à travers deux principaux nāḍī, appelés Piṇgalā et Iḍā, qui ont pour point de départ respectif la narine droite et la narine gauche, d'où ils descendent jusqu'à la base de la colonne vertébrale. Le canal Piṇgalā est le nāḍī du soleil, le canal Iḍā est le nāḍī de la lune. Entre eux se trouve le canal Suṣumṇā, le nāḍī du feu. Le nāḍī Suṣumṇā, principal canal de l'énergie nerveuse, est situé à l'intérieur de la colonne vertébrale. Les canaux Piṇgalā et Iḍā se croisent l'un et l'autre et croisent également le canal Suṣumṇā à divers endroits. Ces jonctions sont appelées chakras ou roues et règlent les mécanismes du corps tout comme un volant-moteur règle le fonctionnement d'un moteur*[3]. »

Le *prāṇa* raffiné de la *kuṇḍalinī* peut uniquement circuler à travers le canal *suṣumṇā* si vous avez atteint un niveau subtil de conscience. Lors d'une séance de méditation profonde, tandis que vous parvenez au stade appelé *samādhi* (équanimité entre l'esprit et le corps), votre respiration devient si raréfiée qu'elle peut sembler imperceptible. Puis votre esprit et votre corps entrent dans un état de quiétude, et votre respiration devient si éthérée qu'elle semble suspendue entre vos inspirations et vos expirations.

Le *prāṇa* le plus raffiné circule quand cette forme la plus délicate de respiration est atteinte. La respiration raréfiée est sublime, sereine et spirituellement enrichissante. Vous respirez alors le souffle de Dieu, le souffle sacré.

Le système des chakras

Pour la rédaction de mon livre primé *Exploring Chakras,* et sa réédition subséquente sous le titre *L'Énergie des chakras,* j'ai étudié les textes védiques et tantriques de l'Inde antique pour découvrir les informations les plus authentiques sur le sujet. Dans ce livre, je passais en revue les 14 chakras mentionnés dans la littérature indienne : les sept principaux chakras que vous connaissez déjà, et sept autres dont vous ignorez peut-être l'existence. Plusieurs de ces chakras moins connus sont situés dans votre crâne ou au-dessus de votre tête.

Selon les sages de l'Inde antique, chaque son ou vibration au sein de l'univers est le précurseur d'une forme correspondante. Les lettres de l'alphabet sanskrit correspondraient aux sons primordiaux qui ont donné naissance à l'univers. Et le son fondamental à l'origine et à la base de l'ensemble du cosmos serait le son *Om* – la syllabe de la création.

Les sept principaux chakras sont des plexus vibrationnels, comme des fleurs de lotus qui auraient en leur centre un son primordial (*bīja mantra*) et dont les pétales correspondraient au rayonnement d'autres sons primordiaux. Les vibrations de l'alphabet sanskrit, qui compte un total de 50 lettres, sont les sons primordiaux correspondant aux pétales de lotus des 6 principaux chakras, et les pétales du septième chakra font rayonner chacun de ces 50 sons primordiaux.

La *kuṇḍalinī*, en remontant le long de la colonne vertébrale, éveille les chakras et fait résonner les 50 sons primordiaux tandis qu'elle circule à travers le *nāḍī suṣumṇā*. Les lettres sanskrites qui apparaissent alors sur les pétales

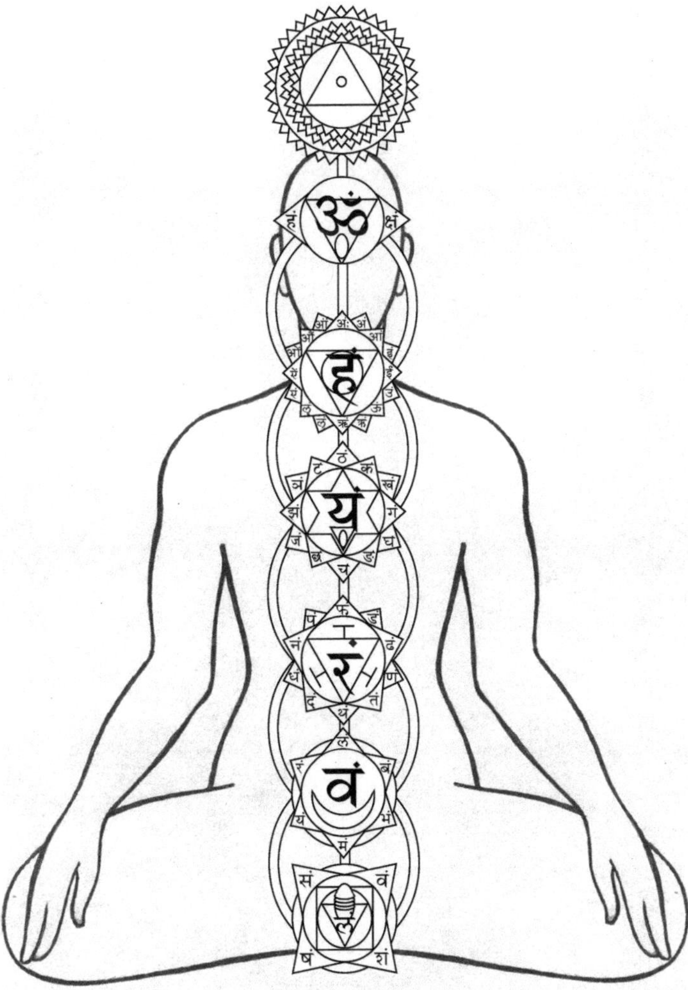

Image 5c. *Chakras avec mantras sanskrits*

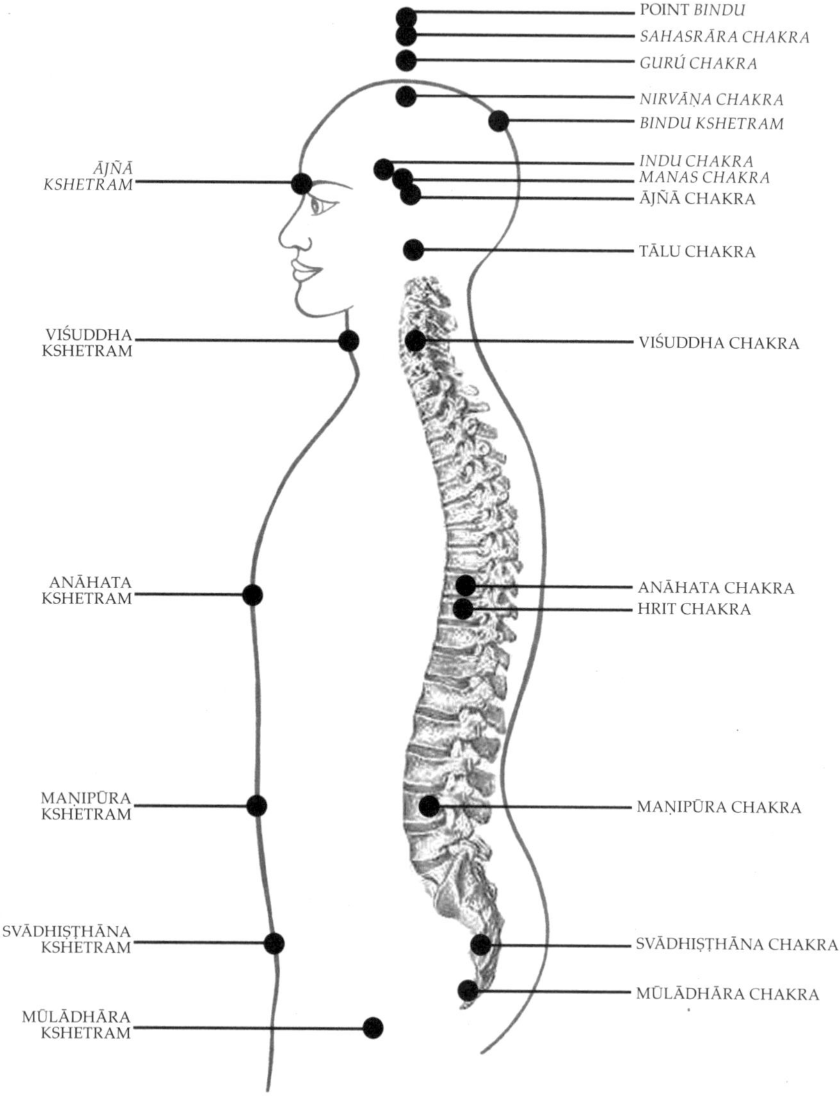

Image 5d. *Les quatorze chakras et points de déclenchement*

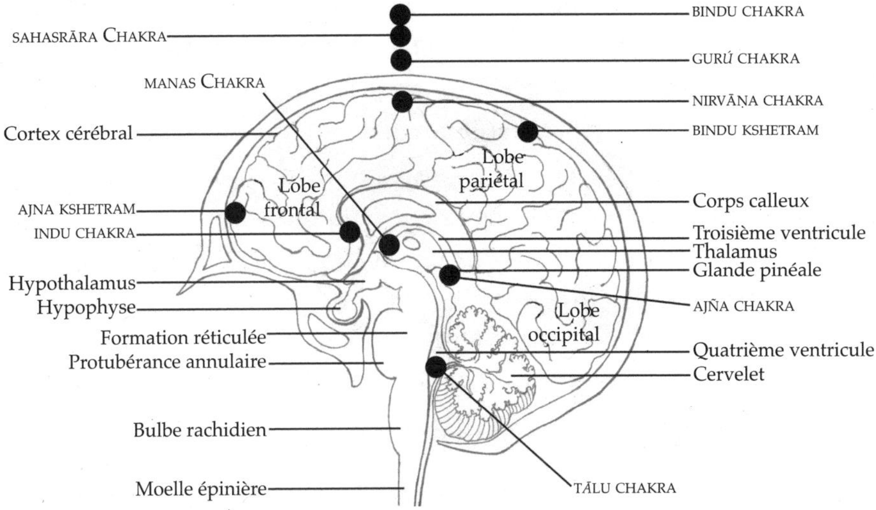

Image 5e. Chakras à l'intérieur et au-dessus de la tête

des chakras donnent naissance aux diverses formes de déités présidant à l'intérieur de chaque chakra.

Le troisième œil est le seul chakra ayant à son noyau le son vibratoire *Om*. Cela signifie que le troisième œil détient le son primordial dont la vibration est le précurseur de toute la création, la pulsion primordiale de laquelle est issu l'univers dans son entier. Par conséquent, le troisième œil est appelé *ājñā chakra* (« centre de commandement »).

La plupart des gens ont entendu parler des sept chakras majeurs. Ces chakras possèdent des fonctions spécifiques touchant à la fois le corps subtil et le corps physique. En plus de ces derniers, il existe sept autres chakras mentionnés dans les écritures védiques et tantriques de l'Inde antique. Voici une brève description de ces 14 chakras.

1. *Mūlādhāra* : *Mula* signifie « base » ou « racine », car il est situé à la base de la colonne vertébrale, près du coccyx. Ce premier chakra est responsable des excrétions, du sens de l'odorat et de l'élément terre, et il est associé aux glandes surrénales. Le son primordial (mantra) de ce chakra est *lam*. Sa forme est celle d'un lotus à quatre pétales et d'un triangle avec la *kuṇḍalinī* en son centre. Les lettres sanskrites sur ses pétales sont des semi-voyelles : *vam* et des sifflantes : *sham, shham, sam*. Sa déité est Brahmā, le Créateur. Son centre est le siège de l'énergie vitale primordiale : la *kuṇḍalinī*.

2. ***Svādhiṣṭhāna*** signifie « siège du soi », car c'est là que l'individualité s'incorpore par le biais de la procréation. Ce deuxième chakra de la région sacrale gère la sexualité, la reproduction, le sens du goût et l'élément eau. Il est associé aux gonades et au plexus prostatique. *Vam* est son mantra. Sa forme est celle d'une lune circulaire entourée de six pétales de lotus. Ses lettres sont des labiales : *bam, bham, mam*, et des semi-voyelles : *yam, ram, lam*. Vishnu est sa déité. Un croissant de lune éclatant est en son centre. Ce centre est le siège de la créativité.

3. ***Maṇipūra*** signifie « ville de joyaux », où 101 conduits d'énergie pranique se croisent et où brûlent les feux de la digestion. Le chakra du nombril, dans la région lombaire, supervise la digestion, le sens de la vue et l'élément feu. Ce troisième chakra est associé au pancréas et organes abdominaux, au nombril et au plexus solaire. Sa forme est triangulaire, son mantra est *ram* et sa déité est Rudra. Il possède 10 pétales. Ses lettres sont

cérébrales : *dam, dham, nam,* dentales : *tam, tham, dam, dham, nam,* et labiales : *pam, pham.* C'est le siège de l'ego, de la volonté, de la détermination et de la persévérance.

4. ***Anāhata*** signifie « son non frappé », car un son qui n'est pas frappé correspond à l'absence de bruit du silence qui règne dans le siège de l'amour divin. Le chakra du cœur, dans la région thoracique, est la porte d'entrée vers la conscience supérieure. Ce quatrième chakra gère le sens du toucher et l'élément air, et est associé au thymus, aux poumons, au cœur et au plexus cardiaque. Son mantra est *yam.* Sa déité est Isa et sa forme est une étoile à 6 branches et 12 pétales. Ses lettres sont gutturales : *kam, kham, gam, gham, nam,* et palatales : *cham, chham, jam, jham, nam,* et cérébrales : *tam, tham.*

5. ***Hrit*** signifie « cœur ». Juste en dessous de l'*anāhata* chakra, c'est le siège de la dévotion à Dieu et de la satisfaction de tous les désirs, et certains croient qu'il s'agit d'un centre subordonné au quatrième chakra (*anāhata*).

6. ***Viśuddha*** signifie « purification ». Le chakra de la gorge, au niveau de la région cervicale, est associé au sens de l'ouïe et à l'élément éther. Il est lié à la glande thyroïde, à la gorge et au plexus laryngien. Son mantra est *ham,* sa déité est Sadashiva et sa forme est un triangle entouré de 16 pétales. Ses lettres sont des voyelles : *a, aa, e, ee, u, uu, kr, kree, lre, lree, ye, yai, o, ow, aam, ah.* Ce cinquième chakra est le centre de l'expression créatrice et de la communication.

7. ***Tālu,*** le chakra du nectar, dans le bulbe rachidien, est relié à la luette, à la circulation du *sóma* (nectar d'immortalité) et au courant d'énergie pranique.

8. ***Ājñā*** signifie « centre de commandement » et est situé dans les glandes qui règlent l'ensemble du système endocrinien, y compris la glande pinéale et l'hypothalamus. Connu sous le nom de troisième œil et associé au plexus caverneux, ce sixième chakra est le siège de l'esprit supérieur, de la connaissance, des expériences divines, de l'intuition, du discernement spirituel et de la voix supérieure. *Ājñā* est le centre du *sūkṣma prakṛiti* (pouvoir primordial de toute chose) et de l'*ātman* (le « JE SUIS »). Sa forme est un triangle avec deux pétales sur lesquels sont inscrites les lettres sanskrites *ham* et *ksham*. Son mantra est le son *Om* et sa déité est Paramashiva (Shambu).

9. ***Manas*** signifie « esprit ». Dans la partie supérieure de l'*ājñā* chakra se trouve le centre de votre véhicule mental inférieur : les instincts, les impressions sensorielles et les habitudes.

10. ***Indu*** signifie « lune ». Dans la partie frontale du cerveau se trouve le siège de l'intellect et de l'esprit supérieur.

11. ***Nirvāṇa*** signifie « dissolution ». Situé au sommet de votre cerveau, il est associé à l'annihilation de votre ego.

12. ***Gurú*** signifie « lumière/obscurité » ou « maître ». Situé au-dessus de votre tête, dans la partie inférieure du

sahasrāra chakra, c'est le centre à partir duquel la lumière divine chasse les ténèbres de l'ignorance.

13. ***Sahasrāra*** signifie « 1 000 fois ». Situé au-dessus de votre tête, ce lotus aux 1 000 pétales est le centre de l'union divine, de l'intégration et de l'illumination spirituelle. À l'intérieur de ce chakra, le son primordial *Om*, source de tous les mantras, se divise en 50 unités mantriques : les 50 lettres de l'alphabet sanskrit, dont les 20 différentes forces forment un lotus aux 1 000 pétales reflétant les 1 000 éclats de la lumière. Quand votre Shakti (*kuṇḍalinī*) s'unit de façon permanente avec Shiva dans le septième chakra, vous devenez une âme parfaitement libérée, résidant dans la béatitude éternelle, possédant tous les pouvoirs.

14. ***Bindu*** signifie « point ». Situé dans la partie supérieure du *sahasrāra* chakra, c'est le centre de l'énergie infiniment concentrée, la source de laquelle découle l'ensemble de votre système énergétique.

La voie de la *kuṇḍalinī*

D'ordinaire, la *kuṇḍalinī* est assoupie, enroulée près du coccyx. Lorsque la *kuṇḍalinī* s'éveille et remonte le long de la colonne vertébrale, elle traverse les six ou sept chakras majeurs suivants : les chakras racine, pelvien, du nombril, du cœur, de la gorge et du front. Finalement, la *kuṇḍalinī* atteint le chakra couronne, qui se trouve à l'extérieur du *nāḍī suṣumṇā*, au-dessus du crâne.

Le canal *suṣumṇā* est généralement fermé à son extrémité inférieure correspondant à un *nāḍī* appelé *kanda mūla* (bulbe racine), situé tout juste sous le chakra racine, sous le coccyx (sacrum). Chez la plupart des gens, le canal *suṣumṇā* ne laisse jamais passer de *prāṇa*, et la *kuṇḍalinī* demeure inexploitée. On peut activer la *kuṇḍalinī* grâce à la méditation, la dévotion, l'adoration, la volonté, le discernement, le savoir, les exercices de respiration et la purification du corps. Toute manifestation d'un don spirituel ou d'un pouvoir supranormal indique que la *kuṇḍalinī* est éveillée jusqu'à un certain point.

En Inde, la *kuṇḍalinī* est personnifiée par la mère Divine : Shakti Ma, Kali Ma ou par d'autres déesses. Elle représente la puissance féminine à la base de la colonne vertébrale, qui remonte le long de la moelle épinière pour s'unir à la puissance masculine, son consort, Shiva (Shakta), dans le chakra couronne. Cette union des contraires est un puissant symbole que l'on retrouve dans presque toutes les cultures.

Shakti est le lien vers une conscience supérieure et la source éternelle de béatitude. Tandis qu'elle monte de la base de la colonne, elle devient de plus en plus subtile. Durant son voyage de retour, elle retire les voiles de l'illusion, qui s'évaporent comme un mirage. Tandis qu'elle remonte dans le canal *suṣumṇā*, les limitations mentales sont progressivement levées, afin que la conscience puisse briller dans toute sa gloire. Les fluctuations mentales s'apaisent et l'esprit retrouve sa sérénité. La conscience circule sans entrave et l'esprit devient un véhicule pour la béatitude et le bonheur.

Tandis qu'elle s'élève, l'énergie de Shakti apporte éveil spirituel, liberté et sagesse. Le passage de la *kuṇḍalinī* ouvre les chakras et éveille nos pouvoirs supranormaux demeurés jusqu'alors inexploités. Quand elle parvient finalement jusqu'au chakra *sahasrāra* (le lotus aux 1 000 pétales), le but du yoga – l'union divine – est atteint, et les limites posées par le temps, l'espace et le principe de causalité sont transcendées.

Swami Harinanda, auteur de *Yoga and the Portal*, affirme que la méditation et le *prāṇāyāma* peuvent éveiller la force vitale, la *kuṇḍalinī* Shakti, enroulée autour du chakra de la base. La *kuṇḍalinī* se déplace à travers le *nāḍī suṣumṇā* quand vous neutralisez les effets polarisants des *nāḍī iḍā* et *piṅgalā*. Quand Shakti atteint la tête, elle stimule la sécrétion d'hormones au sein de la glande pinéale et de l'hypophyse. La glande pinéale sécrète un liquide blanc et laiteux, et l'hypophyse sécrète un liquide jaunâtre et crémeux. La rencontre de ces deux liquides provoque un éclat de lumière si éclatant que le troisième œil (« l'étoile de Bethléem ») s'ouvre.

Par la suite, les deux liquides, connus sous le nom du pays de lait et de miel dans la Bible, commencent à circuler vers le nerf pancréatique (le saint fleuve Jourdain) jusqu'au troisième centre d'énergie (chakra du nombril), aussi appelé la mangeoire, où la conscience du Christ naît en vous. Ce puissant état de conscience illumine l'ensemble de votre corps. Cette énergie lumineuse remonte ensuite jusqu'au sommet de votre tête, où vous vous unissez avec Dieu (« Moi et le Père, nous sommes un »)[4].

Informations supplémentaires sur les chakras

Onze des quatorze chakras sont situés le long du corridor formé par le tube d'énergie *nāḍī suṣumṇā*, le principal conduit d'énergie pranique de votre corps, qui passe par le centre de votre colonne vertébrale à partir de votre coccyx jusqu'à votre tête. Les trois autres chakras se trouvent au-dessus de votre crâne.

Vos chakras sont généralement situés près de la région responsable de l'activité représentée par ce chakra. Par exemple, le chakra du nombril est à proximité du plexus solaire, qui gère les fonctions digestives.

En plus des chakras à l'intérieur du *nāḍī suṣumṇā,* il existe aussi des points de déclenchement frontaux appelés *chakra kshetram,* les contreparties physiques situées directement devant les chakras auxquels ils correspondent sur le même plan horizontal. Les images 5d et 5e aux pages 108 et 109 indiquent l'emplacement des chakras et des points de déclenchement.

Chaque chakra correspond à des niveaux de fréquences subtiles spécifiques et à des états de conscience progressivement toujours plus élevés, allant des instincts de survie les plus élémentaires, associés au *mūlādhāra* (chakra racine), aux pouvoirs intuitifs de l'*ājñā* (région du troisième œil) et, finalement, à l'illumination spirituelle dans le *sahasrāra* (chakra couronne).

Par conséquent, les trois chakras inférieurs (racine, pelvien et nombril) sont associés à la vie matérielle et à la survie du corps. Les chakras supérieurs (gorge, troisième œil et couronne) gèrent la vie spirituelle et l'expression créatrice supérieure. La clé pour déverrouiller l'ensemble de ce système est le chakra du milieu, le chakra du cœur. C'est la porte ouvrant sur la conscience supérieure.

Les chakras incarnent votre évolution spirituelle. Ces sept portes menant à la conscience supérieure rendent possible votre ascension à partir d'un état de conscience limité jusqu'à l'expression de votre plein potentiel. Les trois premières étapes sont le sommeil, le rêve et l'éveil, représentés par les trois chakras inférieurs. L'état transcendantal est pure conscience : la clé qui donne accès à l'éveil spirituel. Son siège est situé dans le chakra du cœur. Les trois états supérieurs de conscience – conscience cosmique, conscience de Dieu et conscience du Brahmā – sont représentés par les trois chakras supérieurs. Pour plus d'information sur ces états de conscience, lisez mes livres *Divine Revelation* et *Exploring Meditation.*

Les enseignements de Jésus sur le troisième œil

Le grand yogi Paramahansa Yogananda croyait que Jésus avait enseigné les méthodes du yoga et les mystères cachés à ses plus proches disciples qui étaient prêts à recevoir cet enseignement[5]. Dans son livre *La Seconde Venue du Christ,* Yogananda décrit les sept chakras majeurs et la lumière de la conscience au sein du troisième œil :

> *« Le corps de l'homme, unique entre toutes les créatures, possède des centres cérébro-spinaux spirituels de conscience divine dans lesquels l'Esprit est descendu pour y demeurer comme dans un temple. Ils sont connus des yogis et de saint Jean, qui les décrit dans l'Apocalypse comme étant les sept sceaux, les sept étoiles et les sept églises, avec leurs sept anges et leurs sept chandeliers d'or. Quand quelqu'un est baptisé par immersion dans l'Esprit, l'œil spirituel microcosmique du corps peut être saisi dans sa relation avec la lumière de l'Esprit descendu comme étant la trinité cosmique. »*

Il ajoute :

« Les sept centres sont des points de sortie ou des « trappes » prévus par le divin par lesquels l'âme est descendue dans le corps et par lesquels elle doit remonter grâce à la méditation. En sept étapes successives, l'âme peut s'évader dans la conscience cosmique[6]. »

> *« La lampe du corps, c'est l'œil. Si donc ton œil est sain, ton corps tout entier sera dans la lumière. »*
>
> — Jésus-Christ[7].

Le physicien russe Nicolas Notovitch a écrit *La Vie inconnue du Christ* en 1894. Durant l'un de ses nombreux voyages, il a visité un couvent bouddhiste à Himis, près de Leh, capital de Ladakh, en Inde. Il a trouvé là 2 anciens volumes, contenant plus de 200 versets, intitulés *La Vie de saint Issa*, qui décrivent les voyages de Jésus durant ses « années perdues » entre l'âge de 13 et 29 ans. Cette découverte a été confirmée par la suite par Swami Abhedananda et Nicholas Roerich, qui sont allés chacun de leur côté à Himis et qui y ont trouvé le même texte.

Selon ce document, Issa aurait passé six ans à Vārānasī, à Rājagṛiha, au temple de Jagannath à Orissa et dans d'autres villes saintes, où il a étudié les enseignements des Veda. Il aurait ensuite voyagé au Népal, au Tibet et en Perse, enseignant le monisme et dénonçant l'idolâtrie. Il serait ensuite retourné à Jérusalem à l'âge de 29 ans. Des détails fascinants de sa vie et de ses enseignements, absents de la Bible, sont décrits dans ce texte ancien.

Vous pouvez en apprendre davantage sur le système d'énergie subtile, les chakras, la *kuṇḍalinī* et l'énergie pranique en lisant mes livres *L'Énergie des auras* et *L'Énergie des chakras*, dans lesquels vous découvrirez des informations pertinentes que vous ne trouverez dans aucun autre livre. Au chapitre suivant, nous explorerons l'*ājñā* chakra, le siège du troisième œil.

6

Ājñā : votre chakra du troisième œil

Je vénère le Créateur Suprême de la béatitude situé dans votre Ājñā Chakra – entre vos deux sourcils –, resplendissant comme des millions de soleils et de lunes, paré de son côté par le Pouvoir Suprême, méditant avec dévotion sur qui vit dans le monde rayonnant qui n'a besoin d'aucune lumière et qui est au-delà d'atteinte du soleil, de la lune et du feu.

— Ādi Śankarācārya[1]

Le troisième œil est l'un des sept chakras majeurs (centres d'énergie) dans votre corps subtil. Les chakras sont représentés au sein de plusieurs traditions et cultures. Le symbole de la fleur de lotus est souvent utilisé pour représenter l'ascension de la conscience humaine de l'ignorance jusqu'à l'illumination. Le lotus commence par pousser dans la boue, représentant l'ignorance. Par la suite, il aspire et s'efforce à sortir hors de l'eau. Finalement, le lotus atteint la lumière du soleil, symbolisant l'illumination. Quand le lotus fleurit, même s'il y a de la boue autour de lui, sa fleur demeure intacte. C'est la conscience la plus haute, celle que la boue de la vie matérielle ne peut souiller.

Le centre de commandement

L'*ājñā* (troisième œil) chakra, le « centre de commandement », est un centre de sagesse, de conscience supérieure, de réalisation de soi et d'autonomie. Ici, la conscience s'ouvre au divin. L'ouverture de l'*ājñā* chakra développe l'intuition, la perspicacité, la clairvoyance, la télépathie, les révélations directes, la voix supérieure, les expériences divines et les pouvoirs spirituels.

Étant donné que l'*ājñā* est le siège du *buddhi* (intellect) purifié, quand celui-ci s'ouvre, l'agitation et les fluctuations mentales disparaissent. L'esprit devient un parfait instrument de discernement spirituel. Dans cet état élevé de conscience, les vestiges de nos imperfections partent en fumée. L'*ājñā* est associé au « JE SUIS » (*ātman*), qui apporte la réalisation de Dieu.

L'*ājñā* est le lieu à l'intérieur de votre corps subtil où se produit l'illumination. C'est le centre de la lumière divine, de l'éveil spirituel, de la vraie sagesse et du savoir suprême. La lumière divine entre par votre troisième œil et rayonne à partir de celui-ci. C'est le phare qui illumine votre route. Il vous indique la voie de votre destinée et de votre mission divine. Il met en lumière le plan divin de votre vie. Sa lumière vous guide dans les ténèbres. Il vous permet d'atteindre votre véritable destination, malgré tous les pièges et les embûches que vous pouvez rencontrer en cours de route. Le troisième œil est votre voie pour rentrer à la maison.

L'*ājñā* (commandement, ordre) chakra porte ce nom pour plusieurs raisons. En tant que centre de distribution chargé de transmettre le *prāṇa* aux diverses parties du corps, il gère la circulation du *prāṇa*. C'est l'élément-clé de la technique de yoga appelée *prāṇa vidya* (guérir grâce à l'énergie vitale). Quand ce chakra est éveillé, notre volonté se raffermit et nos désirs sont satisfaits presque instantanément. Le transfert de l'*ājñā* (ordre) du *gurú* a lieu dans ce chakra.

C'est le troisième œil (*tisra til*) de l'esprit supérieur, l'œil qui regarde vers l'intérieur plutôt que vers l'extérieur, l'œil de Shiva (conscience supérieure). L'*ājñā* est le siège du pouvoir primordial de toute chose et de l'*ātman* (moi supérieur).

Alors que les cinq chakras majeurs sont associés aux cinq éléments (terre, eau, feu, air et éther), l'*ājñā* chakra est le siège de l'esprit. L'*ājñā* chakra est gouverné par la planète Jupiter. Le nom sanskrit de cette planète est *Gurú* (« la lumière qui chasse les ténèbres »). Dans les écrits védiques, l'*ājñā* est symbolisé par *Bṛhaspati*, le guru (précepteur) des déités (*deva*). Son jour de la semaine est le jeudi, et sa couleur ésotérique est le bleu. La maison astrologique gouvernée par *ājñā* est la neuvième maison de la sagesse, de l'éducation supérieure, de l'enseignement spirituel et de l'apprentissage, gouvernée par le signe du Sagittaire.

L'*ājñā* chakra est situé au milieu du crâne, dans la région de la glande pinéale. Directement devant l'*ājnā* chakra, sur le même plan horizontal, se trouve l'*ājñā kshetram* (point de déclenchement), entre les sourcils, au milieu du front appelé *bhrūmadhya* (centre du front). L'*ājñā* chakra de la région de la glande pinéale est directement relié à l'*ājñā kshetram* au niveau du front par un *nāḍī* appelé *mahānāḍī* (le grand *nāḍī*). En plaçant un peu de baume du tigre ou de camphre entre vos deux sourcils, vous pouvez augmenter le niveau de sensibilité et intensifier la perception de votre troisième œil.

Région hexagonale

On dit qu'un excellent liquide, à savoir le nectar de l'immortalité, connu sous le nom de *sóma* ou d'*amṛta*, serait présent dans le creux du centre du front. Là, les trois principaux *nāḍī* (*iḍā*, *piṅgalā* et *suṣumṇā*) se rencontrent à une jonction qui forme une région hexagonale de couleur rouge. En fait, les *nāḍī iḍā* et *piṅgalā* se terminent au centre du front, où ils rejoignent le *suṣumṇā*, l'axe central de votre corps subtil.

Parce que ces trois *nāḍī* se rejoignent à cet endroit, le centre du front est appelé *mukta triveni* (les trois conduits où la libération est obtenue). On l'appelle également Prayag, soit l'ancien nom d'Allahabad, en Inde, où le Gange, le Yāmuna et le fleuve mythique Sarasvatī se rencontrent. Le Gange représente le canal *iḍā*, le Yāmuna symbolise le canal *piṅgalā* et le Sarasvatī correspond au *suṣumṇā*. À Allahabad, durant un festival appelé *Kumbh Mela* (festival de la cruche de nectar d'immortalité), on se baigne dans le nectar de ce chakra à la jonction de ces trois fleuves sacrés.

La croix chrétienne est un autre symbole de la rencontre de ces trois *nāḍī*, où l'*iḍā* est équilibré par le *piṅgalā*. Le côté gauche de la croix est l'*iḍā*, le côté droit, le *piṅgalā*, et la ligne verticale correspond au canal *suṣumṇā*, qui s'élève jusqu'au *sahasrāra*. Les trois lignes se rejoignent dans l'*ājnā* chakra, l'état sans ego où vous mourez (crucifié) à votre ancien moi.

Image 6a. *Le lotus de l'ājñā chakra*

Région triangulaire

À l'intérieur de l'hexagone se trouve un triangle, qui est une *yoni* (organes génitaux féminins) : le réceptacle de la forme *linga* (phallus) de Shiva. Ce *linga* est la puissance de Shiva, représentant le plein contrôle sur ses désirs lorsqu'il médite. Il est décrit comme étant rouge, doré ou d'un blanc éclatant.

La *yoni* triangulaire, siège du dieu Shiva, est la suprême *shakti kuṇḍalinī*. Son énergie, comme une série d'éclairs déchirant le ciel, rayonne sous l'effet du mantra *aing* (le mantra primordial du *gurú*), qui génère la manifestation du son primordial *Om*, source fondamentale des Veda, où la *kuṇḍalinī* est sous sa forme radieuse du son *Om*.

Deux pétales de lotus

Deux pétales rayonnent à partir de l'*ājñā* chakra, décrits par les anciens comme des rayons frais et vibrants de nectar, et d'un blanc intense ou de la couleur des éclairs. Les deux pétales de l'*ājñā* représentent le *nāḍī* du soleil (*piṇgalā*) et le *nāḍī* de la lune (*iḍā*), qui se rejoignent dans l'*ājñā* chakra. Les lettres sanskrites sur ces pétales sont des lettres d'un blanc éclatant *ham* et *ksham*, ou les mantras de Shiva (*hang*) et de Shakti (*kshang*).

Les deux pétales de l'*ājñā* sont deux puissances rayonnantes. L'une d'elles rayonne vers le bas à travers les cinq chakras inférieurs. L'autre s'élève vers les chakras supérieurs. Ces rayons *hang* et *kshang* sont blancs, purs et puissants. Dans ce rayonnement, on retrouve les cinq airs vitaux, les cinq puissances divines et la puissance de la *kuṇḍalinī*.

La couleur blanche indique la prépondérance de l'*udana vāyu*, l'un des cinq airs vitaux (aspects de l'énergie pranique). Tout particulièrement important pour ce qui est de la pratique spirituelle, l'*udana* est la respiration montante, qui dirige la circulation pranique des plans inférieurs vers les plans supérieurs de la conscience. La force ascendante et rayonnante *udana* livre le *prāṇa* aux centres d'énergie dans le cerveau. L'énergie de la *kuṇḍalinī*, qui remonte par le *nāḍī suṣumṇā*, est une forme de l'*udana vāyu*.

L'*udana vāyu* éveille les cinq éléments et les cinq objets sensoriels dans les cinq chakras inférieurs, et la triple capacité mentale dans les chakras *manas* (esprit) et *indu* (intellect). Quand *hang* et *kshang* fusionnent durant la méditation, le rayonnement inférieur cesse, et la puissance se concentre dans le rayonnement supérieur. Mais la puissance du rayonnement supérieur ne s'arrête pas aux chakras *manas* ou *indu* et se rend directement au chakra du *nirvāṇa,* qui apporte le *samādhi,* soit la conscience transcendantale.

Le bīja *du mantra* Om *(Ong)*

Dans la région triangulaire de l'*ājñā* chakra se trouve la semence impérissable, splendide, éclatante et blanche comme la lune du mantra *Om*. On croit que la vibration *Om* serait la source primaire du Veda, et que le Veda serait le précurseur de l'univers dans son entier. Par conséquent, le son *Om* est considéré comme le mantra de la semence primordiale.

Image 6b.
OM: précurseur de l'univers

L'*ājñā* chakra est le siège de la *kuṇḍalinī* sous la forme d'une conscience intérieure éveillée, pure et grandiose. Elle émerge de sa forme subtile à travers les premiers sons qui forment le mantra *Om*. Les anneaux de la *kuṇḍalinī* sont décrits comme des cercles lumineux de lumière.

Shiva et Shakti

Tout son et toute vibration dans l'univers est le précurseur d'une forme qui lui correspond. À partir de chaque semence sonore sanskrite ou mantra, une forme divine correspondante voit le jour. Au centre de chaque chakra se trouve une lettre sanskrite, qui donne naissance à une forme spécifique de Shiva chargée de présider ce chakra.

Une forme particulière de Shakti (la mère divine) est également la gardienne de chaque chakra. Les *shakti* gèrent les chakras et admettent uniquement les praticiens qui sont qualifiés pour en faire l'expérience. L'apparence féroce des *shakti* est un moyen de dissuasion pour le néophyte. Les *shakti* à l'intérieur des chakras sont diverses formes de la *kuṇḍalinī*.

Dans l'*ājñā* chakra, une forme de Shiva appelée *parashiva* demeure dans le *bindu* (point) au-dessus du mantra *Om*. *Parashiva* représente la forme subtile de Brahmā (conscience absolue), l'œuf d'or de la création, caractérisé par le mantra semence *Om*. Étant donné qu'il se trouve par-delà la création manifeste, il est sans attribut. Par conséquent, il est non manifesté, insaisissable, sans nom, sans forme, hors du temps et de l'espace, n'ayant ni commencement ni fin, étant sans limite et infini.

La puissance (*shakti*) et la gardienne de l'*ājñā* est la déesse Hākinī, qui est blanche comme la lune. Dotée de six magnifiques visages lunaires ayant chacun trois yeux, des cheveux bouclés et six bras, sa conscience est la conscience suprême. On dit de ses yeux magnifiquement maquillés de khôl qu'ils bougent comme le vol d'une abeille noire. Le haut de son vêtement est blanc, alors que le bas de son vêtement est rouge. Elle est assise sur une fleur de lotus blanche, et son corps blanc symbolise sa forme pure et raréfiée.

Le troisième œil de Hākinī est la lumière de la méditation profonde, alors que ses deux autres yeux représentent le savoir acquis par les sens et la pensée. Les six visages de Hākinī représentent les cinq éléments au sein des cinq chakras inférieurs et l'esprit situé dans l'*ājñā* chakra.

Dans l'une de ses mains, Hākinī tient un livre qui renferme la plus haute sagesse traduite dans un langage compréhensible. Dans une autre main, elle tient un crâne, qui symbolise la perpétuation de la conscience spirituelle développée grâce à la méditation, même après la mort. Dans sa troisième main se trouve un tambour, symbole des mantras silencieux transformés en son audible. Dans la quatrième main de Hākinī se trouve un chapelet *rudrākṣa* (saintes graines utilisées durant la pratique de la méditation), pour rappeler la pratique spirituelle de la répétition d'un mantra (*japa*). Sa cinquième main esquisse un geste de bénédiction, qui transmet le savoir spirituel. Ce geste qui chasse les peurs fait disparaître tous les obstacles à la méditation.

Centres secondaires *ājñā*

En plus de l'*ājñā* chakra à deux pétales (roue du troisième œil), trois autres chakras sont situés à l'intérieur du cerveau dans la région du troisième œil : *manas* chakra, *indu* chakra et *nirvāṇa* chakra. Selon les anciens textes sacrés de l'Inde, la région du front compte trois sièges. On les appelle *bindu* (point), *nāda* (croissant de lune) et *shakti* (puissance). Le point *bindu* est le point au-dessus du mantra *Om* dans l'*ājñā*. Le *nāda* est associé au *manas* chakra, et le *shakti* au *indu* chakra.

Manas chakra : esprit sensoriel

Le *manas* (esprit) chakra, votre véhicule mental, compte trois parties distinctes : l'esprit conscient, aussi appelé esprit inférieur et instinctif (*manas citta*) ; l'esprit inconscient, lié aux émotions et aux impressions (*samskāra citta*) ; et l'esprit habituel et routinier (*vāsanā citta*). Ce chakra est gouverné par la planète Mercure, qui régit l'activité mentale, le signe des Gémeaux, chef de l'esprit inférieur, et la troisième maison en astrologie.

Aussi connu sous le nom d'esprit sensoriel ou inférieur, le *manas* est responsable de la perception des impressions sensorielles par la vue, l'ouïe, le goût, l'odorat et le toucher. Plus puissant et raréfié que vos sens physiques, il permet à vos sens de fonctionner en transportant les sensations vers les chakras supérieurs dans votre cerveau.

Le fonctionnement des sens, qu'il s'agisse de voir ou d'entendre, dépend des yeux ou des oreilles physiques,

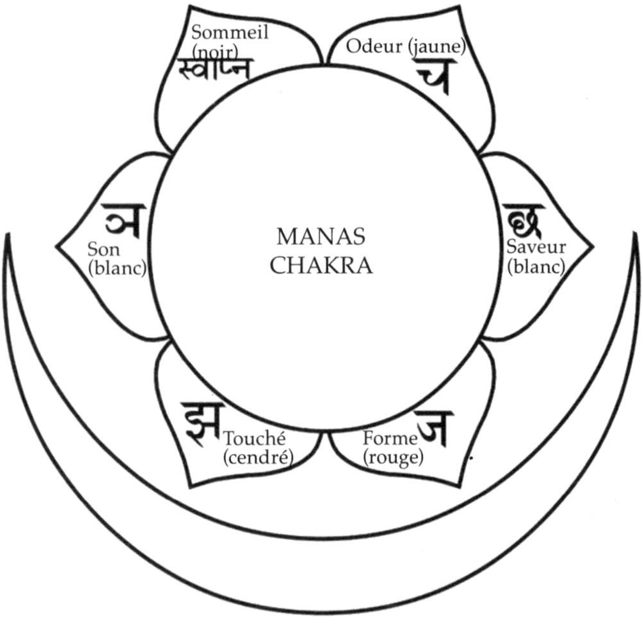

Image 6c. *Lotus manas chakra*

mais le *manas* peut fonctionner indépendamment des organes sensoriels, et même après la mort. Le *manas* est non seulement responsable de la perception sensorielle extérieure, mais il est aussi conscience de la perception subtile, telle que la clairvoyance ou la clairaudience, indépendamment des yeux ou des oreilles physiques.

Le *manas* chakra est un centre secondaire à l'intérieur de l'*ājñā*. On le retrouve au-dessus de l'*ājñā* chakra, au-dessus du *bindu Om*, dans le second *nāda* (en forme de croissant de lune). Ce qui correspond à la partie avant du troisième ventricule du cerveau.

Indu **chakra : intellect**

Image 6d. *Lotus indu chakra*

Le mot sanskrit *indu* (qui signifie « goutte » ou « lune ») est une allusion aux gouttes de nectar de la vie immortelle qui s'écoulent de la région de la lune dans votre corps subtil. L'*indu* chakra est gouverné par la planète Uranus, qui régit l'intellect et l'esprit supérieur, le signe du Verseau et la onzième maison en astrologie.

L'*indu* chakra est situé dans le cerveau, juste au-dessus de l'*ājñā* chakra, dans la partie avant du troisième ventricule du cerveau, dans la région de la lame terminale et de la commissure antérieure.

L'*indu* chakra est le siège du *buddhi* (intellect). Cet aspect de l'esprit possède un savoir supérieur au *citta*, l'esprit des sens situé dans le *manas* chakra. Le *citta*, responsable de la perception sensorielle, peut uniquement acquérir des connaissances sensorielles. En revanche, le savoir obtenu par le *buddhi* est un savoir intellectuel. La fonction principale du *buddhi* porte sur les intellections supérieures, les pensées, les idées et la mémoire.

Nirvāṇa chakra : esprit concentré

Le *nirvāṇa* (qui signifie « éteindre ou souffler une flamme ») chakra est l'endroit où votre ego, avec toutes ses envies et tous ses défauts, est annihilé quand la *kuṇḍalinī* passe à travers lui. Ce chakra est gouverné par Neptune, la planète de la dissolution de l'ego, le signe des Poissons et la douzième maison en astrologie, associée à l'absorption et à la perte.

Le *nirvāṇa* chakra est aussi appelé « la plus haute roue de *brahmā* », « lotus aux cent pétales », « lotus de la paix », « roue du temps » et « orifice de *brahmā* ».

Le *nirvāṇa* chakra est le plus haut chakra le long du *nāḍī suṣumṇā,* si subtil qu'il se manifeste uniquement quand la *kuṇḍalinī* l'a atteint. Tandis que la *kuṇḍalinī* remonte dans le *nāḍī suṣumṇā,* elle passe par la colonne vertébrale jusqu'au sommet du cerveau. Puis elle s'arrête à un point appelé *brahmarandhra.*

Le *nirvāṇa* chakra est situé dans la portion supérieure du cortex cérébral, à environ la largeur d'une main vers l'arrière à partir de la naissance des cheveux, à l'endroit souple, appelé fontanelle antérieure, où les os du crâne fusionnent durant l'enfance.

Le *nirvāṇa* chakra est le siège de l'esprit concentré (*dhī*), ainsi que le centre de l'ego ou du « moi-mêmisme ». Le *dhī* est la partie de votre esprit qui passe au crible d'innombrables objets sensoriels pour se concentrer sur l'un d'eux

Image 6e. *Lotus du nirvāṇa chakra*

en particulier. En se concentrant sur un seul objet, votre esprit développe des idées plus claires, une plus grande capacité d'intellection et une meilleure mémoire. Par conséquent, le *dhī* est responsable de l'éveil des pensées plus élevées (*manisha*).

La principale fonction du *dhī* est de permettre à votre esprit de se concentrer. Le point *bindu* est le symbole de la plus haute forme de concentration, durant laquelle la conscience fixe son attention sur l'unité. Pour en apprendre davantage sur la façon de développer votre *dhī* grâce à la méditation *trāṭaka*, allez à la page 281.

Au chapitre suivant, nous apprendrons comment guérir les trois *granthi*, des nœuds psychiques qui empêchent la circulation de la *kuṇḍalinī* à travers les chakras.

7

Surmonter les blocages psychiques

Le sage, qui contemple continuellement
le lotus ājñā, se libère de la puissante chaîne des désirs
et connaît le bonheur. Quand, au moment de sa
mort, le yogi contemple ce lotus, laissant sa vie
derrière lui, ce saint homme est absorbé dans le
Paramātmā (âme suprême).
— Shiva Samhitā

Les yogis de l'Inde antique ont découvert trois *granthi* (nœuds) dans le corps d'énergie pranique, des régions où s'accumulent les obstacles, les liens et les illusions psychiques qui empêchent la *kuṇḍalinī* de circuler librement dans le *nāḍī suṣumṇā*. Ces nœuds psychiques sont des pièges qui vous empêchent de monter plus haut et d'atteindre l'illumination spirituelle. L'un de ces nœuds est situé dans la région du troisième œil.

Dans ces trois régions, le pouvoir de *māyā* (illusion), de l'ignorance et de l'attachement au monde matériel est tout particulièrement fort. Les *granthi* sont situés dans les chakras où convergent les trois principaux *nāḍī* : *iḍā*, *piṅgalā* et *suṣumṇā*.

Brahmā granthi

Le *brahmā granthi,* situé dans le centre de la racine (*mūlādhāra* chakra), est le nœud de l'attachement à la vie matérielle (*samsāra*), qui noue l'esprit aux désirs et aux envies de base pour les plaisirs physiques, obtenus par le biais de stimuli sensoriels ou de contacts sexuels. Ce nœud obscurcit la vérité et emprisonne l'intellect. Les principales préoccupations de ce *granthi* sont la préservation de soi, le désir d'avoir une descendance et l'acquisition de biens matériels. Le monde extérieur est perçu comme un moyen d'obtenir la sécurité. Le *brahmā granthi* est le siège des envies et des appétits instinctifs qui jaillissent des profondeurs de l'inconscient.

Il n'est pas facile d'échapper à ce piège, car la plupart des gens ne sont pas conscients qu'il y a autre chose dans la vie que le monde matériel. La grande majorité des êtres humains, qui ne croient pas à l'existence du monde spirituel, sont coincés à ce niveau égocentrique.

Toutefois, lorsque ce blocage est supprimé, nos instincts de survie sont transmutés en pulsions créatrices. L'énergie primale de la *kuṇḍalinī* reflue, et la conscience commence à s'intéresser à des objectifs plus élevés que ses besoins élémentaires.

Vishnu granthi

Le *vishnu granthi* dans le centre du cœur (*anāhata* chakra) est le nœud des attachements aux émotions qui noue l'esprit à l'amour, à la sentimentalité, à la nostalgie, à la loyauté, à l'attachement, à la sympathie, à la pitié et à la fierté de défendre une cause. L'attachement émotionnel exerce une puissante attraction qui enferme l'esprit et l'empêche de prendre conscience du monde spirituel. Ceux qui sont tombés dans le piège du *vishnu granthi* ont tendance à considérer les adeptes de la spiritualité comme des êtres froids, sans cœur et égoïstes, car ils ne comprennent pas que la vraie spiritualité transcende l'amour terrestre.

Le *vishnu granthi* peut encourager certaines personnes à devenir contrôlantes et dominatrices, ce qui satisfait les besoins de l'ego qui aime contraindre et manipuler les gens et les situations. Cela s'exprimera par le désir d'acquérir des richesses, du prestige, un statut social ou la reconnaissance des autres. Le monde est perçu comme un moyen pour acquérir du pouvoir personnel et atteindre nos ambitions mondaines. L'égoïsme, l'arrogance, la colère, l'hostilité et le ressentiment en sont les fruits.

Une fois que le blocage du *vishnu granthi* est supprimé, nos émotions sont purifiées et transmutées en dévotion envers Dieu. L'émotion de l'amour n'est plus utilisée à mauvais escient pour nourrir et glorifier l'ego. Au contraire, les gens sont perçus comme une incarnation unique de la perfection, exprimant leur vraie nature. Le *vishnu granthi* est l'entrée vers la conscience supérieure, et son ouverture s'effectue dans l'amour, la compréhension et l'acceptation inconditionnels.

Rudra granthi

Le *rudra granthi*, dans le centre du troisième œil (*ājñā* chakra), est le nœud énergétique de l'attachement au monde mental. Il noue l'esprit à la fierté intellectuelle, aux croyances tenaces, aux habitudes, au conditionnement et à l'endoctrinement. Il piège l'ego en l'incitant à faire preuve d'arrogance face aux expériences spirituelles, aux pouvoirs psychiques et aux habiletés supranormales.

Le développement spirituel peut être une source de libération totale ou un piège séduisant. Si un individu développe des pouvoirs psychiques qui ne sont pas accompagnés d'une transformation de l'ego, il risque de tomber sous la coupe d'un matérialisme spirituel, où l'ego se nourrit de sa propre suffisance et de son caractère unique.

Sous le charme du *rudra granthi*, les gens peuvent en venir à se sentir supérieurs aux âmes prétendument moins évoluées et développer une certaine arrogance spirituelle, un sentiment de satisfaction de soi et une fierté excessive de leurs capacités intellectuelles. Ils peuvent utiliser à mauvais escient leurs habiletés pour dominer les autres. Dans les cas extrêmes, ils peuvent se retirer et vivre dans un monde d'illusions, au point de souffrir d'hallucinations et de perdre le contact avec la réalité.

Libérée du *rudra granthi*, votre conscience égotique, mentale et physique se dissout. Votre sixième sens et votre intuition se développent. Une fois que vous avez tranché le nœud de la conscience de l'ego et de la fierté intellectuelle, votre énergie spirituelle transcende la dualité et voit la vérité. Votre conscience s'élève et votre âme individuelle fusionne avec l'âme universelle et cosmique.

Supprimer les blocages *granthi*

Les trois *granthi* empêchent le *prāṇa* de circuler librement à travers le *nāḍī suṣumṇā*. Ces trois nœuds doivent être éliminés, afin que la *kuṇḍalinī* puisse s'éveiller, ouvrir le *nāḍī suṣumṇā* et compléter son ascension à travers les chakras jusqu'au chakra couronne, où se produit l'illumination spirituelle.

Parmi les anciennes pratiques des yogis, on retrouve des méthodes qui permettent de supprimer efficacement les *granthi* (nœuds psychiques). Les *bandha* (contractions musculaires) et les *mudrā* (gestes) peuvent déloger ces blocages, éveiller la *kuṇḍalinī* et faciliter la circulation pranique.

Le mot sanskrit *bandha* signifie « tenir, contracter ou serrer ». Par conséquent, quand vous pratiquez des *bandha,* vous devez contracter et bander certains muscles spécifiques. On doit s'adonner à ces pratiques, parmi les plus efficaces pour éveiller la *kuṇḍalinī* à travers les chakras, après le *yoga āsana* (postures) et avant le *prāṇāyāma* (exercices de respiration).

IMPORTANT : Consultez votre médecin avant d'entreprendre la pratique de n'importe quel exercice proposé dans ce livre.

***Jālandhara bandha* : contraction de la gorge**

Le *jālandhara bandha* est un verrou physiologique qui relie un plexus de *nāḍī* situés dans votre cou et redirige le *prāṇa* dans le *nāḍī suṣumṇā. Jāla* fait référence au *nāḍī* qui passe à travers le cou jusqu'au cerveau. *Dharā* signifie « tirer vers le haut ». *Bandha* signifie « verrou ». Ce *bandha* empêche le nectar immortel, produit par les chakras dans votre tête, de s'écouler dans votre gorge et de brûler dans les feux digestifs de votre estomac. De plus, ce *bandha* ralentit vos pulsations cardiaques en exerçant une pression sur le sinus carotidien. Les textes sacrés de l'Inde prétendent que ce *bandha* peut prévenir le vieillissement et la mort.

Comment le pratiquer

Assoyez-vous dans une position confortable. Les meilleures positions sont celles du *padmāsana* (position du lotus : voir page 235), du *siddhāsana* ou du *siddha yoni āsana* (pose parfaite : voir page 234). Vous pouvez également rester debout. Si vous choisissez de vous asseoir, placez la paume de vos mains sur vos genoux.

Fermez les yeux. Détendez tout votre corps. Inspirez profondément et retenez votre souffle. Penchez la tête vers l'avant et appuyez fermement votre menton contre votre sternum. Étirez les bras et verrouillez les coudes. Laissez vos mains sur vos genoux. Le fait de verrouiller les coudes intensifiera la pression exercée sur votre cou. En même temps, arrondissez les épaules vers le haut et vers l'avant. Cela vous aidera à garder les bras droits et les coudes bien verrouillés. Demeurez dans cette position aussi longtemps que vous pouvez retenir votre souffle. Maintenez votre attention sur la région de votre gorge. Puis relâchez vos épaules, pliez les bras, relevez lentement la tête et expirez lentement. Respirez normalement. Répétez jusqu'à ce que vous ne vous sentiez plus à l'aise de continuer.

Si vous avez des problèmes de tension artérielle ou cardiaque, ne pratiquez pas ce *bandha*.

Uḍḍīyana bandha : contraction abdominale

Le mot sanskrit *uḍḍīyana* signifie « s'élever, s'envoler ». Cette contraction musculaire, qui pousse votre diaphragme vers le haut, redirige le *prāṇa* dans le *nāḍī suṣumṇā* et entraîne la *kuṇḍalinī* vers les chakras supérieurs. C'est la raison pour laquelle les textes anciens affirment que l'*uḍḍīyana bandha* dilate la conscience supérieure, inverse le vieillissement et favorise la longévité. Ce *bandha* agit directement sur le chakra du nombril, où le *prāṇa* est emmagasiné. Il stimule et distribue le *prāṇa* à travers votre corps.

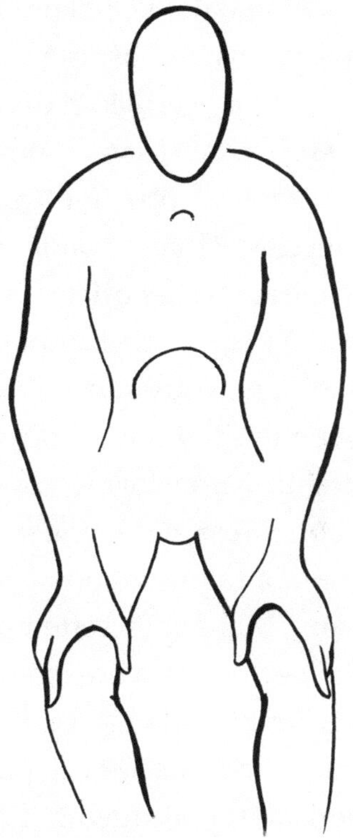

Image 7a.
Contraction abdominale

Comment le pratiquer

L'*uḍḍīyana bandha* peut se pratiquer dans la position *vajrāsana* (voir page 229), *padmāsana* (voir page 235), *siddhāsana* ou *siddha yoni āsana* (voir page 234), ou debout. Apprenons d'abord à le pratiquer debout.

Écartez les pieds d'environ 45 centimètres. Penchez-vous vers l'avant au niveau de la taille et pliez légèrement les genoux. Placez les paumes sur vos cuisses, juste au-dessus des genoux, et exercez une pression sur vos cuisses en gardant les bras bien droits. Expirez complètement et videz vos poumons autant que possible en expirant à plus reprises.

Puis faites semblant d'inspirer, en faisant l'action d'inhaler mais sans aspirer d'air dans vos poumons. Maintenez votre glotte fermée et dilatez votre poitrine, comme si vous inspiriez mais sans aspirer d'air. Pour ce faire, vous devez contracter votre glotte, les muscles de votre cou (les muscles *sterno-cléido-mastoïdiens* ou SCM) et les muscles respiratoires, et dilater votre poitrine comme si vous étiez prêt à inspirer de l'air par le nez. Mais empêchez l'air d'entrer dans votre nez ou vos poumons. Cela fera automatiquement remonter votre diaphragme, et votre abdomen prendra une forme concave, vers l'intérieur et vers le haut. C'est cette fausse inhalation qui fait remonter le diaphragme, et non la contraction des muscles abdominaux. Maintenez cette position aussi longtemps que vous pouvez retenir votre souffle.

Pour relâcher le *bandha*, expirez doucement pour décontracter les muscles des poumons, puis inspirez. Cela amènera automatiquement votre abdomen à reprendre sa forme normale. Détendez vos bras et relevez-vous lentement. Vous avez complété une première série. Exercez-vous à faire plusieurs séries et augmentez progressivement le nombre de séries au cours des semaines et des mois qui suivront.

Pratiquez l'*uḍḍīyana bandha* tôt le matin avant le petit déjeuner. Vous devez avoir l'estomac vide ou attendre au moins quatre heures après votre dernier repas. De plus, assurez-vous d'aller à la selle avant de vous adonner à cette pratique.

Les femmes enceintes et les personnes souffrant de problèmes cardiaques, d'ulcères, de coliques ou d'autres problèmes abdominaux graves ne devraient pas s'adonner à l'*uḍḍīyana bandha*. Après la naissance d'un enfant, cette pratique aidera la nouvelle maman à retrouver la forme et à renforcer sa région abdominale.

Mūla bandha : contraction de la racine

Le terme sanskrit *mūla* signifie « racine ». Il renvoie ici au *mūlādhāra kshetram*, dans la région du périnée. Par conséquent, le *mūla bandha* est la « contraction du verrou du périnée ». La région que l'on doit contracter est ici le point de déclenchement physique du *mūlādhāra*. Son emplacement est différent chez l'homme et la femme. Chez l'homme, il est situé au niveau du périnée, entre l'anus et les organes génitaux. Chez la femme, il est situé au niveau du col de l'utérus, où le vagin rencontre l'utérus. Beaucoup de gens pratiquent le *mūla bandha* de façon incorrecte en contractant uniquement les muscles du sphincter.

Comment le pratiquer

Les meilleures positions pour pratiquer ce *bandha* sont le *siddhāsana* ou le *siddha yoni āsana* (voir page 234). Si vous êtes incapable d'adopter l'une ou l'autre de ces positions assises, assoyez-vous le plus confortablement possible. Vous pouvez même le pratiquer debout.

Placez vos paumes sur vos genoux. Fermez les yeux et détendez tout votre corps. Inspirez profondément. Exercez une pression ferme sur la région du point de déclenchement *mūlādhāra* avec l'un de vos talons. Cela contribuera à renforcer la contraction musculaire.

Inspirez profondément et retenez votre souffle. Contractez fermement les muscles de la région du point de déclenchement *mūlādhāra*. Bandez vos muscles au maximum, mais sans faire d'efforts excessifs. Portez toute votre attention sur le point de contraction. Demeurez dans ce *bandha* aussi longtemps que vous pouvez retenir votre souffle. Puis relâchez la contraction et expirez. Vous avez complété une première série. Continuez tant que vous êtes à l'aise.

Si vous n'êtes pas sûr de savoir comment pratiquer le *mūla bandha,* imaginez que vous êtes en train d'uriner et que vous arrêtez tout à coup l'écoulement. Vous devez contracter les mêmes muscles durant le *mūla bandha.*

Ce *bandha* suprême, qui inverse le processus de vieillissement, éveille le chakra racine et aspire l'air vital descendant (l'*apāna,* qui excrète et expulse les déchets de l'organisme), pour l'unir avec l'air vital ascendant (le *prāṇa,* qui inhale et fournit l'énergie nécessaire au maintien de l'organisme). Le *mūla bandha* stabilise le *prāṇa* et l'*apāna,* afin d'équilibrer les énergies rentrantes et les énergies sortantes. C'est l'une des plus puissantes pratiques pour éveiller la *kuṇḍalinī,* car elle force l'ouverture du *nāḍī suṣumṇā.*

Mahā bandha : la grande contraction

Le *mahā bandha* est un puissant *bandha* qui combine les trois principaux verrous. Le mot sanskrit *mahā* signifie « grand ».

Comment le pratiquer

Inspirez lentement et portez votre attention sur le *mūlādhāra* (chakra racine), en imaginant la forme lumineuse de la *kuṇḍalinī*. En même temps, pratiquez l'*uḍḍīyana bandha* (contraction abdominale) et le *mūla bandha* en contractant votre périnée (contraction du chakra racine). Une fois que vous avez complètement expiré, penchez la tête vers l'avant et appuyez votre menton contre votre poitrine dans la position du *jālandhara bandha* (contraction de la gorge), puis retenez votre souffle.

Maintenez ces contractions musculaires tout en visualisant l'éveil de la *kuṇḍalinī*. Retenez votre souffle tant que cela ne vous cause pas de malaise. Puis relâchez le *mūla bandha*, l'*uḍḍīyana bandha* et finalement le *jālandhara bandha*.

Ce puissant *bandha* est la clé pour éveiller la *kuṇḍalinī*.

***Mudrā* pour ouvrir votre troisième œil**

Le *tāraka* yoga est une forme de yoga hautement ésotérique. Étant donné qu'il n'en est pratiquement jamais question dans les ouvrages de langue anglaise, il est à peu près impossible de trouver un maître spirituel qui l'enseigne. Le mot sanskrit *tāraka* signifie « traverser », « libérer » ou « délivrer ». Qu'est-ce qui est libéré ? Le but de toutes les pratiques yogiques est de libérer votre âme des liens qui l'attachent à ce monde relatif – le champ dualiste de la souffrance et de l'ignorance – et de réaliser votre véritable moi.

Le *tāraka* yoga consiste en cinq *mudrā* (« sceaux » ou « verrous »), des gestes physiques ayant un effet puissant sur la circulation de l'énergie dans votre corps. Le *tāraka* yoga comprend cinq *mudrā* appelés *khecarī, bhuchari, madhyama, shanmukha* et *shambhavi*. Ils contribuent spécifiquement à éveiller la *kuṇḍalinī* et à purifier, guérir, revitaliser et ouvrir votre troisième œil.

Si votre chakra du troisième œil est fermé, en mauvaise santé ou bloqué par des émotions négatives ou des substances toxiques (drogue, alcool, cigarette ou aliments OGM), il se peut que vous souffriez de maux de tête, d'étourdissements, d'insomnie, de sinusite ou de myopie. Dans les cas extrêmes, vous pourriez souffrir d'une hémorragie cérébrale, d'une attaque, d'une tumeur, de la maladie d'Alzheimer ou d'épilepsie. Vous pourriez développer des problèmes d'apprentissage, de dyslexie, d'autisme, de troubles de l'attention, de cauchemars récurrents ou de défaillance de la mémoire. La contamination de l'*ājñā* chakra est même liée à certaines maladies mentales.

En pratiquant ces cinq *mudrā*, il se peut que vous ayez des visions divines, que vous entendiez des sons célestes, que vous sentiez de doux parfums, que vous goûtiez des saveurs délicieuses ou que vous éprouviez des sensations extatiques. Cela est l'indication que la *kuṇḍalinī* se déplace à l'intérieur du *nāḍī suṣumṇā* et que l'*ājñā* chakra est en train de s'ouvrir.

Voici comment pratiquer ces *mudrā* :

Khecarī mudrā **: verrouillage de la langue avec l'*****ujjāyi prāṇāyāma***

Le *khecarī* consiste à rouler sa langue vers l'arrière en se concentrant sur le *bhrūmadhya* (l'*ājñā kshetram*, le point entre les deux sourcils), les yeux ouverts ou fermés. La méthode de respiration *ujjāyi prāṇāyāma* est souvent pratiquée simultanément.

Le but du *khecarī mudrā* est d'éveiller la *kuṇḍalinī* et d'accéder aux réserves d'élixir immortel produit par les chakras de la tête. Cet élixir se répand alors dans l'organisme et apporte santé, bien-être, éveil spirituel et finalement l'immortalité.

Le *khecarī mudrā* peut devenir une pratique longue et compliquée impliquant plusieurs opérations chirurgicales au niveau de la membrane sous la langue. Toutefois, la méthode simplifiée présentée ici ne requiert aucune préparation préalable et s'adresse à tous.

Comment le pratiquer

Roulez votre langue vers le haut et vers l'arrière, de façon à ce que le dessous de votre langue entre en contact avec votre palais. Étirez le bout de votre langue le plus loin possible vers l'arrière, mais sans exagération. En même temps, portez toute votre attention sur votre troisième œil, au point *bhrūmadhya* entre vos sourcils, sans efforts excessifs, les yeux ouverts ou fermés.

Ujjāyi prāṇāyāma

Cette technique de respiration, combinée au roulement de la langue vers l'arrière du *khecarī mudrā,* entraîne une légère pression sur les sinus carotidiens. Par conséquent, elle réduit les battements cardiaques et la pression artérielle. Cette technique produit également une sensation de calme physique et mental. Elle apaise et harmonise le corps, le cerveau et le corps subtil.

Comment le pratiquer

Assoyez-vous dans une position confortable en gardant la tête et le dos bien droits. On peut même pratiquer cette technique dans la position *śavāsana* (voir page 237) pour obtenir une plus grande sensation de détente. Roulez votre langue vers l'arrière dans la position *khecarī mudrā*. Fermez les yeux, détendez-vous et respirez lentement et profondément. Fermez partiellement votre glotte en contractant quelque peu les muscles de votre gorge. Vos muscles abdominaux se contracteront automatiquement. Veillez à ce que les muscles de votre visage restent détendus.

Tandis que vous respirez dans cette position, vous remarquerez que votre gorge émet un léger son rauque. Ce son, provoqué par le passage de l'air dans la gorge partiellement bloquée par la glotte, ressemble au ronflement d'un bébé qui dort.

Bhuchari mudrā

Le *bhuchari mudrā* (« regarder dans le vide ») est un puissant nettoyant psychique qui améliore le pouvoir de concentration et stimule l'*ājñā* chakra. On pratique cette technique en fixant le bout de notre nez sans cligner des yeux.

Comment le pratiquer

Enlevez vos lunettes ou vos verres de contact. Assoyez-vous confortablement, la tête et le dos bien droits. Il est préférable de ne pas avoir de sources de distraction dans votre champ de vision. Par conséquent, si possible, tournez-vous vers un mur peint d'une seule couleur, de préférence peint en blanc.

Placez l'ongle du pouce de votre main droite au-dessus de votre lèvre supérieure. Levez le petit doigt de votre main droite et laissez l'index, le majeur et l'annulaire se détendre et se recourber. Puis, fixez le bout de votre petit doigt, en essayant de ne pas cligner des yeux, pendant deux minutes. Évitez de vous surmener.

Puis, laissez retomber votre main et continuez à fixer droit devant vous un point dans l'espace à l'endroit où se trouvait votre index. Continuez à regarder dans le vide pendant quelques minutes. Progressivement, exercez-vous à pratiquer cette technique pendant 5 minutes pour la première partie et pendant 15 minutes pour la seconde.

Si vous devenez tendu ou si vos yeux se remplissent de larmes durant cet exercice, fermez tout simplement les yeux et visualisez l'image de votre petit doigt dans votre esprit[1].

Madhya lakshyam

Le *madhya lakshyam* (« atteindre le centre ») consiste à porter votre attention sur le *bhrūmadhya* (point sur votre front entre vos sourcils), en fermant les yeux et en vous concentrant sur votre vision intérieure.

Comment le pratiquer

Assoyez-vous confortablement, de préférence dans une pièce sombre. Fermez les yeux et, en gardant les yeux fermés, fixez votre regard sur le point entre vos sourcils, sans bouger les paupières et sans permettre à vos yeux de trembler. Avec de la pratique, un trou microscopique finira par apparaître dans votre troisième œil.

Si vous faites pénétrer votre attention à l'intérieur de ce minuscule pore, vous verrez des images produites par votre troisième œil. Des éclairs, des étoiles, la lumière du soleil et de la lune, et les couleurs des cinq éléments vous apparaîtront.

Il se peut que vous aperceviez les cinq cieux à l'éclat magnifique : un ciel qui s'étend à l'infini, un ciel de couleur sombre, un ciel qui semble en feu, un ciel brillant comme le vide, et un ciel-soleil qui brille avec l'éclat d'un milliard de soleils. Cette vision des cieux divins vous apportera un profond sentiment de béatitude[2].

Shanmukha mudrā

Le *shanmukha mudrā* (« fermeture des sept portes ») est une pratique profonde qui vous aidera à entendre le *nāda* intérieur, aussi appelé le son des sons, le son du silence, la musique des sphères ou le « hum » de la création. Il s'agit ici de fermer les sept portes de la perception extérieure et de tourner la conscience vers l'intérieur. Il est préférable de pratiquer cette technique tard le soir ou tôt le matin, quand il y a moins de bruits à l'extérieur qui peuvent entraver votre perception sensorielle subtile.

Comment le pratiquer

Vous pouvez le pratiquer en vous assoyant confortablement ou même en restant debout. Détendez-vous et maintenez la tête et le dos bien droits. Levez les mains devant votre visage, les coudes pointant de chaque côté.

Bouchez ensuite vos oreilles avec vos pouces. Placez vos deux index sur vos paupières. N'exercez aucune pression sur vos yeux. Fermez bien vos narines avec vos majeurs. Encerclez votre bouche en pressant votre lèvre supérieure avec vos annulaires et votre lèvre inférieure avec vos petits doigts.

Puis, exécutez le *kākī mudrā* (le geste du bec de corbeau). Voici comment : placez vos lèvres de façon à former un petit cercle, comme si vous alliez siffler. Détendez votre langue. Inspirez vigoureusement par la bouche en émettant un sifflement et soufflez dans vos joues pour qu'elles se gonflent. Retenez votre souffle.

Tandis que vous maintenez vos narines fermées hermétiquement, soufflez de l'air par votre nez comme vous le feriez à bord d'un avion pour équilibrer la pression de l'air dans vos oreilles. Cela forcera l'air à s'engouffrer dans les trompes d'Eustache.

Exécutez ensuite le *jālandhara bandha*, en baissant la tête vers le sternum (voir page 139). Retenez votre souffle tant que vous vous sentez à l'aise, sans faire d'efforts exagérés.

Pendant ce temps, remarquez les sons qui pourraient provenir de la région située au-dessus de votre tête, du milieu de votre tête, de votre oreille droite ou du chakra du cœur. Maintenez votre attention sur le *nāda* intérieur. Si vous percevez un son et, derrière celui-ci, un son encore plus subtil, portez votre attention sur ce dernier. Continuez d'avancer vers les régions sonores les plus subtiles, tandis que vous entrez de plus en plus profondément en vous. Ne vous attardez à aucun son en particulier, mais continuez de pousser vers l'intérieur.

Quand vous ne pourrez plus retenir votre souffle, relevez la tête, relâchez la pression sur vos narines et expirez lentement par le nez. Vous avez complété une première série.

Exercez-vous à faire plusieurs séries, dans la mesure où cela ne vous cause pas de malaise. Après avoir pratiqué le *shanmukha mudrā* pendant au moins un mois, ajoutez le *mūla bandha* (voir page 143) durant votre pratique. Après un autre mois, ajoutez également la pratique de l'*uḍḍīyana bandha* (voir page 140).

N'essayez pas d'entendre quelque son que ce soit. Si vous lâchez prise, les sons se feront entendre de façon naturelle. Ce *mudrā* vous révélera les profonds mystères de votre être intérieur.

Śāmbhavī mudrā

Le *śāmbhavī mudrā* est appelé ainsi parce que la légende veut que Śāmbhavī (Shakti) l'ait enseigné à Shambhu

(Shiva). Aussi appelée *bhrūmadhya dṛṣṭi* (« regarder entre les sourcils »), cette pratique stimule et ouvre votre troisième œil. Ce *mudrā*, qui vous aide à fixer votre esprit, élimine les distractions en vous amenant à porter votre attention vers l'intérieur.

Durant l'expérience fondamentale du *śāmbhavī mudrā*, vos yeux sont levés vers le haut et vers l'arrière de votre tête. Quand votre troisième œil s'ouvre à l'authentique vision spirituelle de la lumière divine, cela se produit automatiquement.

Comment le pratiquer

Voici différentes façons de pratiquer la technique du *śāmbhavī mudrā* :

Version 1

Fermez les yeux et détendez-vous. Puis, ouvrez les yeux et concentrez-vous sur un point au centre de votre front, entre vos sourcils. Dirigez vos yeux vers l'intérieur et vers le haut autant que possible dans cette direction. Vous devriez voir les deux images courbes de vos sourcils fusionner l'une avec l'autre et former un V. Ne forcez pas vos yeux. Si vous ressentez une tension, arrêtez-vous immédiatement et étendez-vous.

Si cela vous semble difficile, placez le bout d'un doigt sur l'extrémité de votre nez et fixez-le attentivement. Puis, faites lentement glisser votre doigt le long de votre nez jusqu'au milieu de vos sourcils sans jamais le quitter des yeux.

Version 2

Gardez vos yeux à demi ouverts et portez toute votre attention sur le même point, mais sans lever vos yeux vers le haut. Dans ce cas-ci, l'attention est purement mentale.

Version 3

Demeurez intérieurement dans un état transcendantal de profonde méditation, tout en dirigeant votre regard sur des objets extérieurs, sans cligner des yeux. Demeurez intérieurement attentif à la conscience de la béatitude absolue, en gardant votre esprit et votre respiration au point fixe. Dans cet état, gardez vos yeux fixes, comme si vous pouviez tout voir, alors qu'en réalité vous ne voyez rien à l'extérieur, ni en haut ni en bas.

Version 4

Une fois que vous aurez appris à maîtriser cette technique, vous pourrez la pratiquer les yeux fermés. La lumière intérieure se lèvera, et la vision d'êtres célestes et de lumières divines apparaîtra dans votre œil intérieur.

Respirer comme un soufflet

Bhastrikā, qui signifie « soufflet » en sanskrit, aussi connu sous le nom de *kapālbhāti*, est un *prāṇāyāma* (exercice de respiration) qui implique une rapide succession de vigoureuses expirations. Cette puissante méthode nettoie vos *nāḍī* et vos poumons. De même que l'on utilise un soufflet pour attiser rapidement un feu, vous devez expirer et inspirer rapidement durant cet exercice.

Comment le pratiquer

Assoyez-vous confortablement ou pratiquez-le debout. Fermez la bouche tandis que vous expirez rapidement et vigoureusement par le nez, comme un soufflet. Quand vous pratiquez ce *prāṇāyāma*, il est normal d'avoir l'air de quelqu'un qui a le souffle court. Commencez par expirer vigoureusement par petits coups successifs. Après 10 expirations, inspirez profondément et retenez votre souffle le plus longtemps possible. Puis expirez lentement.

Tandis que vous inspirez, dilatez votre abdomen. Tandis que vous expirez, contractez-le. Placez vos mains sur votre abdomen pour être sûr de le faire correctement. Le fait de porter votre attention sur vos expirations permettra aux inspirations de se produire d'elles-mêmes. Contractez vos muscles abdominaux avec une poussée vers l'arrière tandis que vous expirez rapidement et vigoureusement. Votre abdomen se dilatera automatiquement quand vous inspirerez.

Commencez par 10 expirations par série et augmentez progressivement jusqu'à 20 ou 25 par série. Vous pouvez également augmenter, progressivement et prudemment, la période durant laquelle vous retenez votre souffle. Reposez-vous un peu après chaque série avant d'en recommencer une autre. Commencez par trois séries et augmentez progressivement jusqu'à ce que vous puissiez en faire une vingtaine. Les étudiants avancés pratiquent ce *prāṇāyāma* après avoir partiellement fermé leur glotte.

Le plus efficace de tous les exercices de *prāṇāyāma,* le *bhastrikā* permet au *prāṇa* de passer à travers les trois *granthi.*

Montée de la *kuṇḍalinī*

Vous devriez pratiquer ces *bandha, mudrā, prāṇāyāma* et méditations tous les jours. Puis votre esprit s'apaisera et votre respiration deviendra plus raffinée. À mesure que vous progresserez, vos impuretés mentales disparaîtront et votre *kuṇḍalinī* s'éveillera. Tout d'abord, elle percera le *nāḍī suṣumṇā,* normalement fermé à son extrémité inférieure. Il est écrit dans les textes sacrés qu'elle brille comme un éclair à la bouche du *suṣumṇā* lorsqu'elle traverse le *brahmā granthi.*

Puis la *kuṇḍalinī* remontera le long du *suṣumṇā* pour percer le *vishnu granthi* au niveau du cœur. Elle continuera ensuite par-delà le cœur jusqu'au milieu des sourcils pour percer le *rudra granthi.* La *kuṇḍalinī* montera toujours plus haut, et le nectar provenant du cerveau s'écoulera plus copieusement.

Après l'écoulement du nectar, vous perdrez une grande partie de vos intérêts pour les plaisirs sensuels. L'*ātman* (moi supérieur) vous absorbera, et vous prendrez part à cette offrande sacrificielle d'ambroisie. Vous serez alors établi dans le moi. Jouissant de cet état supérieur, vous vous dévouerez à l'*ātman* et connaîtrez la paix.

En utilisant les méthodes présentées dans ce chapitre et en pratiquant les exercices de méditation qui vous seront enseignés au chapitre 14, vous pouvez éveiller votre *kuṇḍalinī*, ouvrir votre troisième œil et atteindre un état où l'esprit est aboli.

Au chapitre suivant, vous apprendrez comment ouvrir votre troisième œil, afin de développer votre perception suprasensorielle et d'autres dons spirituels.

Trésors du troisième œil

TROISIÈME PARTIE

8

Développer vos pouvoirs suprasensoriels

L'œil ordinaire ne voit que la surface des choses et se forme un jugement à partir de celle-ci ; mais l'œil qui voit juste perce l'écorce pour déchiffrer le cœur et l'âme, y découvrant des possibilités qui n'étaient ni indiquées ni promises par l'extérieur et que l'œil ordinaire ne pouvait pas déceler.

— Mark Twain

Voulez-vous ouvrir votre troisième œil ? Voulez-vous avoir des intuitions claires et savoir de façon certaine ce qui est réel ? Cela est non seulement possible : nous pouvons tous le faire, *quand bon nous semble*, à n'importe quel moment. Même si d'autres personnes prétendent que vous êtes incapable ou indigne d'ouvrir votre troisième œil, vous avez ce pouvoir ici et maintenant.

Vous croyez peut-être que les seuls individus dignes d'ouvrir leur troisième œil sont des maîtres spirituels hautement évolués qui vivent dans des monastères, des grottes ou des ashrams isolés, ou encore des êtres supérieurs, saints et glorifiés, des saints, des sages, des prophètes, de saints hommes (en insistant sur « hommes ») ou d'autres êtres ayant atteint la sainteté qui vivaient il y a plus de 2000 ans dans un pays lointain.

Contrairement à cette idée, j'affirme que nous sommes tous capables d'entendre la « petite voix immobile » de la sagesse intérieure et de développer nos dons spirituels innés. Les méthodes présentées ici sont simples et faciles à suivre. Tout le monde peut ouvrir et développer l'œil intérieur de sagesse, ce que l'on appelle le troisième œil. Vous pouvez vous aussi vivre des expériences spirituelles et avoir de véritables conversations avec votre guide intérieur divin.

Le secret enfin révélé

Il est peut-être difficile pour vous d'imaginer l'ouverture de votre troisième œil. Peut-être croyez-vous qu'à moins d'avoir consacré des décennies à étudier sérieusement la spiritualité, vous n'avez pas la moindre chance de vivre d'authentiques expériences spirituelles. Je ne suis pas du tout d'accord. Vous pouvez ouvrir votre troisième œil, et je vais vous dire à présent ce qu'il faut faire pour y arriver.

Voici le grand secret enfin révélé :

Assoyez-vous simplement dans un fauteuil. Fermez les yeux. Assurez-vous d'être à l'aise, en silence et immobile. Respirez profondément à quelques reprises et lâchez prise. Faites le silence en vous. Respirez profondément et lâchez prise encore davantage. Entrez plus profondément en vous. Devenez encore plus silencieux, plus centré et plus équilibré. Respirez encore profondément et lâchez prise.

Abandonnez-vous complètement. Entrez dans un état de paix intérieure, de détente et de méditation profonde.

Une fois que vous avez atteint cet état de pure sérénité, il est temps de faire quelque chose que les gens ne font généralement jamais lorsqu'ils sont dans un état de méditation profonde :

DEMANDEZ.

Demandez à l'Esprit de vous aider à ouvrir votre troisième œil. Ou demandez à vivre une expérience spirituelle. Appelez cet être par son nom. Demandez à être guidé de l'intérieur. Ou demandez une guérison, de l'amour, de la lumière ou de l'inspiration. Posez une question.

Puis continuez à respirer profondément et appliquez ce que j'appelle le programme « Ne faites rien ». Cela signifie ne rien faire, rien et moins que rien. Autrement dit, demeurez dans un état de conscience neutre, sans avoir d'attentes, sans faire d'efforts et sans chercher à vous concentrer sur quelque chose. Soyez prêt à recevoir, mais sans rechercher un résultat en particulier. N'exercez aucune pression sur votre conscience. Ne faites rien.

Tandis que vous demeurez dans cet état de neutralité, vous recevrez ce que vous avez demandé. Si vous avez demandé l'ouverture de votre troisième œil, vous vivrez une expérience spirituelle. Si vous avez demandé une guérison, vous recevrez de l'énergie curative.

Si vous avez posé une question, vous recevrez une réponse. À l'intérieur de votre cœur, une réponse viendra de la partie profonde de votre être qui est contact avec l'Esprit. Vous aurez une vision, vous entendrez des paroles ou vous ressentirez quelque chose. Ce message vous apparaîtra, comme n'importe quelle autre pensée dans votre esprit. Vous le verrez, vous l'entendrez ou vous le ressentirez. Vous entendrez la « petite voix immobile » de la sagesse intérieure.

C'est tout.

Comment faire l'expérience de l'Esprit en une étape facile : « *Demandez, et on vous donnera*[1]. »

Perception subtile

Toute expérience spirituelle ou toute réponse à l'une de vos questions vous sera envoyée du simple fait de l'avoir demandée. C'est aussi simple que cela. Malheureusement, nous ne sommes pas toujours conscients du fait que nous pouvons demander, ou nous ne croyons pas que nous pouvons recevoir, ou encore nous oublions de demander. Demandez, et conformément à ce qui nous a été promis (« Demandez, et on vous donnera »), vous recevrez. Il n'y a rien que vous ne puissiez vivre ou recevoir. Demandez.

Demandez, puis lâchez prise et laissez l'Esprit vous répondre. N'essayez pas de vous retenir à la question ; ne cherchez pas la réponse. Après avoir fait votre demande, suivez le programme « Ne faites rien ». Dans cet état d'esprit apaisé, la réponse vous sera acheminée.

Les messages de l'Esprit divin nous sont transmis de trois façons :

1. Vous pouvez avoir une vision dans votre esprit ;
2. Vous pouvez entendre une voix à l'intérieur de vous ;

3. Vous pouvez ressentir une émotion, comme une intuition.

Autrement dit, vous entrerez en contact avec l'Esprit par l'intermédiaire de vos sens subtils.

Quels sont ces sens subtils ? D'ordinaire, vos sens sont projetés vers l'extérieur, vers des objets matériels. Vous voyez, entendez, touchez, goûtez et sentez les plaisirs et les douleurs de la vie terrestre. Toutefois, quand vous méditez, vos sens se tournent vers l'intérieur. En fait, dès que vous fermez les yeux, vos sens extérieurs cèdent la place à vos sens intérieurs.

Par exemple, vos yeux perçoivent le monde extérieur. Mais à l'aide de votre troisième œil, vous pouvez voir le monde intérieur. Votre œil intérieur est capable de voir grâce à un mécanisme sensoriel subtil qui normalement n'est pas en fonction durant la vie éveillée. Toutefois, il est pleinement actif durant la nuit tandis que vous rêvez. Et grâce à la méditation, vous pouvez développer vos sens subtils.

Nous avons tous un sens plus développé que les autres. Vous pouvez naturellement être davantage visuel (vision), auditif (ouïe), kinesthésique (toucher), gustatif (goût) ou olfactif (odorat).

Parler de « perception extrasensorielle » est quelque peu inapproprié. La perception subtile n'est pas vraiment « extrasensorielle », car rien ne peut être perçu sans les sens. Il est impossible de vivre quelque expérience que ce soit sans voir, entendre, goûter, sentir ou toucher quelque chose. Vous utilisez en réalité vos sens subtils durant une expérience PES ; donc, il serait plus exact de dire qu'il s'agit d'expériences « sensorielles subtiles » ou « suprasensorielles ».

Que ressent-on quand on utilise ses sens subtils ? Il est rare de vivre des expériences PES tandis que nous vaquons à nos activités quotidiennes. Dans la plupart des cas, ces expériences se produisent tandis que nous méditons, les yeux fermés.

Recevoir une guidance intérieure

1	Clairvoyance	visuelle
2	Clairaudience	auditive
3	Clairsentience	kinesthésique

Image 8a. *Perception suprasensorielle*

Clairvoyance

Votre sens subtil de la vision est appelé *clairvoyance*. Grâce à vos yeux physiques, vous pouvez voir un arc-en-ciel de couleurs et la forme des objets dans votre environnement. Mais quand vous avez ouvert votre œil intérieur, vous recevez aussi des visions intérieures. Cela peut ressembler à un film projeté sur l'écran intérieur de votre esprit. En général, les visions subtiles apparaissent quand on a les yeux fermés plutôt qu'ouverts.

Clairaudience

Clairaudience signifie « entendre clairement ». Par exemple, quand vous écoutez de la musique au casque, vous vous servez de vos oreilles physiques. En revanche, les messages auditifs subtils sont le plus souvent inaudibles. On les entend rarement comme s'il s'agissait de bruits venus de l'extérieur. Ils donnent rarement l'impression qu'il s'agit d'une personne qui parle. Ces messages ressemblent la plupart du temps aux autres pensées qui traversent votre esprit. Par exemple, vous pouvez recevoir en pensée le message suivant : *Je t'aime ; je serai toujours à tes côtés*. Chaque fois que des mots vous traversent l'esprit, votre oreille intérieure les « entend ». Par conséquent, cette expérience est définie comme auditive, d'où le terme « clairaudience ».

Clairsentience

Les intuitions viscérales nous viennent par voie kinesthésique grâce à notre don de clairsentience, « sentir clairement ». Vous recevez ces signaux sous forme de sensations dans votre corps subtil, plutôt que sous forme de sensations communes perçues de l'extérieur par votre corps physique. Par exemple, le vent soufflant sur votre visage, la chaleur du soleil ou la piqûre d'une abeille sont des sensations communes, perçues par les nerfs sous votre peau. Voici à présent des exemples de perception subtile : vous sentez intuitivement la direction que vous devez prendre ; vous êtes tout à coup envahi par un sentiment d'amour ou de paix ; les frontières de votre corps semblent se dissoudre.

Comment recevoir des messages divins de façon intuitive ? Demandez. C'est la façon de faire. Demandez à votre moi supérieur de vous envoyer un message. Demandez une réponse à une question. Demandez une guérison, de l'amour ou de l'inspiration. Demandez quelle est votre véritable mission dans la vie. « Demandez, et on vous donnera. »

La clairvoyance, la clairaudience et la clairsentience ne sont pas seulement des moyens de recevoir des intuitions. Il existe d'autres façons de recevoir des réponses ou des messages de l'Esprit : à la suite d'un hasard ou d'une coïncidence, d'une idée ou d'une illumination soudaine, d'une révélation faite en rêve, d'un avertissement, d'une communication télépathique, d'une rencontre avec des messagers divins ayant pris forme humaine, d'une prédiction ou d'une expérience avec divers appareils.

Bien que vous puissiez recevoir des intuitions et des messages de l'Esprit par ces autres canaux de communication, ils ne sont ni constants ni fiables. Par conséquent, l'ouverture de votre troisième œil est la voie royale, car cela vous permet de recevoir des messages quand vous le désirez. Et comment cela fonctionne-t-il ? Simplement en demandant : « Demandez, et on vous donnera. »

Et si vous ne recevez rien ?

Que faire si, après avoir demandé quelque chose, vous avez l'impression de ne pas avoir reçu ce que vous cherchiez ? Dans ce cas, certains professeurs ont été formés pour vous aider à vivre ce que l'on appelle une séance de percée vers la révélation divine®.

En quoi consiste cette percée ? À faire tomber le mur qui vous empêche d'accéder à la présence divine au centre de votre être. Ce mur peut être un simple voile pour certains et un mur de briques pour d'autres. Il est fait des habitudes, des croyances et des pensées qui vous ont convaincu que vous êtes séparé de l'Esprit divin. Ces pensées de peur, de jugement, de culpabilité et de confusion ont coagulé pour former quelque chose de solide.

Vous avez peut-être l'impression d'être séparé de Dieu par une barrière, par votre ego et par un voile d'incrédulité. C'est une séparation illusoire entre la matière et l'Esprit : une fausse barrière construite sur des erreurs qui vous coupent de votre vraie nature. Ce voile de croyances inconscientes vous empêche de faire l'expérience de l'Esprit, d'ouvrir votre troisième œil et de développer vos habiletés intuitives naturelles. Cette barrière-façade n'a pas été érigée par Dieu, mais par le libre arbitre des êtres humains, qui ont construit ce mur d'illusions tellement cristallisées qu'elles sont devenues des choses. Vos pensées habituelles peuvent s'incruster en vous au point de former une armure recouvrant votre vrai moi, clair et rayonnant.

Derrière cette façade-barrière, vous pouvez vous sentir si à l'aise et en sécurité dans vos vieilles habitudes que vous ne voyez aucun avantage à changer. Vous pourriez chasser de vieilles peurs et des croyances obsolètes, mais vous résistez. Cette barrière est composée de souvenirs entreposés dans votre inconscient. L'identité de votre ego repose sur ces souvenirs, sur la personne que vous croyez être. Mais il y a fort à parier que la personne que vous croyez être et la personne que vous êtes réellement soient deux choses différentes, car vous vous identifiez probablement à votre ego limité en vous basant sur votre histoire passée.

Faire une « percée » signifie traverser cette barrière et faire l'expérience de qui vous êtes vraiment. Une fois que vous avez réussi cette percée, le moi divin avec lequel vous entrez en contact est parfois si différent de votre moi humain ordinaire qu'il se peut que vous ayez l'impression qu'il s'agit d'une autre personne ! Mais cet être spirituel parfait est votre vrai moi, le vrai moi qui ne connaît pas de frontières.

Quand vous vous élevez au-dessus des croyances humaines pour percer cette barrière, vous vous retrouvez dans un état de pure innocence ; vous redevenez l'être divin que vous étiez censé être depuis toujours, vivant au paradis, le paradis étant sur terre. À cet instant, vous ne faites plus qu'un avec l'Esprit et votre propre nature qui est amour. Limites, peurs, frustrations et confusion ont disparu ; tout n'est que paix, amour, vérité et sagesse.

Chaque fois que vous traversez la façade de votre ego pour faire l'expérience de la vraie nature de votre être, vous vous identifiez plus complètement avec votre moi divin. En entrant tous les jours en contact avec votre moi supérieur, vous développerez progressivement des rapports plus étroits et un sentiment d'identification plus profond avec lui. Finalement, la boucle sera bouclée le jour où vous pourrez dire : « JE SUIS cette unité, JE SUIS ce tout, JE SUIS cet être divin. C'est qui JE SUIS ! »

Au chapitre suivant, vous apprendrez à percer cette façade de l'ego et à faire l'expérience de votre moi divin.

9

Le siège des *siddhi*

En pratiquant le saṃyama sur la lumière
dans le crâne, les siddha [êtres parfaits] des royaumes
célestes peuvent devenir visibles.
— Patañjali, *YogaSūtra* 3,32

Il circule toutes sortes d'idées fausses concernant la signification du mot *yoga*. Bien qu'une voie yogique appelée *hatha-yoga* enseigne effectivement des postures spécifiques, le mot sanskrit *yoga* ne signifie pas « exercice ». Ce mot vient de la racine« atteler ». Autrement dit, *yoga* signifie « unité » ou « intégration ». Mais cette unité ne concerne pas l'union du nez et des genoux ou du front avec le plancher. Il s'agit de l'union de l'âme individuelle avec l'Esprit suprême : l'union de l'individuel avec l'universel.

L'état de yoga peut être atteint par n'importe qui, quels que soient ses antécédents, et pas seulement par des mystiques orientaux. Quiconque désire entrer en contact avec le divin, son amour, sa lumière, sa puissance et son énergie peut faire l'expérience du yoga. Des gens de toutes les cultures cherchent à s'unir avec le divin, et toutes les religions, de même que toutes les spiritualités, sont valides.

Ce qu'est réellement le yoga

Le yoga, qui est l'un des six principaux systèmes de la philosophie indienne, tire son origine de deux sources :

1. Le *Bhagavad-gītā*, une section d'un livre d'histoire ancien appelé *Mahābhārata* (La Grande Inde), écrit par le prophète Veda Vyāsa vers l'an 3129 avant notre ère ;
2. Un très ancien texte philosophique appelé *Yoga-Sūtra*, écrit par un sage nommé Patañjali vers l'an 250 avant notre ère.

Le *Bhagavad-gītā* (« chant de Dieu »), le texte le plus vénéré de l'Inde à la source de la philosophie orientale, est un dialogue entre Krishna, un *avatar* divin (« une incarnation de Dieu »), et son disciple Arjuna. Durant ce dialogue, Krishna décrit l'*état* de yoga (un état de conscience, et non un programme d'exercices) à Arjuna :

> « *Quand l'esprit, parfaitement calme, est rivé sur le moi supérieur, alors la personne, libérée du désir de jouir de toutes choses, est dite établie dans le yoga. De même qu'une lampe à l'abri du vent ne vacille pas, tel est l'esprit apaisé du yogi absorbé dans le moi. L'état dans lequel l'esprit trouve le repos et l'immobilité apportés par la*

pratique du yoga est un état qui, voyant le moi par le moi, trouve uniquement satisfaction dans le moi[1]. »

On croit souvent à tort que Krishna présente ici l'austérité et la renonciation comme des moyens d'atteindre le yoga. Mais il décrit en réalité la *destination* plutôt que le *processus* qui permet d'atteindre ce but. Le but est le *samādhi* (équanimité de l'esprit et du corps) : l'épanouissement de tous ceux qui cherchent et la source de satisfaction au-delà de laquelle il n'y a pas de plus grand but. Quand vous avez atteint cet état, vous êtes libéré de tous vos désirs. Votre esprit est stable, comme « une lampe à l'abri du vent » ou une abeille se gorgeant de nectar.

Le yoga est une science complète de l'intellect, du corps et de l'Esprit. Son approche holistique peut aider n'importe qui à devenir plus heureux, en accord avec la vie naturelle, à perdre les habitudes qui causent les maladies. Le yoga guérit votre corps, clarifie votre intellect et renforce votre esprit. Pratiquer le yoga peut purifier et équilibrer votre vie. Il améliore la santé, développe la concentration mentale et favorise la paix intérieure.

Les pratiques du yoga incluent :

1. Le ***yoga āsana*** (positions) étire les muscles, lubrifie les articulations, améliore la flexibilité et la posture, augmente la circulation, améliore la concentration et renverse le processus de vieillissement ;

2. Le ***prāṇāyāma*** (respiration yogique) éveille la circulation du *prāṇa* : l'énergie de la force vitale, qui

prévient la maladie mentale et augmente la vigilance, la régénérescence et l'éveil spirituel.

3. La **relaxation profonde** recharge le corps, réduit le stress, renverse le processus de vieillissement et améliore la santé. La relaxation physique, mentale et spirituelle conserve le *prāṇa* ;

4. Une **saine alimentation** consiste en aliments naturels et biologiques, non transformés, ne contenant ni produits chimiques ni pesticides. Une telle alimentation, accompagnée de périodes régulières de jeûne, favorise la longévité et la santé, et prévient les maladies ;

5. La **méditation** est la clé pour atteindre le yoga. Exercices, respiration, relaxation, alimentation et pensées positives ne servent qu'à vous préparer à la méditation, qui est le joyau du yoga.

Pour en apprendre davantage sur le sentier octuple du yoga – l'hatha-yoga, le *rāja* yoga, le karma yoga, le *jñāna* yoga, le *kuṇḍalinī* yoga, le *bhakti* yoga, le *tantra* yoga et le yoga intégral –, consultez mon livre *Exploring Meditation*.

Les huit membres du yoga

La version définitive de la philosophie du yoga, les *Yoga-Sūtra* (composés de « versets » : aphorismes sur l'union divine), a été écrite par le prophète Patañjali au cours du IIe siècle avant notre ère. Les *sūtra* aident les chercheurs de vérité à unir l'*ātman* (la conscience individuelle) avec le *brahmaṇ* (la conscience divine).

Patañjali définit le yoga comme « la maîtrise des modifications touchant les choses de l'esprit (*citta vṛtti*). » Il dit qu'une fois cette maîtrise atteinte, « alors le Prophète (le soi) réside dans sa propre nature[2]. » Les *Aṣṭāṇga Yoga* (« les huit membres du yoga ») de Patañjali sont considérés par la plupart des commentateurs comme des étapes le long de la voie menant au yoga. Mais ce ne sont pas des étapes. Ce sont des membres. Les branches d'un arbre ne sont pas des voies menant à l'arbre. Le tronc de l'arbre est le *kaivalya* (« singularité » ou « unité »). Les membres sont des branches de l'arbre, soutenues par le tronc.

Voici les huit membres du yoga.

1. *Yāma* : *associé à la vie universelle*

Le premier membre est *yāma* (« abstinence »), celui qui fait respecter les lois du yoga. Les cinq aspects du *yāma* sont :

a. *Satya* signifie vérité. La vérité éternelle ne change pas. Un yogi, par conséquent, connaît la vérité, vit dans la vérité et ne parle que de la vérité ;

b. *Ahimsā* signifie non-violence. Un yogi perçoit uniquement un état d'unité. Par conséquent, faire du mal aux autres serait se faire du mal à soi-même ;

c. *Asteya* signifie ne pas convoiter. Convoiter, c'est vouloir posséder ce qui ne nous appartient pas. Quand des objets s'emparent des sens, ces objets s'emparent également du moi. En revanche, rien ne peut s'emparer du moi d'un yogi en parfaite unité avec le monde ;

d. *Brahmacarya* signifie vivre (*carya*) l'absolu (*brahmaṇ*). Le yogi est dans un état de divine unité et de parfaite satisfaction. *Brahmacarya* signifie également conserver l'énergie sexuelle pour accroître le rayonnement spirituel ;

e. *Aparigraha* signifie ne pas accumuler, ne pas devenir l'esclave des choses sensorielles. Un yogi qui est « satisfait de ce qui arrive spontanément[3] » n'attend rien des choses qu'il perçoit.

2. *Niyama* : *lien entre l'universel et la vie individuelle*

Les *niyama* (« observances ») sont les lois du yoga, les règles qui relient la vie individuelle à la vie universelle. Elles sont au nombre de cinq :

a. *Shaucha* signifie pureté, atteinte en chassant la tension et les toxines hors du corps et les fausses croyances hors de l'esprit ;

b. *Santosha* signifie contentement. Le seul état inébranlable d'épanouissement et de satisfaction totale est la pure conscience absolue ;

c. *Tāpas* (« chaleur ») renvoie à ascétisme. Mais il signifie en réalité tourner les sens vers l'intérieur durant la méditation, loin (pour s'en abstenir) des objets sensoriels. Tourner vos sens vers l'intérieur accroît la chaleur de votre ferveur spirituelle ;

d. *Svādhyāya* (« ouvrir le chapitre du moi ») signifie prendre conscience du moi. Quand vous tournez votre esprit vers l'intérieur, vous fermez le chapitre du monde extérieur pour ouvrir celui du monde intérieur ;

e. *Iśwar-praṇidhāna* (« faire entrer la divinité dans le souffle ») signifie s'imbiber de la divine présence quand le souffle est suspendu dans l'état de yoga. C'est s'abandonner au divin.

3. *Āsana* : *associé au corps*

Āsana (« siège ») renvoie à la stabilité, établie dans la pure conscience, stable, inébranlable : c'est l'état suprême du yoga. Vous apprendrez quelques positions de yoga *āsana* au chapitre 12.

4. *Prāṇāyāma* : *associé à la respiration*

Prāṇa (« force vitale de la respiration ») et *āyāma* (« aller et venir ») renvoient au mouvement de la respiration. Le *prāṇāyāma* dirige l'énergie vitale, qui harmonise tous les mouvements. C'est ce qui permet à la respiration du yogi dans un état de conscience transcendantal de demeurer en suspension (voir chapitre 12).

5. *Pratyāhāra* : *associé aux sens*

Pratyā (« direction ») et *ahāra* (« aliment ») signifient introspection : renverser la direction extérieure des sens afin de les tourner vers l'intérieur, vers l'épanouissement suprême.

Dans le Bhagavad-gītā, Krishna déclare : « Quand, comme une tortue qui rentre ses membres de toutes les directions, il retire ses sens des objets sensoriels, alors l'esprit du yogi est stable[4]. »

6. *Dhāraṇā* : *associé à l'esprit*

Dhāraṇā (« tenir » ou « agripper ») signifie que l'esprit se concentre sur un point fixe ou une intention forte.

7. *Dhyāna* : *associé à l'intellect*

Dhyāna (« méditation ») est le mouvement de l'esprit vers l'intérieur.

8. *Samādhi* : *pure conscience*

Samā (« stable ») et *dhi* (« intellect ») renvoient à l'état d'équilibre de l'esprit et d'immobilité du corps associé à la conscience transcendantale.

Les pouvoirs suprasensoriels de Patañjali

Les *Yoga-Sūtra* de Patañjali expliquent comment atteindre le yoga, l'intégration de l'esprit individuel avec l'esprit universel. Le but est le *kaivalya,* que l'on peut traduire littéralement par « isolement ». Toutefois, en réalité, *kaivalya* signifie s'identifier en tant qu'esprit suprême plutôt qu'en tant que matière. Nous devons pour cela nous détacher complètement du monde matériel, même quand nous sommes activement engagés dans des activités de ce monde.

La méthode de Patañjali pour atteindre le *kaivalya* repose sur une technique de méditation appelée *saṃyama,* une pratique qui fait appel aux trois derniers membres du yoga décrits dans la section précédente : le *dhāraṇā,* le *dhyāna* et le *samādhi.*

Les *siddhi* (un mot sanskrit qui signifie « perfection ») sont des pouvoirs supranormaux que l'on peut acquérir en pratiquant le *saṃyama.* Certains *siddhi* nous permettent de léviter, de traverser les murs, de développer une force supranormale, de devenir invisible, de voir des objets cachés à l'aide du troisième œil, d'acquérir une perception suprasensorielle, de voyager dans notre corps subtil, de rendre notre corps minuscule, immense, léger ou lourd, d'apparaître à plusieurs endroits en même temps, de marcher sur l'eau ou sur des charbons ardents, de devenir omnipotent, omniprésent et omniscient, et de découvrir des savoirs cachés.

La prémisse du *saṃyama* est que vous pouvez manifester n'importe quoi, même des pouvoirs supranormaux, grâce au pouvoir de l'intention. Vous pouvez ouvrir votre troisième œil et voir des choses à de très grandes distances. Vous pouvez développer votre intuition et acquérir des savoirs cachés. Vous pouvez voir les étoiles, les planètes et les confins du cosmos. Vous pouvez communiquer avec des êtres divins. Tout cela et encore plus est possible, qui que vous soyez.

Les *siddhi* sont des pouvoirs supranormaux qui dépassent l'imagination. Pourtant, ils sont réels et accessibles. Le secret pour créer l'impossible est fort simple… et étonnant : prenez un homme et une femme, mélangez-les et laissez-les libres. Comment les êtres vivants font-ils des enfants ? Un élément mâle se projette dans un élément femelle, se laisse aller, et voilà : une nouvelle vie apparaît, don miraculeux du Créateur.

La recette d'un miracle

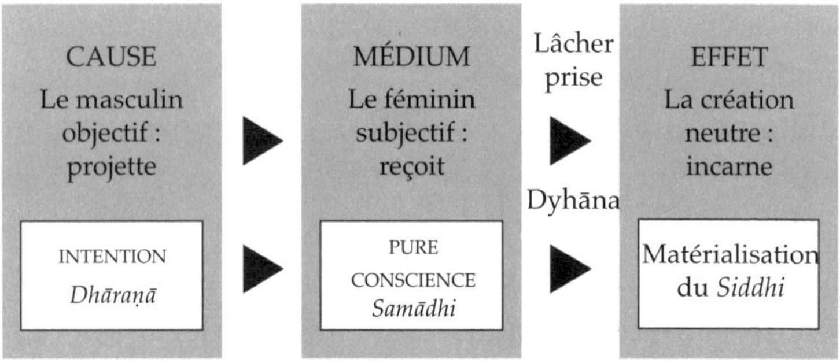

Image 9a. *Pratique du saṃyama*

Dans la pratique du *saṃyama* de Patañjali, l'élément masculin, qui fixe le but à atteindre, est appelé *dhāraṇā* (« qui tient »). L'élément féminin, l'état parfait d'équilibre, de pure conscience, est appelé *samādhi* (« uniformité »). Le troisième élément, *dhyāna* (« méditation »), est le flux du mouvement ou du lâcher-prise.

La clé de Patañjali pour déverrouiller les mystères de la manifestation s'appuie sur des principes universels. Cette clé nous révèle comment il est possible d'atteindre n'importe quel objectif. La solution consiste à lâcher prise. La partie la plus puissante de n'importe quelle prière ou de n'importe quelle séance de méditation est celle où nous parvenons simplement à lâcher prise. Avez-vous remarqué que plus vous êtes attaché à un résultat, plus vous vous efforcez de l'atteindre, plus cet objectif semble vous échapper ? Pourtant, quand vous abandonnez l'idée même d'atteindre cet objectif et que vous lâchez prise, c'est alors que vous l'atteignez.

Acquérir des pouvoirs miraculeux

La pratique du *saṃyama* permet d'atteindre un plus haut niveau de conscience et de développer des *siddhi* miraculeux, grâce à une pratique en trois parties : l'intention (*dhāraṇā*), la totalité (*samādhi*) et le mouvement entre les deux (*dhyāna*), qui unit les deux premiers éléments.

1. Le ***dhāraṇā*** (concentration) consiste à fixer l'attention de l'esprit (*citta*) sur un objet en particulier ou sur un point dans l'espace. Autrement dit, il s'agit d'énoncer votre intention.
2. Le ***dhyāna*** (méditation) est le flux continu et incessant d'un même savoir. Ici l'esprit laisse l'objet de côté pour lui permettre d'être absorbé ou de disparaître dans le tout. En langage simple, cela signifie lâcher prise ou abandonner votre intention.
3. Le ***samādhi*** (équilibre de l'esprit) est l'état transcendantal de pure conscience, l'expérience du tout dans la béatitude absolue (*saccidānanda*). Ici même le « je » est absorbé dans l'un. En termes simples, cela signifie être en paix.

Le perfectionnement (*siddhi*) des pouvoirs supranormaux décrits dans les *Yoga-Sūtra* est possible grâce au processus du *saṃyama*. Même si certains croient que ce *saṃyama* ne peut pas s'apprendre dans un livre, je décrirai certaines de ses méthodes afin que vous puissiez entreprendre sa pratique tandis que vous vous efforcez d'ouvrir votre troisième œil.

Voici une façon de pratiquer le *saṃyama* :

Première étape

Pour pratiquer le *saṃyama* de façon efficace, il est essentiel que vous soyez en mesure d'atteindre un état de tranquillité, de perfection et d'unité. C'est ce que l'on appelle le *samādhi* («équilibre de l'intellect» ou «intégration») : une uniformité de l'esprit et une immobilité du corps, dans un état de quiétude, de profonde détente et de paix intérieure.

Cet état est atteint en entrant en méditation profonde. Si vous essayez pour la première fois d'atteindre cet état de parfaite harmonie, suivez les étapes suivantes :

1. Assoyez-vous confortablement et fermez les yeux ;
2. Faites appel à un être divin ou à une déité par son nom, et demandez à entrer dans un état de profonde méditation ;
3. Respirez profondément à quelques reprises et détendez-vous profondément ;
4. Continuez à respirer profondément et laissez-vous devenir calme, immobile et centré ;
5. Continuez à respirer profondément et permettez à votre esprit et à votre corps d'être en paix ;

6. Continuez à respirer profondément et lâchez prise complètement. Soyez en paix ;
7. Abandonnez-vous et laissez-vous gagner par l'Esprit dans un état de parfaite harmonie.

Deuxième étape

Après avoir atteint l'état de *samādhi,* définissez votre intention en affirmant clairement ce que vous voulez accomplir. Cette étape est appelée *dhāraṇā* (« tenir ») : définir votre objectif dans votre esprit. Dans les *Yoga-Sūtra,* Patañjali énonce ces objectifs avec sobriété dans ses aphorismes. On les utilise d'ailleurs dans la pratique du *saṃyama.* Par conséquent, pour accomplir l'un des *siddhi,* il vous suffit d'utiliser un aphorisme en particulier.

Troisième étape

Abandonnez votre intention. Au cours de cette troisième étape, appelée *dhyāna* (« méditation »), laissez votre esprit se dessaisir de l'objectif pour retourner à l'état de *samādhi.* Pour cela, vous n'avez qu'à lâcher prise et à laisser votre esprit se détendre jusqu'à ce que vous ayez retrouvé un état de paix intérieure.

Les *sūtra* du texte de Patañjali sont utilisés durant cette pratique. Par exemple, voici le *sūtra* pour le *siddhi* de la force physique : « En pratiquant le *saṃyama* sur la force physique, on peut acquérir la force de l'éléphant[5]. »

Après avoir atteint cet état de parfaite détente et d'harmonie (*samādhi*), revenez brièvement au *sūtra* (*dhāraṇā*). Vous devez pour cela énoncer consciemment votre intention en pensant à la portion du *sūtra*, par exemple à « la force de l'éléphant », tout en visualisant un éléphant dans votre esprit. Puis laissez le *sūtra* et abandonnez-le complètement (*dhyāna*), puis retournez à l'état de *samādhi*. Puis recommencez un autre cycle.

Par conséquent, en pratiquant ce *sūtra*, et en particulier de façon régulière, vous acquerrez une plus grande force physique. Du même coup, vous vous établirez plus profondément dans l'état de *samādhi*, aussi appelé *saccidānanda* : conscience de la béatitude absolue.

Étant donné que ce livre porte sur l'ouverture de votre troisième œil, je vous recommande d'entreprendre la pratique du *saṃyama* en utilisant les *sūtra* qui pourraient vous aider à vous rapprocher de cet objectif en particulier. Vous pouvez essayer d'utiliser les *sūtra* suivants que j'ai choisis pour vous dans les *Yoga-Sūtra*. Quand vous utilisez un *sūtra* dans votre pratique, servez-vous uniquement de la portion qui résume ce que vous voulez accomplir. J'ai mis entre crochets la version courte de chaque *sūtra*.

Pour commencer, choisissez les trois à cinq *sūtra* avec lesquels vous travaillerez, puis pratiquez le *saṃyama* environ cinq minutes par *sūtra*.

1. « La pratique du *saṃyama* ayant pour objet l'amitié, l'amour, la compassion et d'autres vertus semblables, donne de la force[6]. » [« L'amitié, l'amour, la compassion. »]

2. « La pratique du *saṃyama* ayant pour objet l'effusion de lumière de la perception supérieure

(*jyotiṣmatī*), permet d'acquérir la connaissance des objets subtils, ou des choses qui sont cachées à la vue, ou qui sont placées à une grande distance[7]. » [« Lumière intérieure » tout en visualisant de la lumière dans votre cœur.]

3. « La pratique du *saṃyama* ayant pour objet le soleil (l'endroit du corps connu comme étant le point d'entrée du soleil) permet d'acquérir la connaissance des régions cosmiques[8]. » [« Soleil » tout en visualisant la chaleur de l'énergie pranique à l'intérieur du *nāḍī piṇgalā,* qui passe par la narine droite pour stimuler le métabolisme. Il n'est pas question ici du soleil que l'on peut apercevoir dans le ciel.]

4. « La pratique du *saṃyama* ayant pour objet la lune (le point d'entrée de la lune) permet d'acquérir la connaissance du positionnement des étoiles[9]. » [« Lune » tout en visualisant la fraîche énergie pranique dans le *nāḍī iḍā,* qui passe par la narine gauche. Il n'est pas question ici de la lune que l'on peut apercevoir dans le ciel.]

5. « La pratique du *saṃyama* ayant pour objet l'Étoile polaire permet de connaître le mouvement des étoiles[10]. » [« Étoile polaire » tout en visualisant le point *bindu* au sommet du crâne.]

6. « La pratique du *saṃyama* ayant pour objet le plexus du nombril permet d'obtenir la connaissance du système physiologique[11]. » [« Nombril » tout en visualisant le chakra du nombril.]

7. « La pratique du *saṃyama* ayant pour objet la lumière coronale (lumière de la glande pinéale) permet de voir les *siddha* (êtres célestes parfaits)[12]. » [« Lumière coronale » tout en visualisant le centre de la tête, au niveau de la glande pinéale.]

8. « La pratique du *saṃyama* ayant pour objet le savoir appelé *prātibha* (intuition) permet de tout connaître[13]. » [« Intuition » tout en visualisant le centre de la tête, au niveau de la glande pinéale.]

9. « La pratique du *saṃyama* ayant pour objet le cœur permet de connaître l'esprit[14]. » [« Cœur » tout en visualisant le chakra du cœur.]

10. « La pratique du *saṃyama* ayant pour objet la différence entre *buddhi* (intellect) et *puruṣa* (moi supérieur) permet d'acquérir la connaissance du *puruṣa*[15]. » [Différence entre intellect et moi supérieur.]

11. « De la connaissance du *puruṣa* advient le *prātibha* (précognition), le *śravaṇa* (pouvoir supranormal de l'ouïe), le *vedana* (pouvoir supranormal du toucher), l'*ādarśa* (pouvoir supranormal de la vue), l'*āsvāda* (pouvoir supranormal du goût) et le *vārtā* (pouvoir supranormal de l'odorat)[16]. » [Odorat subtil, goût subtil, vue subtile, toucher subtil, ouïe subtile, chacun de ces cinq super-sens doit être pratiqué séparément.]

Écrivez-moi à divinerev@aol.com, et faites-moi part de vos expériences avec la pratique des *siddhi*. Au chapitre suivant, il sera question des pratiques alchimiques taoïstes pour ouvrir le troisième œil.

10

Alchimie du troisième œil

Les gens demandent souvent comment on devient taoïste : quel livre doit-on lire ? quel temple doit-on fréquenter ? Le sage répond qu'on ne devient pas taoïste, on se rend tout simplement compte que taoïste est le nom de ce que l'on est déjà.

— Lao-tseu

Dans les anciennes traditions de l'Orient, les chakras sont des éléments essentiels du système des énergies subtiles. Pour les yogis et les bouddhistes de l'Inde, du Tibet, du Japon et de l'Indonésie, le troisième œil porte le nom d'*ājñā* chakra, alors que les taoïstes chinois l'appellent le *dantian supérieur* (que l'on écrit aussi *dān tien* ou *tan t'ien*). Presque toutes les traditions spirituelles de l'Orient reconnaissent l'existence de trois principaux centres d'énergie subtile le long du méridien central qui passe par la colonne vertébrale de notre corps subtil. Selon les taoïstes, ces trois centres sont des transformateurs spirituels.

Les trois *dantian*

Les trois *dantian* (aussi appelés *champs d'élixir* ou *champs de cinabre*) de l'antique philosophie taoïste chinoise sont situés le long du *taiji* (la « poutre faîtière », appelée *nāḍī suṣumṇā* en Inde) dans la région du chakra sacré, du chakra du cœur et du chakra du troisième œil. Le *taiji* s'étend du point d'acupuncture appelé *baihui* au sommet de la tête (appelé point *bindu* en Inde) jusqu'au point *hui yin* au niveau du périnée (appelé *mūla kshetram* en Inde).

Les trois *dantian* rassemblent, emmagasinent, transforment et projettent l'énergie de la force vitale. Leur fonction est de faciliter la transformation de l'énergie alchimique dans notre corps subtil. La poutre *taiji* permet aux trois dantian de communiquer et de faciliter la circulation de l'énergie vitale.

Les trois *dantian* sont des centres qui transmutent les « trois trésors de l'humain » : le *jing*, le *qi* et le *shen*. Depuis l'Antiquité, la médecine chinoise leur donne le nom de « trésors » ou de « joyaux », car ils jouent un rôle essentiel dans le maintien de la vie. Les pratiques taoïstes transforment ces trois trésors par le biais de l'alchimie intérieure.

L'alchimie chinoise est une très ancienne tradition taoïste de purification et de culture du corps, de l'intellect et de l'esprit. Les deux principales branches de l'alchimie chinoise sont le *waidan* (alchimie externe) et le *neidan* (alchimie interne).

Waidan

Le *waidan* consiste à transformer le corps mortel en une matière indestructible par le biais de l'alchimie externe, grâce à des techniques de respiration, des pratiques sexuelles, des exercices physiques, des exercices de yoga, des élixirs à base d'herbes ou de produits chimiques, des régimes alimentaires et des procédures médicales.

Le *waidan* est le précurseur de la chimie moderne. Les alchimistes occidentaux et orientaux ont mené toutes sortes d'expériences sur les minéraux, les animaux et les plantes dans l'espoir de parvenir à transformer des métaux élémentaires en or. Mais leur objectif suprême était la création de la pierre philosophale : un élixir d'or qui conférerait l'immortalité. Ce faisant, les alchimistes chinois de l'Antiquité ont découvert de puissants médicaments à base d'herbes, ainsi que plusieurs formules chimiques, comme celle de la poudre à canon.

Neidan

Le *neidan*, aussi appelé *jindan* (« élixir d'or »), est une discipline spirituelle utilisée par les taoïstes pour transmuter les énergies du corps subtil, afin de fabriquer un corps spirituel immortel qui survivra à la mort. La méditation, la visualisation, la respiration et les postures corporelles transforment l'être intérieur. L'alchimie interne purifie et transforme ceux qui la pratiquent de façon à ce qu'ils puissent exprimer leur radieux potentiel dans toute sa pureté, sans l'intervention d'agents extérieurs.

Dans la pratique du *neidan*, les trois *dantian* sont considérés comme des chaudrons, des creusets ou des fours qui purifient et transforment les trois trésors. Ces méthodes permettent à l'adepte de s'unir au tao et finalement d'atteindre l'immortalité.

Les trois trésors permettent de cultiver et de transformer l'énergie par le processus du *lianjing huaqi* (« raffiner l'essence pour la transformer en souffle »), du *lianqi huashen* (« raffiner le souffle pour le transformer en esprit ») et du *lianshen huanxu* (« raffiner l'esprit et revenir au vide »). L'action de ces trois creusets est semblable à celle consistant à faire chauffer de la glace pour la transformer en liquide, puis en vapeur.

Les exercices et les méditations taoïstes du qi gong rassemblent et font circuler ces trois trésors, aussi appelés les « élixirs internes » du *jing*, du *qi* et du *shen* aux points *dantian*.

Jing **du** *dantian* **inférieur**

Jing ou *ching* signifie « essence », « énergie primale », « étincelle de vie », « énergie sexuelle », « raffiné », « parfait », « extrait », « esprit », « vitalité », « excellence », « pureté », « talent ». C'est la matière la plus dense du corps et elle correspond au yin dans la nature. Associé au *dantian* inférieur et situé à environ cinq centimètres sous le nombril au point d'acupuncture *qihai* (Ren 6), il est aussi appelé *shenlu* (la « fournaise sacrée »). Le *dantian* inférieur est appelé le « four d'or » où le *jing* est affiné, purifié et finalement transmué en *qi*. Au Japon, le *dantian* inférieur est aussi appelé *hara*.

Qi **du** *dantian* **médian**

Qi, *chi* ou *ki* signifie « souffle », « esprit », « air », « gaz », « vapeur d'eau », « vitalité », « énergie », « vigueur », « attitude ». C'est la force vitale qui s'obtient à partir de l'air, de la nourriture et de l'eau, et qui est cultivée par le biais de nos pensées. On l'appelle *prāṇa* en Inde et *ki* au Japon. Le *qi* est associé au *dantian* médian, ou chakra du cœur, qui transforme le *qi* en *shen*. Le *dantian* médian est situé au point *hanzhong* (Ren 17), entre les deux mamelons.

Shen **du** *dantian* **supérieur**

Le *dantian* supérieur correspond au troisième œil, au point *yintang*, aussi appelé *meijian* («entre les sourcils») ou *xuanguan* («porte des mystères»), au milieu du front, au-dessus et entre les sourcils. C'est le siège du *shen*, qui signifie «esprit», «âme», «dieu», «déité», «être surnaturel», «conscience», «énergie spirituelle».

Le *shen* est l'énergie vitale la plus pure, la plus raffinée et la plus raréfiée. Au cœur du *dantian* supérieur, le *shen* se transforme en *wuji* (ou *wu wei* – l'absolue ouverture de l'espace infini, du rien suprême, du néant, de l'infini sans limite). Finalement, le *wuji* est absorbé par le tao, l'ordre naturel sous-jacent de l'univers : éternellement sans nom et sans forme, l'absolu non manifesté qui ignore la dualité[1].

Le pouvoir des *dantian*

Les trois *dantian* sont les centres vitaux pour la culture, le diagnostic et la guérison énergétique. La santé et la force de votre champ d'énergie dépend de la quantité de *qi* (d'énergie vitale) présente dans les trois *dantian*.

Si vous portez votre attention sur l'augmentation de l'énergie *qi* au niveau du *dantian* inférieur, vous éprouverez un sentiment de puissance et de stabilité. Le fait de porter votre attention sur l'augmentation du *qi* au niveau du *dantian* médian améliorera votre conscience émotionnelle. Le fait de vous concentrer sur l'augmentation du *qi* au niveau du *dantian* supérieur améliorera votre conscience spirituelle et vos liens avec votre moi supérieur. Le corps est associé au *jing*, la respiration au *qi*, et l'esprit et l'intellect au *shen*.

Les taoïstes croient que la quantité de *jing* qui nous est attribuée à la naissance est limitée, et qu'une fois que celle-ci est épuisée, le corps meurt. Il est toutefois possible de préserver le *jing* par le biais de la conservation des fluides sexuels. La diminution du *jing* entraîne des problèmes de concentration, des trous de mémoire, des étourdissements et de la distraction. Les personnes ayant reçu une faible quantité de *jing* prénatal peuvent souffrir d'un retard mental et d'un trouble de déficit de l'attention (TDA).

Les yogis indiens croient que la préservation des fluides sexuels transmute ces substances en moelle, puis en sang, puis en *ojas* – l'équivalent matériel du *prāṇa*. L'*ojas* est une substance huileuse qui recouvre la peau, donnant à la personne un charisme et un éclat divin.

L'alchimie taoïste enseigne aux aspirants à utiliser la force générative du *jing*, généralement expulsée lors de l'éjaculation, afin de régénérer leur corps. Le *jing* est retenu, conservé et aspiré vers le haut à travers la colonne vertébrale à partir du *dantian* inférieur pour baigner les centres d'énergie (chakras) et nourrir le cerveau (« mer de moelle »).

Le *qi* circulant à travers les méridiens (appelés *nāḍī* en Inde) est emmagasiné dans le *dantian* inférieur. Son énergie circule puis nourrit l'ensemble du corps et irradie le champ du *weiqi* : votre champ d'énergie protecteur qui est projeté à quelques mètres autour de votre corps. Le *qi* peut être cultivé par l'intermédiaire du qi gong (art martial chinois), du tai-chi-chuan (exercices chinois) et du *prāṇāyāma* (exercices de respiration yogiques).

Le *dantian* supérieur est la génératrice et l'entrepôt du *qi* divin, qui est subtil, éthéré et vaporeux. L'ouverture du *dantian* supérieur (aussi appelé « la chambre de cristal ») éveille la perception suprasensorielle, l'intuition spirituelle, la conscience supérieure et les perceptions hors du temps et de l'espace.

La tête est la partie la plus *yang* du corps, car elle est plus proche du ciel. Par conséquent, le *qi* du *dantian* supérieur est yang. Il est possible d'absorber consciemment le *yang qi* céleste, qui s'écoule par la porte supérieure (*baihui* GV-20) à partir des corps célestes : soleil, lune, planètes et étoiles. Ce clair *yang qi* est une source de clarté mentale.

Emplacement du *dantian* supérieur

Le *dantian* supérieur, siège du *shen* (esprit), est situé au centre du cerveau, dans la région de la glande pinéale, de l'hypophyse, du thalamus et de l'hypothalamus. On dit qu'il est de forme pyramidale, afin de mieux emmagasiner la lumière et de recueillir l'énergie provenant du royaume céleste (soleil, lune et planètes).

Le *dantian* supérieur est aussi appelé la « boulette de boue » (*niwan*) ou « palais du *qian* ». Le *qian* renvoie à l'un des huit trigrammes ou *bagua* (couramment utilisés dans le feng shui). Ces trigrammes représentent les principes fondamentaux de la nature selon la cosmologie taoïste.

Chaque trigramme consiste en trois lignes, soit brisées (yin) ou continues (yang). Le trigramme *qian* (trois lignes continues), désignant le *dantian* supérieur, représente le yang et le ciel.

Le *dantian* supérieur est divisé en neuf palais ou chambres, disposés sur deux rangées. Quand l'élixir interne remonte vers le champ supérieur, la troisième et dernière étape du processus du *neidan* («raffiner l'esprit et revenir au vide») est complétée[2].

Les taoïstes ont identifié quatre points majeurs au niveau du *dantian* supérieur : à l'avant, à l'arrière, au-dessus et au centre. Voici quelques informations additionnelles concernant ces quatre points.

Yintang **(«palais des impressions»)**

Le point à l'avant du *dantian* supérieur est appelé *yintang*, troisième œil et siège de la sagesse et de l'illumination; situé au milieu du front, il a la forme et la taille d'une amande dans une chambre resplendissante de lumière spirituelle. C'est la porte principale du sixième chakra majeur, appelé *ājñā kshetram* ou *bhrūmadhya*.

Les taoïstes croient qu'il est possible de communiquer avec le monde des esprits en levant les yeux et en se concentrant sur un point situé à deux centimètres derrière le point *yintang*. C'est ce que l'on appelle le point *mingtang* («palais de la lumière»). Les taoïstes croient que le fait de croiser les yeux vers le point *mingtang* (une pratique appelée *śāambhavī mudrā* en Inde) permet à l'âme de s'unir avec le tao. (Voir page 150.)

Feng fu (**« palais du vent »**)

Le point arrière du *dantian* supérieur est situé au niveau de l'occiput, derrière la tête, juste au-dessus du cou. C'est la porte arrière du sixième chakra majeur (*ājñā* chakra). Ce point (*feng fu* GV-16) serait une sorte d'antenne capable de capter diverses fréquences dans la mer de la conscience et, par conséquent, de recevoir des impressions spirituelles par le biais de la clairvoyance, de la clairsentience et de la clairaudience.

On croit que le point *feng fu* influence la circulation du *qi* et du sang dans le cerveau, et on l'utilise pour traiter les perturbations du *shen* et les cas de possession par des entités astrales. Une protubérance occipitale proéminente indique une propension à la clairvoyance et à la réception d'impressions psychiques.

Les points du pilier céleste (UB-10), sur les côtés et sous le point *feng fu*, sont associés à la transe médiumnique. Ces points, qui rendent possible la communication spirituelle avec des êtres venus d'autres dimensions, reçoivent le *qi* et le *shen* d'êtres spirituels.

Baihui (**« les cent rencontres »**)

Le point le plus haut du *dantian* supérieur est situé au sommet du crâne, au point *baihui* (GV-20). Il est situé au même endroit que le point *bindu* dans le système des chakras, au sommet du *sahasrāra* chakra. Le point *baihui* est la porte supérieure de la poutre faîtière *taiji* (*nāḍī suṣumṇā*).

Selon les anciens, on peut accéder aux plans spirituels et à la conscience supérieure par ce point. Les taoïstes croient que le point *baihui* dirige le *qi* céleste dans la « chambre de l'élixir mystérieux », située dans le troisième ventricule du cerveau. Tous les principaux canaux d'énergie du corps (*nāḍī* ou méridiens) sont reliés au *baihui*, de sorte qu'au moment de la mort, le *shen* peut quitter le corps par cette porte et s'élever dans les royaumes célestes. Les taoïstes croient que l'âme éternelle entre dans le corps par la poutre faîtière *taiji* au moment de la conception et ressort par le *taiji* après la mort.

Selon la kabbale, les neuf *sephirot* évoluent à partir du *kether* (*bindu*). Ces *sephirot* sont des points associés aux chakras sur l'Arbre de Vie. Par conséquent, le *kether*, la source de la lumière de la conscience, descend progressivement vers les autres *sephirot* inférieurs (chakras).

La clé pour atteindre le yoga consiste à retourner au point *bindu*. Au lieu de vaciller continuellement entre divers plaisirs sensoriels, l'esprit se retire vers l'intérieur et se concentre avec une telle intensité sur un seul endroit qu'il devient lui-même un point (*bindu*). Quand toutes les fluctuations mentales cessent, le yoga est atteint.

Centre du *dantian* ***supérieur***

Le centre du *dantian* supérieur (« la cavité originelle de l'esprit ») est situé dans l'*ājñā* chakra, dans la glande pinéale. Cette glande, qui est d'une bonne grosseur chez les enfants, rétrécit avec le temps, mais celle des femmes demeure plus développée que celle des hommes. En tant qu'organe de la communication télépathique, elle reçoit des impressions par le biais de vibrations, d'ondes et d'impulsions projetées par le champ aurique des autres personnes. La glande pinéale est considérée comme le lieu où le *shen* transcende les limites de la forme et fusionne avec l'espace infini du *wuji*. À partir du *wuji*, le *shen* peut se réunir au tao.

Développer le dantian *supérieur*

Ceux qui s'adonnent à la pratique du qi gong médical développent le *dantian* supérieur et renforcent leur pouvoir intuitif par la méditation *shengong*. Le *qi* des royaumes célestes et de l'environnement est absorbé dans le *dantian* supérieur par les points *baihui* (sommet de la tête), *yintang* (entre les sourcils) et *tianmen* (la « porte céleste », au milieu du front). Le *qi* peut ensuite être redirigé vers l'extérieur sous forme d'énergie curative en passant par ces mêmes trois points.

Les adeptes du qi gong médical réunissent et équilibrent les énergies yin (féminines) et yang (masculines) à l'intérieur du *dantian* supérieur. C'est ce que l'on appelle « l'union du mari et de la femme dans la chambre à coucher ». Les principales déités du taoïsme, qui représentent le yin et le yang, sont Hsi Wang Mu (reine mère de l'Ouest) et son consort Tung Wang Kung (seigneur de l'Est). Dans la tradition du yoga, la même union mystique se produit dans le chakra couronne (*sahasrāra*) au *bindu* (point *baihui*). La déesse Shakti (*kuṇḍalinī*) monte le long de la colonne vertébrale et s'unit avec Shiva dans le chakra couronne. Shakti est l'énergie du yin et Shiva, celle du yang.

Les taoïstes croient que le souffle primordial (ou énergie vitale) a la forme d'une brume lumineuse bleu-vert, résidant dans les neuf chambres du palais *niwan* (dans la région de la glande pinéale). Chez ceux qui pratiquent une forme avancée du *neidan*, la porte de ces neuf chambres finit par s'ouvrir. Neuf petites sphères apparaissent, tournant autour d'une grosse boule de lumière. La grosse boule correspond au soleil et les neuf petites boules, aux neuf planètes de notre système solaire[3]. Ce système solaire réside à l'intérieur de notre champ d'énergie multidimensionnel, dans la chambre de cristal de notre troisième œil.

Les taoïstes croient que les dieux résident à l'intérieur des *dantian*, et les adeptes les perçoivent tandis qu'ils méditent ou qu'ils pratiquent la respiration embryonnaire (*taixi*), appelée « respiration au milieu du champ de cinabre » (*dantian huxi*)[4]. Les yogis indiens partagent cette croyance. Les déités masculines et féminines résident à l'intérieur de chaque chakra et apparaissent aux adeptes tandis qu'ils méditent.

Pratique de l'orbite microcosmique

L'« orbite microcosmique » ou « la roue de la loi tournant par elle-même », une pratique originaire de l'Inde, est un circuit énergétique utilisé durant la méditation taoïste. Méditer avec l'orbite microcosmique empêche le *jing* du corps de s'épuiser avec la perte des fluides sexuels. Cette méthode raffine et fait circuler le *qi* le long d'un circuit, du périnée jusqu'au sommet de la tête, puis de l'arrière de la tête jusqu'au périnée.

Il s'agit ici de renverser le courant d'écoulement ordinaire du *jing*, ou essence (pour créer des enfants), dans le canal qui commence à la base de la colonne vertébrale (la « première porte », *huiyin*), pour le faire remonter au coccyx, puis entre les reins (la « deuxième porte », *mingmen*), jusqu'à l'arrière de la tête (la « troisième porte », *yuzhen*) et finalement au sommet du cerveau (*baihui*). Il redescend ensuite par l'avant du corps en passant par le troisième œil (*yintang*), le cœur (*shanzhong*), le nombril (*duqi*) et le périnée (*huiyin*).

On crée ce circuit en inspirant d'abord profondément jusqu'au *dantian* inférieur pour forcer le feu de la *kuṇḍalinī*

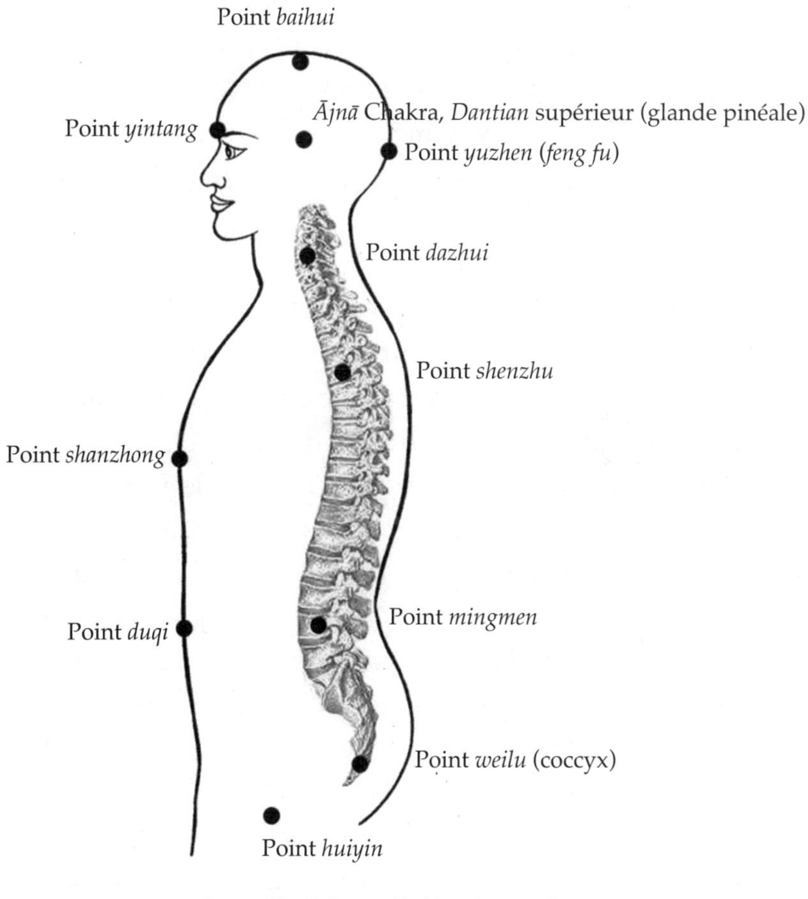

Image 10a. *Points sur l'orbite microcosmique*

(l'énergie vitale à la base de la colonne vertébrale) et du *jing* (la force génératrice) à remonter le long de la colonne à travers les chakras jusqu'à la tête en passant par le « vaisseau gouverneur » ou le « vaisseau contrôle » (*dumai*, la ligne médiane postérieure correspondant au *nāḍī suṣumṇā*), qui relie tous les vaisseaux du yang (méridiens) à l'intérieur du corps.

On expire ensuite pour détendre la région inférieure de l'abdomen, afin que la *kuṇḍalinī* et le *jing* puissent s'infiltrer dans le « vaisseau conception » ou « vaisseau fonction » (*renmai*, ligne médiane antérieure), à l'avant du corps, qui relie les vaisseaux du yin (méridiens) à l'intérieur du corps, par le biais des points de déclenchement des chakras (*kshetram*).

On termine ainsi une rotation complète du circuit[5].

Voici une façon de pratiquer l'orbite microcosmique.

Portez votre attention sur le *dantian* inférieur, situé à environ cinq centimètres sous le nombril, et visualisez une petite boule d'énergie lumineuse dorée ou blanche, éclatante et pure. Maintenez votre attention sur le *dantian* inférieur jusqu'à ce que vous sentiez la boule. Elle peut faire sentir sa présence sous forme de chaleur ou de vibrations.

Utilisez ensuite la technique de respiration abdominale suivante : fermez votre bouche et inspirez par le nez. Aspirez l'air avec votre ventre, et votre abdomen se dilatera. Ouvrez légèrement la bouche et expirez en levant votre langue vers le palais et en plaçant le bout de votre langue derrière vos dents du haut. Tandis que vous expirez, vos muscles abdominaux se contractent.

À présent, en utilisant la même technique de respiration abdominale, inspirez profondément avec votre ventre et imaginez une petite boule d'énergie qui remonte à partir du *dantian* inférieur jusqu'au *huiyin* au niveau du périnée, puis le long de la colonne à travers le *weilu* (coccyx). Imaginez ensuite que cette boule remonte jusqu'au *mingmen* (le point du chakra du nombril le long de la colonne vertébrale), puis jusqu'au point de rencontre des côtes et de la colonne vertébrale, et finalement jusqu'à l'arrière de la tête, à cet endroit du cou qui correspond au point *dazhui* (le point du chakra de la gorge le long de la colonne vertébrale).

Visualisez ou imaginez ensuite que cette boule de *qi* se trouve au centre de votre cerveau, au niveau de la glande pinéale (palais de cristal), en train d'absorber l'énergie curative qui entre par le point *baihui* (point *bindu*), situé au sommet de votre tête. Portez ensuite votre attention sur le point *yintang* au milieu de votre front, juste au-dessus de vos sourcils, et remplissez la boule d'énergie à partir du point *yintang*, tandis que la boule passe à travers votre palais. Il se peut que vous ressentiez des picotements ou des palpitations dans votre bouche.

Cela complète votre expiration.

(Pour les débutants, respirer une ou deux fois tandis que la boule d'énergie se trouve encore dans votre bouche peut vous aider à vous concentrer sur celle-ci.)

Ensuite, tandis que vous expirez par la bouche, laissez l'énergie de la boule s'enfoncer à travers votre palais et votre langue (toujours légèrement appuyée contre votre palais), puis dans votre gorge et jusqu'à votre cœur (point *shanzhong*). À partir du cœur, aspirez-la vers le bas à travers votre plexus solaire, puis votre nombril et jusqu'au *dantian* inférieur, où l'énergie s'accumule et se mélange en vue d'être plus tard utilisée à des fins de circulation interne.

Puis recommencez un nouveau cycle. Vous pouvez pratiquer cet exercice plusieurs fois de suite.

Tandis que le *qi* circule, votre respiration devient plus raffinée, plus raréfiée et plus douce, et perd son caractère irrégulier et saccadé. Durant cette méditation, il se peut que votre tête oscille ou que votre corps se mette à trembler. La circulation du *qi* harmonise et transmute les fluides vitaux pour produire un authentique sentiment de vitalité.

Si vous éprouvez le moindre malaise tandis que vous pratiquez cet exercice, arrêtez la circulation et concentrez le *qi* à l'endroit qui pose problème. Laissez-le pulser à cet endroit jusqu'à ce que l'agitation se soit calmée. Cela guérira le corps et améliorera la circulation de l'énergie.

Vous pouvez utiliser cette méditation bénéfique durant le jour pour réduire votre niveau de stress. Vous pouvez également la pratiquer étendu sur le dos avant de vous endormir. Si vous avez de la difficulté à imaginer la circulation de l'énergie, essayez de visualiser une balle de golf ou une balle de ping-pong. Vous pouvez même utiliser un doigt pour tracer le parcours de la boule durant cet exercice[6].

Au chapitre suivant, nous nous intéresserons au légendaire nectar de l'immortalité, aussi appelé ambroisie, élixir et *sóma* : la fontaine de la jeunesse éternelle.

11

Le nectar de l'immortalité

Maintenez le bon fonctionnement
de votre glande pinéale et vous ne vieillirez pas : vous
resterez toujours jeune.
— Edgar Cayce

L'élixir ambroisien de vie est une potion qui, une fois ingérée, accorderait la vie éternelle. Dans les mythes d'Énoch, de Thot, d'Hermès Trismégiste et d'Al-Khiḍr (le Vert), un personnage boit des gouttes blanches immortelles, un liquide d'or ou une eau dansante. Dans les poèmes d'Homère, les dieux boivent du nectar et se nourrissent d'ambroisie. L'équivalent indien porte le nom d'*amṛta*, une substance consommée par les dieux. Dans le mythe du Saint-Graal, cet aliment magique permet à Joseph d'Arimathie de survivre pendant 42 ans.

Dans les cultes de Zoroastre et de Mithra, *haoma*, l'équivalent du sanskrit *sóma*, des racines *su* et *bu* (« presser » ou « frapper »), est le nom d'une plante jaune dont on extrait un jus utilisé lors des cérémonies sacramentelles.

La chèvre magique du dieu nordique appelé Wotan, Wōden ou Odin, remplit tous les jours une cruche d'hydromel, la plus précieuse boisson de l'univers, qui confère à celui qui la boit sagesse et inspiration. Les pommes d'or de l'immortalité donnent force, santé et jeunesse éternelle aux dieux scandinaves et germaniques.

En Mésopotamie, des génies ailés tiennent une pomme de pin (symbole du troisième œil ou de la glande pinéale), qui est utilisée pour verser une potion magique ou un élixir d'immortalité sur le roi ou sur l'arbre sacré de la vie. Le génie tient dans sa main le seau contenant le tonique[1].

Image 11a. *Génie assyrien en train de donner sa bénédiction*[2]

À la recherche de la pierre philosophale

Les nombreux écrits d'Hermès Trismégiste sont apparus dans l'empire romain au cours du IIe siècle de notre ère. Durant le Moyen-Âge et la Renaissance, l'hermétisme et la tradition hermétique sont devenus populaires chez les alchimistes. La Table d'émeraude, aussi appelée Table de Smaragdine ou Secret d'Hermès, était la bible de la profession alchimiste et contenait, croyait-on, le secret de la pierre philosophale.

Le mot « alchimie » vient de l'arabe *al-kîmiyâ* (« l'art des transformations »). Par conséquent, et par définition, les alchimistes essaient de transmuter une matière en une autre, par exemple des métaux grossiers en or. En Inde et en Chine, les alchimistes ont commencé à chercher la pierre philosophale, la pierre de l'eau de la sagesse, au cours du IVe siècle avant notre ère. Les alchimistes européens ont essayé pendant cinq siècles de découvrir la pierre philosophale. On croyait que cette teinture ou poudre magique inversait le processus de vieillissement et accordait la vie éternelle.

Les centaines de noms de la pierre philosophale incluent en sanskrit *sóma rāsa* (« jus de sóma »), *mahā rāsa* (« grand jus »), *amṛt rāsa* (« jus du nectar de l'immortalité ») et *amṛta* (« nectar de l'immortalité ») ; et en arabe *aab-i-hayat/aab-haiwan* (« eau de la vie ») et *chashma-i-kausar* (« fontaine de la beauté, située au paradis »).

Un chapitre entier de l'un des plus anciens textes sacrés de l'Inde, le *Rig-Veda*, est consacré à une mystérieuse substance appelée *sóma* (aussi appelée *sóma pavamāna* ou *indu*), qui accorderait la vie éternelle. Dérivé de la racine sanskrite *sav* (« presser » ou « serrer »), le *sóma* est une boisson composée des gouttes vivantes produites par la pression des tiges de la légendaire plante *sóma*.

Voici quelques versets du *Rig-Veda*, écrits par le prophète Rishi Kashyapa, qui évoquent le *sóma pavamāna* et ses propriétés :

> *« Écoule-toi, sóma, en un courant des plus doux et exaltants, infusé pour le palais d'Indra. Le destructeur omnipotent des Rākṣasa est revenu sur son lieu de naissance incrusté d'or, pour être réuni avec le tonneau de bois. Sois le prodigue pourvoyeur de richesse, ô toi le généreux, le destructeur des ennemis ; accorde-nous les richesses de l'abondance*[3]*. »*
>
> *« Où la lumière est éternelle, dans ce monde où le soleil a été placé, dans ce monde immortel et impérissable, emmène-moi, pavamāna ; écoule-toi, indu, pour Indra. Où dans le troisième ciel, au sein de la troisième sphère, le soleil vagabonde librement, où les régions sont remplies de lumière, là rends-moi immortel ; écoule-toi, indu, pour Indra. Où il y a du bonheur, du plaisir, de la joie et du bien-être, où les souhaits sont exaucés, là rends-moi immortel ; écoule-toi, indu, pour Indra*[4]*. »*

Plusieurs légendes sont associées au *sóma*. Certains croient qu'il est encore possible d'obtenir ce composé chimique à partir d'une plante himalayenne très rare. Il pourrait s'agir du puissant antioxydant resvératrol, une substance capable, et cela a été scientifiquement démontré, de ralentir le vieillissement et d'augmenter la durée de vie. La Renouée du Japon (*polygonum cuspidatum*), une source naturelle de resvératrol, est connue en Chine pour contrer le vieillissement sous les noms de racines *Fo Ti Tieng* (*Ho Shou Wu*) ou Canne du Tigre (*Hu Zhang*). On l'utilise en Chine comme médicament depuis 1 500 ans.

Pour plus d'information sur ces herbes et les personnages illustres qui les ont utilisées pour atteindre une extraordinaire longévité, lisez mon livre *Ascension*.

Le nectar dans votre troisième œil

Plusieurs yogis croient que la légendaire substance appelée *sóma* est produite de façon naturelle par la glande pinéale, où elle programme le corps afin que celui-ci se régénère indéfiniment. D'après ma propre expérience, quand on pratique la méditation pendant de longues périodes de temps, du jus de *sóma* s'écoule dans le fond de la gorge sous la forme d'un liquide doux et sucré.

Les pratiques yogiques et taoïstes stimulent la production et la conservation de ce précieux nectar d'immortalité, qui s'écoulerait à partir de la glande pinéale. L'une de ces pratiques est le *khecarī mudrā*. On ne devrait jamais tenter de pratiquer cette technique connue pour être dangereuse sans avoir d'abord consulté un médecin et s'être assuré de la supervision d'un authentique maître yogique. Dans le cas contraire, cette technique pourrait entraîner de graves problèmes d'élocution.

Il s'agit dans un premier temps de sectionner la membrane située sous la langue, la *frenulum linguae*, qui rattache la langue au plancher de la bouche, de « l'épaisseur d'un cheveu » tous les jours, et de la traiter avec du sel gemme et des herbes. On étire ensuite la langue pour la rallonger.

Au bout de six mois, la membrane est complètement sectionnée. Le yogi replie alors sa langue et la pousse vers la luette au fond de la gorge, pour sceller l'œsophage, la trachée et le palais. Selon le *Haṭha Yoga Pradīpikā* :

> « *Si le yogi boit du Sómarāsa (jus de sóma) en s'assoyant avec la langue repliée vers l'arrière et en se concentrant, il ne fait aucun doute qu'il conquerra la mort en l'espace de quinze jours. De même que le feu est inséparable du bois et que la lumière est liée à la mèche d'une bougie, de même l'âme ne quitte jamais le corps rempli du nectar qui suinte du sóma*[5]. »

On peut également pratiquer une forme modifiée du *khecarī mudrā* sans qu'il soit nécessaire de couper la membrane de la langue, et plusieurs personnes disent avoir obtenu des résultats positifs grâce à cette pratique. Les instructions sont disponibles à la page 145 de ce livre.

Kaya-Kalpa

En Inde, la plus ancienne pratique médicale est appelée *āyurveda,* « la science de la vie ». Le *kaya-kalpa* est la branche de l'*āyurveda* qui porte sur la longévité. *Kaya* signifie « corps » et *kalpa* signifie « fin » ou « dissolution ». Les traitements du *kaya-kalpa* sont décrits dans l'ouvrage du Dr A. Shanmuga Velan : *Siddha's Science of Longevity and Kalpa Medicine of India*. Ces traitements sont les suivants :

1. Préserver les énergies vitales en faisant dévier les sécrétions internes du corps par le biais du *prāṇāyāma* (exercices de respiration) ;
2. Transmuter l'énergie sexuelle et conserver le sperme par le célibat et la pratique du yoga tantra ;
3. Prendre trois sels minéraux consolidés, appelés *muppu*, fruits d'une préparation très élaborée ;
4. Prendre des poudres calcinées préparées à partir de mercure, de sulfure, de mica, d'or, de cuivre, de fer et d'autres minéraux ;
5. Utiliser des médicaments préparés à partir d'herbes indiennes rares, incluant le *Fo Ti Tieng* et l'*hydrocotyle asiatica*.

Le *Suṣruta Saṃhitā*, un ancien texte ayurvédique, décrit le *kaya-kalpa* comme un rituel qui consiste à rester dans une chambre pendant sept jours après avoir désintoxiqué le système par des purges, des lavements et des bains de sudation. Le *sóma* liquide est soigneusement préparé et administré par le médecin. Le patient vomit du sang, enfle de partout et défèque des vers. Les muscles s'atrophient et les cheveux et les ongles tombent. Le corps expulse toutes les matières toxiques indésirables qui se sont accumulées à la suite d'erreurs d'alimentation et de conduite. Le huitième jour, le processus de régénération commence. Les cheveux et les ongles repoussent, les muscles retrouvent leur vitalité, la peau acquiert un nouveau lustre et le corps retrouve une nouvelle jeunesse.

Pour plus d'information sur le *kaya-kalpa* et l'élixir de la vie éternelle, lisez mon livre *Ascension*.

Doctrine de l'élixir d'or

Les taoïstes portent un grand intérêt à l'atteinte de la longévité et de l'immortalité physique. Le taoïsme est la seule religion qui accorde autant d'importance à l'immortalité du corps que les autres religions en accordent à l'immortalité de l'âme. Ko Hung (288-343) a écrit le premier manuel d'alchimie taoïste : *Pao P'u Tzu Nei P'ien* (« Celui qui s'en tient à la simplicité »), vers l'an 320.

Selon la tradition taoïste, la « cavité originelle de l'esprit » se trouve au centre du cerveau, dans la région de la glande pinéale. Lao-tseu (ayant vécu vers 604 à 531 avant notre ère), fondateur de l'école de taoïsme Tao chia et auteur du *Tao Tö King*, l'appelait « la porte du ciel et de la terre ». Il conseillait aux gens de se concentrer sur cette porte afin d'atteindre l'unité. C'est la clé de l'immortalité, le lieu où surgit l'élixir d'or.

Les taoïstes croient qu'elle renferme une perle de la taille d'un grain de riz et que cette perle est la porte d'entrée. C'est là, dans la « cavité de la vitalité prénatale », que réside la merveilleuse lumière de la nature essentielle. Elle est représentée par un cercle, que les taoïstes appellent élixir de l'immortalité ou lumière spirituelle.

Confucius lui donne le nom de « vertueuse perfection » (*jen*). *Le Livre des transformations* (*Yi King*) l'appelle *wu chi* (« l'infini sans limite et sans fin »). Les bouddhistes l'appellent le « savoir parfait » (*yuan ming*). On croit que quiconque connaît vraiment cette cavité peut préparer l'élixir d'or de l'immortalité. Il est dit : « Quand l'Un est atteint, tous les problèmes sont résolus[6]. »

Les grands sages du passé avaient perfectionné l'art de l'alchimie interne. Grâce à ces pratiques secrètes, le corps physique se transforme pour devenir le corps ressuscité ou corps glorieux des chrétiens, le corps sacré ou supracéleste des soufis, le corps de diamant des taoïstes, le corps de lumière ou arc-en-ciel des bouddhistes, le corps de béatitude des *siddhi* indiens, ou le corps immortel de la tradition hermétique. Lisez mon livre *Ascension*, pour plus d'information.

La DMT est-elle le nectar d'immortalité ?

Des scientifiques ont récemment découvert que la glande pinéale produit une substance hallucinogène appelée diméthyltryptamine (DMT). (Voir page 67.) Rick Strassman, M. D., auteur du livre *DMT : La molécule de l'esprit* (2000), dit de cette molécule qu'elle est « la première substance psychédélique endogène chez l'humain ». Terence McKenna, défenseur des drogues psychédéliques, a déclaré que la DMT est le « plus puissant hallucinogène connu de l'homme et de la science[7] ».

On pourrait se demander comment les anciens ont découvert les propriétés de cette substance chimique, qu'elle soit produite de façon naturelle par la glande pinéale, extraite d'une plante, dérivée d'autres substances ou fabriquée de façon synthétique. Dans les antiques pratiques méditatives, l'*ājñā* chakra, situé dans la glande pinéale, est impliqué dans la montée de la *kuṇḍalinī* et le développement de la clairvoyance. La DMT, produite par la glande pinéale, pourrait générer des expériences spirituelles ou mystiques.

Le corps produit plus de DMT dans des conditions extraordinaires, telles qu'à la naissance, au moment de l'orgasme, après un accouchement, en période de stress physique extrême, durant une expérience de mort imminente, à l'approche de la mort ou durant une séance de méditation[8]. Ces étapes marquantes de la vie sont souvent décrites dans des termes qui évoquent les « voyages » psychédéliques provoqués par la prise de drogues telles que la DMT.

L'auteur et physicien Cliff Pickover, du centre de recherche IBM Thomas J. Watson de Yorktown dans l'État de New York, est membre honoraire du comité d'enquête sceptique et détenteur de quelque 170 brevets. Selon lui, « la DMT produite par la glande pinéale des prophètes bibliques a donné Dieu à l'humanité et permis aux humains ordinaires de percevoir des univers parallèles[9]. »

Pickover émet l'hypothèse que les prophètes des temps anciens étaient plus réceptifs à Dieu, aux anges, aux miracles et aux visions parce leur glande pinéale produisait plus de DMT que la nôtre. Selon lui, l'éclairage électrique serait responsable de la baisse de production de DMT dans notre glande pinéale. (Voir page 75 pour plus d'information.)

Les défenseurs de la DMT croient que le buisson ardent de Moïse était en fait une herbe chamanique, dont Moïse aurait absorbé les propriétés en en fumant les feuilles. Selon cette théorie, le buisson aurait pu être n'importe laquelle de ces herbes sacrées de l'Antiquité : *cannabis sativa*, *sant* d'acacia, rue de Syrie (*pegunam harmala*), *asena* (*hoama* en perse et *essene* en égyptien), *besa* des gnostiques, *phallaris arundanacia* étrusque, arbre de la vie sumérien ou acacia d'Afrique du Nord.

La rue de Syrie (*esphand*) était considérée comme une plante sacrée par Mahomet, Zoroastre, les écoles d'alchimie, les adeptes des rites sacrés de Pétra et les écoles des mystères égyptiennes. Mahomet absorbait du saint *esphand* avant de recevoir les versets du Coran. Cette herbe, qui était associée aux anges et utilisée pour chasser les mauvais esprits, guérissait de la fièvre et de la malaria[10].

Les Esséniens doivent leur nom à la plante *asena*, qui était utilisée par les bédouins chamaniques pour créer « le pain eucharistique de lumière égyptien », en la mélangeant avec de la pierre de météorite moulue et de l'acacia d'Afrique du Nord. On dit que Léonard de Vinci et Michel-Ange consommaient également cette concoction pour trouver l'inspiration.

La cruche du nectar d'immortalité

Tous les 12 ans, comme une horloge, des dizaines de millions de pèlerins et des milliers de saints hommes et de saintes femmes originaires de l'Inde se réunissent à l'occasion de l'extraordinaire Mahā Kumbh Mela (« le grand festival entourant la cruche du nectar d'immortalité »). On estime qu'entre 80 et 100 millions de personnes ont assisté au Kumbh Mela de 2013 : le « plus grand rassemblement d'êtres humains réunis dans un même but » de tous les temps selon le *Livre des records Guinness*.

L'immersion à la confluence des trois fleuves sacrés à Allahabad, en Inde, est l'événement central du festival. Le

Kumbh Mela se déroule durant un positionnement planétaire favorable qui transformerait les eaux du Gange en nectar liquide. Des millions de personnes se purifient ainsi lors de bains rituels sacrés qui effacent les conséquences karmiques de leurs actions passées.

Le Kumbh Mela célèbre une légende sacrée relatant la récupération du *kumbh* (« cruche ») d'*amṛta* (« nectar d'immortalité »), enterré dans les profondeurs de l'océan primitif. Les dieux complotèrent avec les démons pour retrouver le nectar en procédant au barattage de l'océan, ce qu'ils firent pendant 1 000 ans. Finalement, Dhanvantari, le divin médecin et fondateur de la médecine ayurvédique, sortit de la mer primitive, portant la cruche de nectar tant convoitée et le livre sacré d'*āyurveda*.

Les dieux et les démons essayèrent alors de s'emparer de la cruche. Ils se battirent ainsi pendant 12 ans. Les dieux mirent finalement la main sur l'ambroisie et l'ingérèrent, pendant que les démons étaient distraits par les artifices de Mohinī, la plus belle des déesses.

J'ai personnellement guidé plusieurs groupes de touristes durant le Kumbh Mela. Je peux certifier que l'eau du fleuve, à cet instant et à cet endroit sacré, est semblable à du nectar, et que le fait de se baigner dans cette ambroisie procure un sentiment de béatitude et transforme l'âme, le corps et l'esprit de façon spectaculaire et permanente. Pour plus d'information sur la façon de vivre cette bénédiction, visitez notre site sur le Kumbh Mela au *www.kumbhmela.net*.

Au chapitre suivant, nous apprendrons des pratiques yogiques traditionnelles qui nous aideront à éveiller notre troisième œil.

QUATRIÈME PARTIE

L'ouverture du troisième œil

12

Le troisième œil des yogis

Celui qui toujours contemple le lotus ājñā caché, détruit du même coup tous les karmas de ses vies passées, sans aucune opposition […]. Tous les fruits […] résultant de la contemplation des cinq autres lotus sont obtenus par la connaissance de ce seul lotus ājñā.

— Shiva Samhitā

Les yogis de l'Inde antique ont développé des techniques spécifiques pour aider les personnes à ouvrir leur troisième œil. Dans ce chapitre, vous apprendrez quelques pratiques de yoga simples, sécuritaires et efficaces qui ne requièrent aucune habileté ou formation préalables. Bien qu'il soit recommandé d'apprendre ces méthodes auprès d'un professeur en chair et en os, vous pouvez suivre les instructions présentées dans ce livre avec succès. Seules les pratiques portant sur l'ouverture du troisième œil sont enseignées ici. Pour en apprendre davantage sur les méthodes de yoga, lisez mes livres *Exploring Meditation, Le Pouvoir des auras* et *Le Pouvoir des chakras.*

IMPORTANT : Consultez votre médecin avant de vous adonner à l'une ou l'autre des techniques présentées dans ce livre.

Conserver l'énergie pranique

Avez-vous déjà remarqué que votre respiration devient irrégulière, saccadée et lourde quand vous êtes stressé, alors qu'elle est régulière, fluide et lente quand vous êtes calme ? La maîtrise de la respiration est la clé pour ouvrir la porte de votre troisième œil.

Quand vous inspirez, le *prāṇa* entre dans votre corps et dans vos centres d'énergie subtile (*chakras*). Ces chakras emmagasinent et émettent de l'énergie comme le ferait une pile électrique. Plus vous absorbez d'énergie pranique, plus vos cellules débordent de vitalité. Les méthodes de respiration yogiques (*prāṇāyāma*) recueillent et conservent l'énergie pranique dans votre plexus solaire (chakra du nombril), votre accumulateur d'énergie pranique.

En pratiquant le *prāṇāyāma*, vous pouvez recueillir et conserver cette énergie pranique, puiser dans ce vaste réservoir d'énergie de votre respiration, et l'utiliser pour vous guérir, guérir les autres et même guérir la planète entière. Plus vous recevez de *prāṇa*, plus votre niveau de vitalité augmente. La respiration yogique sature votre corps physique d'énergie pranique, vous protégeant des maladies tout en augmentant votre détermination, votre concentration, votre maîtrise de vous-même et votre éveil spirituel.

La méditation profonde a un effet immédiat sur la respiration, qui devient plus lente, plus régulière et plus calme. Tandis que l'activité mentale se fait plus subtile et plus posée, l'activité physique ralentit et les fonctions métaboliques diminuent. Vous conservez ainsi votre énergie. Votre cœur bat moins vite. Vous respirez plus lentement. Dans cet état de *samādhi* (équanimité de l'esprit et du corps), votre respiration est si raffinée qu'elle en devient presque imperceptible. Vous semblez retenir votre souffle, mais il n'en est rien. Votre respiration est dans un état de suspension : vous ne respirez pas, mais vous ne retenez pas non plus votre souffle.

Les respirations du soleil et de la lune

Le yoga *haṭha* utilise le *prāṇāyāma* pour maximiser la présence du *prāṇa* dans le souffle. Le mot sanskrit *haṭha* signifie « respirations solaire et lunaire », et renvoie aux deux principaux *nāḍī*, *iḍā* et *piṅgalā*. Ces deux *nāḍī* courent le long du *nāḍī suṣumṇā* jusqu'au cerveau. L'*iḍā* émane du côté gauche du *kanda mūla* (bulbe racine) à la base de votre colonne vertébrale et se termine du côté gauche de l'*ājñā* chakra (troisième œil). Le *piṅgalā* commence du côté droit du bulbe racine et se termine du côté droit de l'*ājñā* chakra.

À moins que la *kuṇḍalinī* ne soit éveillée, le *prāṇa* ne circule en temps normal qu'à travers l'*iḍā* et le *piṅgalā*. Toutefois, le *prāṇāyāma* peut forcer le *prāṇa* à se retirer de l'*iḍā* et du *piṅgalā*, à ouvrir le *nāḍī suṣumṇā*, à s'écouler à travers lui et à remonter le long de la colonne vertébrale, éveillant ainsi la *kuṇḍalinī*.

L'*iḍā*, le *nāḍī* de gauche, représente la féminité, la lune et votre nature subjective. Relié à la respiration circulant par la narine gauche, il assure le fonctionnement de la portion parasympathique de votre système nerveux autonome. Le *nāḍī* de droite, le *piṇgalā*, relié à l'air qui entre par votre narine droite, symbolise la masculinité, le soleil et votre côté objectif, et assure le fonctionnement de la portion sympathique de votre système nerveux autonome.

Pour une santé optimale, les énergies gouvernées par l'*iḍā* et le *piṇgalā* doivent être équilibrées. Trop d'objectivité, de dynamisme et d'activités physiques peuvent exercer sur le corps une pression qui excède ses limites. Trop de subjectivité, de passivité, de réflexion et de ruminations peuvent mener à la névrose, à la dépression et même à la démence.

Il est significatif que la *kuṇḍalinī*, l'élément fédérateur de toutes les énergies divergentes, s'élève le long du *nāḍī suṣumṇā*, la voie du milieu, en équilibre entre l'*iḍā* et le *piṇgalā*, l'intérieur et l'extérieur, l'absolu et le relatif, le yin et le yang, le *nirvāṇa* et le *saṃsāra*.

Les *nāḍī iḍā* et *piṇgalā* représentent le temps et la dualité, mais le *nāḍī suṣumṇā* dévore le temps et mène à l'unité dans une éternité intemporelle. Par conséquent, l'*iḍā* et le *piṇgalā* vous rattachent à la vie matérielle, alors que le *suṣumṇā* est la voie de la liberté (*mokṣa*), de l'intégration totale et de l'équilibre. Grâce au *prāṇāyāma* et à la méditation, quand l'*iḍā* et le *piṇgalā* sont en équilibre et que le *prāṇa* s'engouffre dans le *suṣumṇā*, vous entrez dans l'état d'intemporalité.

Lisez mes livres *Le Pouvoir des auras* et *Le Pouvoir des chakras* pour plus d'information sur les *nāḍī* et la *kuṇḍalinī*.

On doit maîtriser le soleil (piṇgalā) et la lune (iḍā), car l'un est le jour et l'autre, la nuit du temps ; le secret est que le suṣumṇā (passage de la kuṇḍalinī) dévore le temps.
— Haṭha Yoga Pradīpikā[1]

Trois styles de respiration

La respiration yogique est une respiration complète. Qu'est-ce que cela veut dire ? Votre poitrine et votre abdomen sont séparés par le diaphragme. Lorsque vous inspirez, vos côtes se dilatent et le diaphragme se contracte et se déplace vers le bas. Ce mouvement fait gonfler les poumons. Par conséquent, votre diaphragme est la clé pour absorber le maximum d'énergie pranique par la respiration.

Faites à présent l'expérience suivante :

1. Assoyez-vous droit. Inspirez profondément en poussant votre diaphragme vers le bas. Veillez à ce que votre poitrine et vos épaules demeurent immobiles. Si vous le faites correctement, votre ventre se gonflera tandis que vous inspirerez ;

2. Cette fois, inspirez profondément en gonflant votre poitrine, mais ne laissez pas votre diaphragme se déplacer ou votre ventre se gonfler ;

3. Essayez à présent d'inspirer sans faire bouger votre diaphragme ou votre poitrine. Pour ce faire, inspirez par le nez en haussant les épaules.

La première façon de faire, appelée « respiration profonde », « respiration basse » ou « respiration diaphragmatique », apporte beaucoup plus d'air dans les poumons. La seconde, la « respiration poitrinaire », beaucoup moins. La troisième, la « respiration haute », la pire des trois, est la façon dont les gens stressés ont l'habitude de respirer.

Voici une autre expérience.

Assoyez-vous droit. Placez votre main gauche sur votre ventre et votre main droite sur le haut de votre poitrine. Remarquez si votre ventre se dilate tandis que vous inspirez (comme il se doit), ou se contracte (ce qui est à éviter), et si vous haussez les épaules à chaque inspiration (ce qui est également à éviter).

Bien que la respiration diaphragmatique soit la meilleure façon de respirer, ce n'est pas encore ce que l'on appelle la respiration complète. Durant la respiration basse, la partie inférieure et médiane des poumons se dilate. Avec la respiration poitrinaire, la partie médiane et supérieure des poumons se dilate. Avec la respiration haute, seule la partie supérieure des poumons se dilate. Mais avec la respiration yogique, les poumons se dilatent complètement.

Lorsque nous expirons, nous n'expulsons d'ordinaire qu'une petite quantité d'air provenant de la partie supérieure des poumons. Mais si nous pratiquons la respiration yogique, nous expulsons de nos poumons un maximum d'air stagnant pour permettre à plus de *prāṇa* d'entrer.

Pratique de la respiration yogique

Assoyez-vous droit. Placez votre main gauche sur votre ventre et votre main droite sur la partie supérieure de votre poitrine. Prenez cinq profondes respirations. Tandis que vous inspirez, commencez par dilater votre ventre, puis votre poitrine et finalement le haut de votre poitrine, en utilisant la respiration profonde, la respiration poitrinaire et la respiration haute. Tandis que vous expirez, contractez votre ventre et votre poitrine. Ne haussez les épaules à aucun moment.

À présent, répétez cet exercice, mais cette fois, en comptant les secondes. Inspirez pendant trois secondes, puis expirez pendant six secondes. Prenez cinq respirations profondes de cette façon. Faites cet exercice pendant une semaine.

Durant la deuxième semaine, prenez 10 respirations profondes, et augmentez le nombre de secondes à 4 quand vous inspirez et à 8 quand vous expirez. Durant la troisième semaine, prenez 15 respirations profondes et exercez-vous à inspirer pendant 5 secondes et à expirer pendant 10 secondes. Durant la quatrième semaine, inspirez pendant 6 secondes et expirez pendant 12 secondes.

En faisant cet exercice, vous apprendrez à respirer correctement, vous augmenterez votre capacité pulmonaire et vous purifierez vos *nāḍī*. Quand vous aurez pratiqué cet exercice pendant un mois, laissez-le de côté et passez à l'exercice suivant : la respiration yogique alternée.

Exercice de respiration alternée

Avez-vous déjà remarqué que l'une de vos narines est plus ouverte et l'autre plus obstruée ? Vous vous en apercevrez si vous dormez sur le côté, car vous respirerez alors essentiellement par l'une de vos narines durant votre sommeil.

L'obstruction passe automatiquement d'une narine à l'autre de façon périodique. Si vous êtes en excellente santé, cette alternance se produit régulièrement, environ toutes les 110 minutes.

On croit que la respiration par la narine droite, reliée au *nāḍī piṅgalā*, est chaude. C'est pourquoi on l'appelle la « respiration du soleil », car elle génère de la chaleur, stimule le métabolisme et accélère le fonctionnement de vos organes. La respiration par la narine gauche, que l'on dit froide, correspond à la « respiration de la lune », reliée au *nāḍī iḍā*. Son énergie refroidit le corps, ralentit le métabolisme et inhibe vos organes.

Si vous respirez par la même narine pendant plus de deux heures, votre corps se retrouve dans un état de déséquilibre : trop froid ou trop chaud. Si l'*iḍā* est hyperactif, l'activité mentale diminue et la léthargie augmente. Si le *piṅgalā* est hyperactif, l'activité nerveuse augmente, entraînant des perturbations mentales.

La respiration yogique alternée, *anuloma viloma prāṇāyāma*, rétablit l'équilibre entre la respiration du soleil et celle de la lune. En respirant par une narine et ensuite par l'autre, vous recréez l'équilibre de votre métabolisme et purifiez vos *nāḍī*. Et avec la purification de vos *nāḍī*, votre troisième œil peut enfin s'éveiller.

Anuloma viloma prāṇāyāma

Assoyez-vous droit. Fermez votre narine droite avec votre pouce droit. Inspirez bruyamment et profondément par votre narine gauche, en prenant une pleine respiration yogique pendant six secondes. Inspirez en commençant par gonfler votre ventre, puis votre poitrine et, finalement, le haut de votre poitrine. Fermez immédiatement votre narine gauche avec le majeur et l'annulaire de votre main droite. Expirez à présent pendant 12 secondes, complètement et bruyamment, par votre narine droite, en contractant votre ventre et votre poitrine. Sans vous arrêter, refermez votre narine droite avec votre pouce droit et recommencez le processus. Faites cet exercice de 15 à 20 fois.

Lorsque vous pourrez facilement inspirer pendant 6 secondes et expirer pendant 12 secondes, augmentez progressivement jusqu'à 7 et 14 secondes, puis jusqu'à 8 et 16 secondes. Mais exercez-vous pendant plusieurs mois avant de le faire.

En pratiquant ce *prāṇāyāma,* votre respiration devient plus régulière et plus profonde, votre santé s'améliore, votre corps devient plus léger et vos yeux se mettent à briller. Ces changements indiquent que les *nāḍī* sont en train de se purifier. Les bienfaits pour la santé incluent une réduction du stress, un sentiment de calme, un ralentissement des battements cardiaques et une baisse de la pression artérielle. Les bienfaits spirituels incluent la purification et l'éveil de votre troisième œil.

Une fois que vous maîtrisez la respiration yogique alternée, vous pourrez pratiquer une version plus avancée après quelques mois.

Pratiquez le même exercice de respiration alternée, mais de plus retenez votre respiration. Inspirez pendant quatre secondes, retenez votre souffle pendant huit secondes, puis expirez pendant huit secondes. Au bout d'un mois, prenez 5 secondes pour inspirer, retenez votre souffle pendant 10 secondes, et expirez pendant 10 secondes. Augmentez progressivement la durée jusqu'à 8, 16 et 24 secondes.

Jala netī

Quand les voies nasales ou les sinus sont obstrués, l'alternance naturelle de la respiration entre l'*iḍā* et le *piṅgalā* s'en trouve perturbée. Le *jala* (« eau ») *netī* (« nez ») est une méthode yogique pour nettoyer ces passages avec de l'eau salée. Il est recommandé de suivre cette procédure de purification avant de pratiquer le *prāṇāyāma* (respiration yogique).

Vous possédez un puissant système de purification interne qui traite l'air avant qu'il ne pénètre dans vos poumons : vos voies nasales. Si votre nez est obstrué, vous êtes obligé de respirer par la bouche. C'est une habitude dangereuse, car votre bouche et votre gorge ne sont pas équipés du même système de filtration que votre nez. C'est pourquoi le *jala netī* est essentiel.

Pratiquer le *jala netī* élimine les impuretés, stimule divers *nāḍī* et purifie votre cerveau et vos autres organes. Le *jala netī* stimule également votre *ājñā* chakra (troisième œil).

IMPORTANT : Assurez-vous de consulter votre médecin avant d'entreprendre cette pratique.

Pratiquer le jala netī

Prenez un *netī lota* (un pot conçu pour le *jala netī*) ou une petite théière dont le bec verseur s'insère facilement dans votre narine. Mélangez 2 tasses (500 ml) d'eau tiède bouillie ou distillée avec 1 cuillère à thé (5 ml) de sel de mer pur ou ½ cuillère à thé (2,5 ml) de sel de mer et ½ cuillère à thé (2,5 ml) de bicarbonate de soude. La solution doit être complètement dissoute. Remplissez le pot *netī* avec la solution.

Penchez-vous au-dessus d'un évier et inclinez la tête vers la droite. Insérez doucement l'extrémité du bec verseur dans la narine gauche de manière à l'obstruer complètement. Dans la même position, levez le pot *netī* jusqu'à ce que la solution saline s'écoule dans votre narine gauche et à l'intérieur de vos voies nasales, puis ressorte par votre narine droite. Pendant ce temps, ouvrez la bouche de façon à pouvoir respirer.

Si vous inclinez trop la tête, l'eau entrera dans votre gorge plutôt que dans votre autre narine. Si vous inclinez trop le pot, l'eau débordera du pot. Ajustez votre tête et le pot jusqu'à ce que l'eau s'écoule correctement.

Si vous faites le *jala netī* correctement, l'eau n'entrera pas dans votre bouche ou votre gorge. Toutefois, si cela arrive, recrachez-la tout simplement. Laissez la solution s'écouler dans vos narines pendant 10 à 20 secondes. Puis retirez le pot *netī* et mouchez-vous.

Répétez ensuite tout le processus, cette fois en plaçant le bec du pot *netī* dans votre narine droite et en inclinant la tête vers la gauche. Après avoir complété le *jala netī*, mouchez-vous afin de bien assécher vos narines.

Ce processus prend moins de cinq minutes. Une fois par jour est suffisant, à moins que vous n'ayez un rhume ou une obstruction nasale.

Méthode sans pot netī

Préparez la solution saline tel que décrit précédemment. Formez une coupe avec la paume de votre main gauche et versez un peu de solution dans votre paume. Fermez votre narine droite avec votre pouce droit, approchez votre narine gauche près de la paume de votre main gauche et reniflez le liquide afin de le faire pénétrer dans votre nez et à travers vos voies nasales, puis recrachez-le. Faites la même chose avec l'autre narine.

N'essayez aucune de ces méthodes sans sel ou avec de l'eau trop froide ou trop chaude. Lorsque la température de l'eau et la quantité de sel sont correctes, on ne ressent pratiquement aucun inconfort. Si vous souffrez de saignements de nez chroniques, ne pratiquez pas le *jala netī*.

Le *jala netī* est une excellente façon de prévenir ou de guérir les rhumes, les sinusites, les maladies qui touchent les yeux, le nez et la gorge, les amygdalites, les cataractes, les problèmes d'asthme, les pneumonies, les bronchites, la tuberculose et l'inflammation des végétations adénoïdes et des muqueuses. Il peut éliminer les maux de tête, les problèmes d'insomnie, les migraines, les crises d'épilepsie, les problèmes de tension, la dépression et la fatigue. Il a un effet subtil sur divers *nāḍī* situés à la sortie des voies nasales, tels que le bulbe olfactif et les nerfs associés aux yeux et aux oreilles. Mieux encore, il purifie, nettoie et ouvre votre troisième œil.

Yoga *āsana*

Le mot sanskrit *āsana* signifie « posture ». Les *āsana* sont des postures physiques qui apportent plus d'énergie au corps, à l'intellect et à l'esprit. Les postures enseignées ici sont spécifiquement conçues pour vous aider à ouvrir votre *ājñā* chakra (troisième œil).

La pratique de ces postures consiste à adopter les positions illustrées et de les maintenir pendant quelques secondes. Reproduisez-les du mieux que vous le pouvez. Étirez-vous uniquement jusqu'à ce que vous sentiez un léger étirement au niveau des muscles. Ensuite arrêtez et maintenez la pose pendant le temps alloué. Continuez à respirer lentement, par le nez, tandis que vous maintenez la posture (à moins d'indication contraire). Ne poussez jamais votre corps au-delà de ses limites : vous risqueriez de vous faire une entorse ou de vous blesser.

En plus des bienfaits que procure chacune de ces postures, elles contribuent également à améliorer la circulation, la flexibilité et la posture ; à lubrifier les articulations ; à augmenter la longévité et la vigilance ; à masser les organes internes ; à stimuler les *nāḍī* ; à étirer et renforcer les muscles ; et à favoriser la santé et le bien-être.

IMPORTANT : Assurez-vous de consulter votre médecin avant de pratiquer l'un ou l'autre de ces yoga *āsana*.

Vajrāsana **(posture du diamant)**

Agenouillez-vous. Assoyez-vous sur vos talons, la colonne bien droite, et regardez droit devant vous. Maintenez cette position pendant 10 secondes en respirant lentement. Dites l'affirmation suivante à haute voix (ou quelque chose d'approchant) : « Une lumière et une énergie radieuses circulent présentement en moi. »

Image 12b. *Posture du diamant couché vers l'avant*

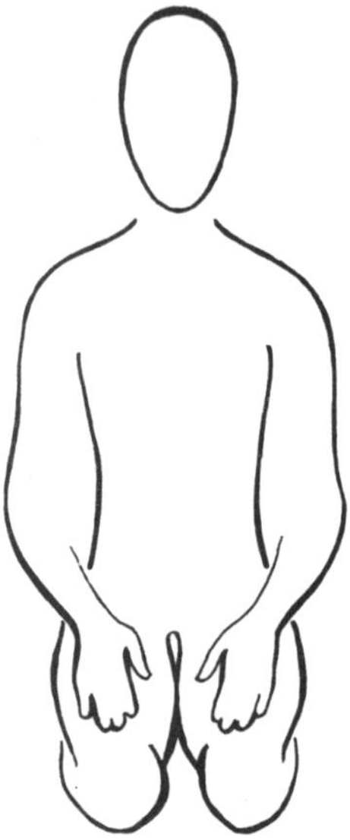

Image 12a.
Posture du diamant

Inspirez profondément. Tandis que vous expirez, penchez-vous progressivement vers l'avant, jusqu'à ce que votre front touche le sol, tout en demeurant assis sur vos talons. Étirez vos bras vers l'avant, les paumes tournées vers le sol. Maintenez cette position pendant cinq secondes. Puis inspirez et reprenez la position droite.

Tonifier le corps

Assoyez-vous en *vajrāsana* (posture du diamant). Massez tout votre corps, étape par étape, en exerçant une pression puis en la relâchant. Commencez par placer vos mains, les paumes tournées vers le bas, sur le dessus de votre tête. Pressez et relâchez, puis déplacez vos mains sur votre front, vos yeux, vos joues, l'avant du cou et la poitrine, comme si vous poussiez votre sang vers le cœur. Puis, en commençant au sommet de votre tête, pressez et relâchez progressivement. Déplacez vos mains à l'arrière de votre tête, à l'arrière de votre cou, sur vos épaules et vers votre cœur.

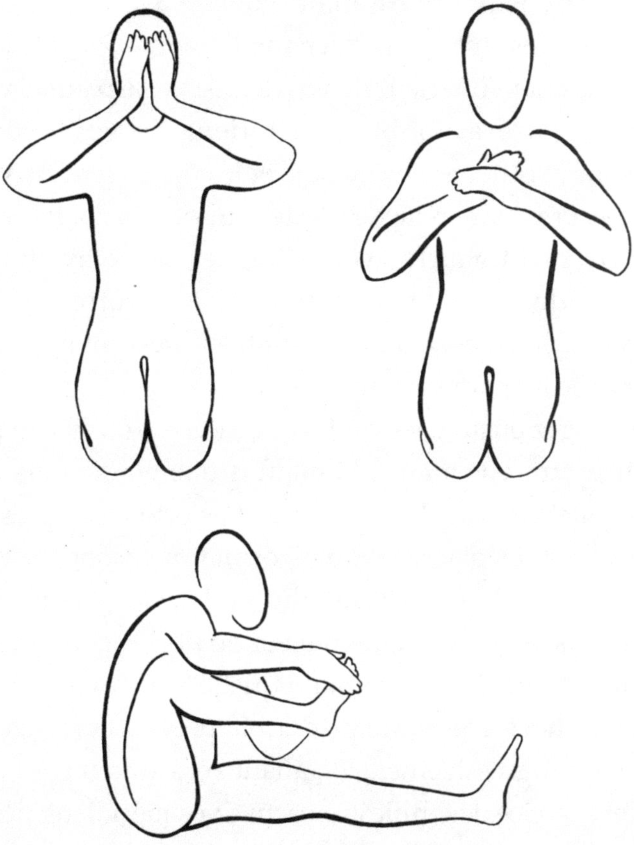

Image 12c. *Tonifier le corps*

Placez vos mains sur le bas de votre abdomen. Pressez et relâchez votre abdomen, puis déplacez vos mains vers le haut, pressez et relâchez, en remontant vers le cœur. Placez ensuite vos mains à l'arrière de votre taille, puis déplacez-les vers le haut. Pressez et relâchez le bas de votre dos, le haut du dos et les côtés, en déplaçant vos mains progressivement vers le cœur.

Serrez ensuite votre main gauche avec votre main droite, en pressant et en relâchant. Remontez vers le cœur en passant par l'intérieur de vos doigts, votre paume, votre poignet, votre avant-bras, l'intérieur de votre coude, votre bras, votre aisselle gauche et le côté gauche de votre poitrine. Pressez et relâchez l'extérieur de vos doigts, le dos de votre main gauche, votre poignet, votre avant-bras, votre coude, votre bras, votre épaule et votre poitrine. Faites la même chose du côté droit, en pressant et en relâchant avec la main gauche.

Allongez ensuite les jambes. Prenez vos orteils du pied gauche entre vos mains, la main droite en dessous et la main gauche sur le dessus. Serrez vos orteils, en pressant et relâchant. Déplacez ensuite vos mains le long de votre pied gauche, de la cheville, du mollet, du genou, de la cuisse, des fesses, de l'abdomen et du dos. Pressez et relâchez tout en déplaçant vos mains jusqu'à votre cœur. Faites la même chose avec votre pied droit, pressez et relâchez la pression progressivement, en allant vers le cœur.

Cet exercice de tonification active vos méridiens, accroît la circulation d'énergie pranique à travers vos *nāḍī* et augmente vos réserves d'énergie vitale.

Ūrdhva sarvāṅgāsana **(posture de la chandelle)**

Étendez-vous sur le dos, les bras de chaque côté de votre corps. Levez lentement les jambes jusqu'à ce que vos orteils pointent vers le plafond, puis soulevez progressivement votre colonne vers le haut, une vertèbre à la fois, tout en soutenant votre dos avec vos mains tandis que vos coudes et vos bras s'appuient sur le sol, jusqu'à ce que votre menton vienne reposer contre votre poitrine. Votre tête, votre cou et vos épaules doivent demeurer en contact avec le tapis tandis que vous faites cet *āsana*. Si vous ne pouvez pas soulever votre tronc complètement, soulevez-le le plus haut possible. Maintenez cette position pendant 10 secondes, tout en respirant lentement. À partir de cette position, passez directement à la suivante : la posture de la charrue.

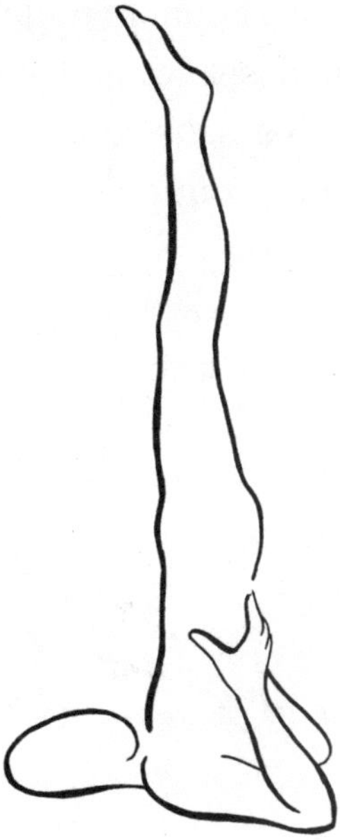

Image 12d.
Posture de la chandelle

IMPORTANT : Les personnes qui ont des problèmes de haute ou de basse pression artérielle ou qui souffrent d'une hernie doivent consulter leur médecin avant d'essayer ces postures qui défient la pesanteur.

Halāsana **(posture de la charrue)**

Tandis que vous vous tenez encore sur vos épaules, pliez votre corps au niveau des hanches. Gardez les jambes droites jusqu'à ce que vos orteils touchent le sol derrière votre tête. Placez vos bras et vos mains devant vous, les paumes à plat sur le sol. Si vous n'arrivez pas à toucher le sol avec vos orteils, allez aussi loin que vous le pouvez. Maintenez cette position pendant 10 secondes. Pliez ensuite les genoux et déroulez progressivement votre colonne, une vertèbre à la fois, du cou jusqu'au coccyx, tout en soutenant votre dos avec vos mains, jusqu'à ce que vos fesses touchent le sol. Dépliez ensuite les jambes et abaissez-les lentement. Faites cet *āsana* lentement et avec grâce, sans vous presser. Évitez les mouvements brusques et les coups secs.

IMPORTANT : Les personnes qui souffrent de problèmes cardiaques ou d'hypertension ne doivent pas tenter cet exercice.

Image 12e. *Posture de la charrue*

Siddhāsana **(posture parfaite ou posture de l'adepte)**

Assoyez-vous et étirez vos jambes vers l'avant. Pliez votre jambe gauche au niveau du genou et placez votre talon gauche sous le périnée, la partie molle entre l'anus et le scrotum ou entre l'anus et le vagin. Puis, pliez votre genou droit et placez votre talon droit contre l'os pubien, juste au-dessus des organes génitaux. Positionnez votre corps de façon à ne ressentir aucune pression sur les organes génitaux. Placez les orteils de votre pied gauche et de votre pied droit entre vos cuisses et vos mollets. Gardez votre colonne vertébrale bien droite et placez vos mains sur vos genoux, les paumes tournées vers le haut, la main droite par-dessus la gauche.

Image 12f. *Posture parfaite*

Fermez les yeux et répétez l'affirmation suivante à haute voix : « JE SUIS un être parfait d'une grande puissance et énergie » (ou une affirmation similaire). Maintenez la posture pendant 10 secondes en respirant normalement.

Le *siddhāsana* est le mieux coté de tous les 840 000 *āsana*. Le meilleur *āsana* pour la méditation, la concentration, la prière, la réalisation de soi et l'adoration, il éveille le troisième œil, aide à atteindre les *siddhi* (perfections ou pouvoirs supranormaux), favorise le *brahmacarya* (célibat) et la discipline mentale, augmente la circulation pranique à travers les *nāḍī* et éveille la *kuṇḍalinī*.

Padmāsana **(posture du lotus ou verrouillage des pieds)**

Assoyez-vous sur un tapis, les jambes étirées vers l'avant. Saisissez votre pied droit et placez-le sur votre cuisse gauche, près de votre hanche. Saisissez ensuite votre pied gauche et placez-le sur votre cuisse droite, de façon à ce que vos talons se touchent et se trouvent aussi près que possible de votre nombril. Gardez la tête, le cou et le tronc bien droits.

Placez vos mains entre vos talons, la main droite sur la gauche, les paumes tournées vers le haut (pour alléger le corps). Ou placez vos mains sur vos genoux, les paumes vers le haut, en joignant le pouce et l'index et en laissant les autres doigts détendus (pour enraciner le corps). Gardez les genoux et les cuisses à plat sur le sol. Si vous avez de la difficulté à prendre la pose du lotus, vous pouvez adopter la position du « demi-lotus », en plaçant votre talon droit contre le périnée et le talon gauche sur votre cuisse droite. Maintenez cette posture pendant 10 secondes en respirant normalement.

Image 12g. *Posture du lotus*

12h. *Posture du lotus avec flexion vers l'avant*

Yoga mudrā **(posture du lotus avec flexion vers l'avant)**

Assoyez-vous dans la posture du lotus (ou du demi-lotus). Inspirez profondément, puis expirez en vous penchant vers l'avant jusqu'à ce que votre front touche le sol. Assurez-vous de vous courber à partir des hanches et pas seulement au niveau de la taille. Étirez vos bras devant vous, les paumes vers le bas. Maintenez cette posture pendant cinq secondes. Puis, inspirez tout en redressant lentement la colonne vertébrale, jusqu'à ce que vous soyez assis bien droit dans la position du lotus.

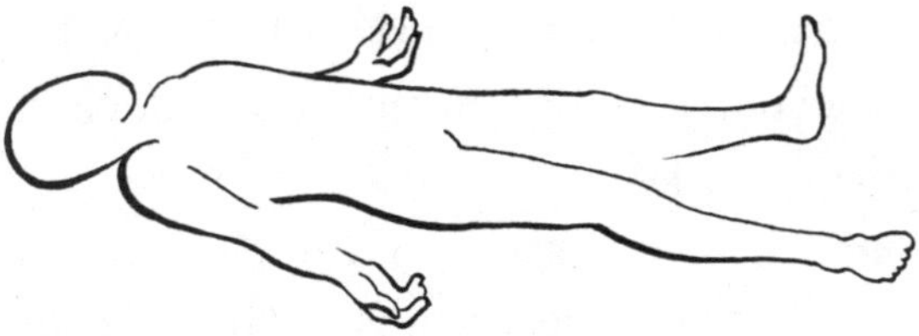

Image 12i. *Posture du cadavre*

Śavāsana **(posture du cadavre)**

Étendez-vous sur le dos, les paumes vers le haut, les jambes détendues, les orteils pointant vers l'extérieur, les yeux fermés. Dites l'affirmation suivante à haute voix (ou quelque chose d'approchant) : « JE SUIS la paix et l'harmonie divines. » Respirez lentement et régulièrement. Prenez conscience de votre corps. Partout où vous ressentez du stress ou de la tension, laissez votre attention se reposer calmement à cet endroit ou ces endroits. Progressivement, vos muscles se détendront et deviendront mous et flexibles. Votre intellect se calmera. Votre esprit deviendra paisible et satisfait. Restez dans cette position pendant au moins cinq minutes.

Exercices subtils

Ces exercices appartiennent à la catégorie appelée *sūksma vyāyāma*, qui signifie « mouvements de yoga faciles et minimaux ». Ces exercices peuvent être pratiqués par des personnes de tous âges et de toutes conditions physiques. Bien que simples et faciles, ces exercices donnent des résultats extrêmement bénéfiques et durables. Les exercices ci-dessus ne sont que quelques exemples de ceux que vous trouverez dans mon livre *Exploring Meditation*. J'ai choisi de les inclure ici parce qu'ils peuvent vous aider à développer votre troisième œil.

À moins d'avis contraire, ces exercices doivent se faire debout, la bouche fermée, les bras de chaque côté du corps, les mains ouvertes, les doigts collés ensemble, les paumes tournées vers les cuisses. La respiration se fait toujours par le nez, à moins d'indication contraire.

Medha-sakti-vikasaka ***(développer l'intellect)***

Fermez les yeux. Baissez le menton de façon à ce qu'il repose sur votre échancrure trachéale. Cette position, appelée *jālandhara bandha* (« verrou du menton »), tire vers le haut votre *nāḍī suṣumṇā* ainsi que vos chakras. Portez toute votre attention sur la tension qui s'exerce au niveau de votre nuque. Gardez la bouche fermée et respirez vigoureusement comme un soufflet à au moins 10 reprises (voir page 154 pour apprendre à respirer comme un soufflet).

Buddhi tatha dhrti-sakti-vikasaka ***(développer l'esprit et la volonté)***

En gardant les yeux grands ouverts, penchez la tête vers l'arrière le plus loin possible. Placez toute votre attention sur le sommet de votre tête. Inspirez et expirez vigoureusement par le nez comme un soufflet à au moins 10 reprises.

Smaraṇa-sakti-vikasaka **(développer la mémoire)**

En gardant les yeux ouverts et la tête bien droite, fixez un point à environ deux mètres devant vos pieds. Portez toute votre attention sur le point situé au milieu et au sommet de votre tête (appelé *brahmarandhra* ou le point d'acupuncture *baihui*), inspirez et expirez vigoureusement comme un soufflet à au moins 10 reprises. Cet exercice soulage de la fatigue mentale, chasse l'épuisement nerveux et améliore la mémoire.

Exercices de visualisation complémentaires

Tandis que vous pratiquez les phases d'inspiration et de rétention du *prāṇāyāma*, portez votre attention sur le *mūlādhāra* chakra à la base de votre colonne vertébrale. Durant la phase d'expiration, portez votre attention sur le *bhrūmadhya* au milieu de votre front.

Après avoir utilisé ces techniques, dites l'affirmation suivante :

> « JE SUIS rempli de la paix et de la grâce de Dieu. JE SUIS un être qui rayonne de beauté, de puissance et de gloire. JE SUIS un philanthrope de Dieu, un messager de Dieu et un ambassadeur de Dieu sur terre. Je mets désormais mes pouvoirs au service de Dieu. Non ma volonté, mais que ta volonté soit faite. Merci, mon Dieu, AINSI SOIT-IL. »

Au chapitre suivant, vous apprendrez comment utiliser le pouvoir des mots, sous forme d'affirmations et de prières, pour contribuer à l'éveil de votre troisième œil.

13

Affirmations du troisième œil

J'admets volontiers qu'il est difficile de croire qu'en chaque homme se trouve un œil de l'âme [...] beaucoup plus précieux que dix mille yeux de chair, car c'est par lui seul que la vérité est vue.
— Platon

La méthode dite de la « prière affirmative » est une façon simple et efficace d'ouvrir votre troisième œil. En 1986, j'ai appris à utiliser cette incroyable technique qui permet à n'importe qui de prier avec succès et d'obtenir des résultats étonnants. Cette méthode pratique, efficace et éprouvée a été testée et vérifiée par des millions de personnes, de tous les milieux et de toutes les religions, qui ont obtenu des résultats positifs significatifs.

La prière affirmative est un processus qui vous permet de traiter (guérir et transformer) votre esprit jusqu'à ce qu'il prenne conscience de la bonté éternelle de Dieu derrière l'apparence des fausses limites. En changeant votre esprit, vous pouvez changer le résultat des actions précédemment mises en branle par votre ancienne mentalité. La transformation survient quand vous mettez en place dans votre esprit les conditions qui permettent à Dieu d'agir en vous. Quand nous sommes convaincus que le but désiré est déjà atteint, le pouvoir de l'intention nous aide à l'atteindre.

Même si le recours à la prière et aux affirmations est de plus en plus populaire, bien des gens ignorent comment prier efficacement. Ce chapitre rend cela beaucoup plus simple. Les affirmations sont déjà écrites, elles sont faciles à utiliser et elles vous permettront d'obtenir des résultats. Tout le monde peut facilement comprendre et mettre en pratique ces puissantes méthodes.

Pour plus d'information sur la façon de créer et d'utiliser différentes prières affirmatives, consultez mes livres *Miracle Prayer* et *La guérison instantanée*. Pour commander un CD, télécharger des fichiers ou obtenir des prières de guérison supplémentaires sur cartes laminées, visitez le *www.divinerevelation.org*.

Mode d'emploi

Dans ce chapitre, vous utiliserez des affirmations et des prières spécifiquement conçues pour vous aider à ouvrir votre troisième œil. Ces prières sont universelles et compatibles avec toutes les religions et toutes les croyances. Vous pouvez, si vous le désirez, remplacer certains mots afin qu'ils correspondent davantage à vos propres affinités spirituelles. Par exemple, si vous préférez appeler le Créateur Déesse plutôt que Dieu, sentez-vous libre de le faire. Si vous préférez le nom Hashem à celui du Christ, changez-le. Si vous désirez faire appel à Krishna, Bouddha ou Allah, faites-le sans hésiter. Tous les noms de dieux ou de déesses sont acceptables.

Ces prières et ces affirmations doivent être dites d'une voix forte et claire. Les réciter de façon audible génère un maximum de puissance. Vous pouvez répéter ces prières et ces affirmations aussi souvent que vous le désirez. Si vous voulez manifester l'objet de vos désirs plus rapidement, répétez la prière plusieurs fois par jour. Continuez à la répéter jusqu'à ce que vous obteniez un résultat. Toutes les prières fonctionnent. Soit le résultat est instantané, soit elles vous apportent la guérison dont vous avez besoin pour vous rapprocher de votre objectif. Donc continuez à prier et n'abandonnez jamais, jamais, jamais.

Chaque fois que vous récitez l'une des prières de ce chapitre, rappelez-vous de la dire comme si votre moi supérieur s'exprimait à travers vous. Qu'est-ce à dire ? Votre moi supérieur possède un pouvoir et une autorité illimités. Il est le puissant JE SUIS, votre divinité intérieure : la présence de Dieu en vous. En Inde, cette présence divine est appelée *ātman*. Si vous parlez avec une telle autorité, vos paroles auront un grand pouvoir de manifestation. Par conséquent, imaginez dans votre esprit que votre nature divine, votre véritable moi supérieur, est celle qui récite la prière. Quand vous dites les puissantes paroles « JE SUIS », prononcez-les avec une voix imposante et autoritaire. Sachez que votre divinité intérieure est à l'œuvre pour manifester le résultat escompté.

Affirmations pour obtenir protection

Il est fondamental avant tout travail spirituel d'obtenir une forme de protection divine. Pour être en mesure d'ouvrir votre troisième œil et de développer votre énergie spirituelle, vous devez d'abord affirmer que vous êtes protégé par la présence de Dieu en vous.

Affirmation d'autorité sur soi

Votre *ājñā* chakra (troisième œil) est le « centre de commandement ». Et éveiller votre troisième œil est associé à la découverte de votre vrai moi. Pour cela, l'affirmation d'autorité sur soi peut vous aider à prendre conscience de qui vous êtes vraiment et de décréter que vous êtes aux commandes de votre destinée.

Cette affirmation peut transformer votre vie instantanément. Si vous la dites tous les jours, vous deviendrez plus autonome et vous aurez davantage confiance en vous. Cette affirmation ferme votre champ d'énergie aux niveaux inférieurs de l'esprit et vous ouvre au monde spirituel.

Avec cette affirmation, vous pouvez vous protéger contre l'hypersensibilité à la « statique environnementale » : contre les vibrations et les pensées négatives présentes dans l'atmosphère mentale. Si vous avez tendance à absorber les vibrations comme une éponge, à prendre sur vous les maladies des gens qui vous entourent, ou à vous ressentir des vibrations inférieures des environnements lourds, cette affirmation peut raviver et restaurer votre énergie.

Utilisez-la chaque fois que vous vous sentez faible, effrayé, impuissant, embarrassé ou intimidé. Je vous recommande de la réciter avant de quitter la maison, avant de méditer et de vous endormir. Utilisez-la chaque fois que vous avez besoin de vous sentir protégé, en contrôle et en confiance, au moment d'entrer dans une pièce bondée, avant de rencontrer une figure d'autorité, avant et après une rencontre avec des clients, avant un examen, une entrevue, une audition ou une réunion. Quand vous vous sentez épuisé par les gens ou une situation, ou si vous sentez une énergie envahissante qui vous fait de l'ombre, utilisez cette prière, que vous soyez ou non en train de méditer.

> *JE SUIS en contrôle.*
> *JE NE FAIS qu'un avec Dieu.*
> *JE SUIS la seule autorité dans ma vie.*
> *JE SUIS divinement protégé par la lumière de mon être.*
> *Je ferme mon aura et mon corps de lumière*
> *Aux niveaux astraux inférieurs de l'esprit.*
> *Et je suis à présent ouvert au monde spirituel.*
> *Merci, mon Dieu, et AINSI SOIT-IL.*

Prière de l'armure divine

Quand vous êtes rempli et entouré de l'amour resplendissant de Dieu, rien ni personne ne peut envahir votre champ d'énergie ou s'y introduire. Une armure divine d'invincibilité vous protège en tous lieux et en toutes circonstances. Permettre à Dieu d'être votre divin protecteur est la meilleure façon de devenir invulnérable aux énergies inférieures.

J'ouvre à présent mon cœur à l'éclatante lumière de
l'amour de Dieu.
La radieuse lumière de Dieu se déverse à présent dans
mon être.
La grâce de Dieu remplit et entoure mon champ d'énergie
D'une grande beauté, d'une grande lumière et d'un grand
bien-être.
Je suis à présent à l'intérieur d'une bulle divine
De lumière radieuse, scintillante, irisée et de toute beauté.
Cette bulle divine est une sphère d'or multicolore
Qui remplit, pénètre et entoure mon champ d'énergie
D'une lumière blanc, violet, rose, bleu, vert et argenté.
Cette sphère de lumière invincible et d'une grande beauté
Me guérit, me protège et me scelle.
Je vois que tous les trous, toutes les perforations et toutes
les ouvertures
Qui ont déchiré mon champ d'énergie sont à présent
scellés
Par le blanc feu purifiant du Saint-Esprit
Et la magnifique lumière dorée de l'amour de Dieu.
Merci, mon Dieu, et AINSI SOIT-IL.

Affirmations pour la lumière intérieure

Votre corps subtil peut être transformé par deux énergies de base : la lumière et le son. Le troisième œil est le centre de la lumière dans votre corps, et le mantra primordial de ce chakra, *Om*, est la source primordiale de tous les sons de l'univers. Les prières suivantes augmenteront l'intensité de votre lumière, et ces affirmations auront un effet positif sur votre champ d'énergie par le biais du son.

Utilisez-les pour guérir, purifier, débloquer, éveiller et élever votre champ d'énergie à une octave vibrationnelle supérieure et pour entrer en contact avec l'Esprit.

Le faisceau de lumière

Vous pouvez accélérer votre éveil spirituel et faire remonter l'énergie de la *kuṇḍalinī* en visualisant la lumière de Dieu en vous. Le faisceau de lumière de Dieu est l'une des façons que Dieu utilise pour s'exprimer à travers vous.

Un magnifique faisceau de lumière divine est à présent établi
Au centre même de mon corps.
Ce faisceau de lumière s'étend du sommet de ma tête
Jusqu'à la plante de mes pieds
En passant par la ligne médiane de mon corps.
Ce faisceau de lumière d'une beauté et d'une gloire incommensurables
Est embrasé par la pure lumière et le pur amour de Dieu.
Je suis centré, équilibré et protégé
Par le faisceau de lumière de Dieu, et JE SUIS en paix.
Merci, mon Dieu, et AINSI SOIT-IL.

Invocation de la lumière divine

Invoquez la lumière de Dieu pour faire l'expérience de l'éveil de votre troisième œil. Tandis que vous récitez cette affirmation, imaginez la lumière de Dieu vous remplissant et vous entourant de sa puissance et de sa gloire divines.

JE SUIS la lumière divine.
JE SUIS la lumière de Dieu.
La lumière de Dieu me remplit et m'entoure à présent.
La lumière de Dieu me pénètre et m'inonde de sa paix.
La lumière de Dieu infuse mon être de son éclat.
La puissance et la gloire de la lumière de Dieu me soulèvent.
JE SUIS glorifié par la lumière de Dieu,
Qui vibre en moi et autour de moi.
Merci, mon Dieu, et AINSI SOIT-IL.

Débloquer votre chakra du troisième œil

Les affirmations peuvent être un outil puissant pour guérir votre troisième œil ainsi que son siège, la glande pinéale. Ces prières peuvent vous aider à éliminer les congestions physiques, les blocages énergétiques et les limitations émotionnelles qui entravent votre troisième œil.

Déverrouiller le troisième œil

Cette affirmation peut vous aider à ouvrir votre troisième œil et à chasser ce qui empêche son ouverture.

J'invoque à présent la sainte présence de Dieu,
Afin d'accroître ma vibration et d'ouvrir complètement mon troisième œil.
Tout ce qui recouvre ou bloque mon troisième œil,
Que cela soit connu, inconnu, conscient ou inconscient,
Est à présent retiré, guéri, libéré et relâché avec amour.

*Mon troisième œil est à présent déverrouillé, décontracté
et complètement ouvert.
Mon troisième œil apparaît à présent dans toute sa gloire
Et inonde tout mon corps de sa luminosité.
Mon troisième œil resplendit à présent d'un éclat
lumineux
Et me bénit, moi et tous ceux qui m'entourent.
Merci, mon Dieu, et AINSI SOIT-IL.*

Purifier votre troisième œil

Cette affirmation a pour but de purifier, de guérir et d'ouvrir votre troisième œil. Quand cet œil intérieur est obstrué par des croyances restrictives, il peut s'atrophier et se calcifier. La lumière qui entre normalement dans le troisième œil cesse d'arriver jusqu'à lui, si bien que l'œil intérieur n'y voit plus rien. Cette affirmation redonne la vue au troisième œil devenu aveugle.

*J'en appelle à présent au Saint-Esprit et à la puissance de
Dieu,
Afin qu'ils guérissent, purifient et éliminent toutes traces
de calcification de mon troisième œil,
Qu'elles soient d'origine spirituelle, émotionnelle, mentale ou physique.
Tout ce qui rigidifiait ma glande pinéale a été dissout
Par la lumière du Saint-Esprit et la présence de Dieu.
À présent, je chasse, élimine et relâche
Toutes les croyances, habitudes et conditions négatives
Qui s'étaient logées et incrustées dans mon troisième œil.*

Je permets à présent à mon troisième œil de s'extirper, de se guérir et de se libérer
De tous les débris et rebuts qui ne me sont plus utiles.
J'en appelle au Saint-Esprit et à la puissance de Dieu,
Afin qu'ils inondent mon troisième œil de pure lumière, de la lumière de Dieu.
Mon troisième œil est à présent ouvert à cette lumière
Et rempli de l'éclat, de la beauté et de la joie
Qui sont en Dieu. JE SUIS édifié, guéri et béni
Par la puissance de Dieu et le doux et lumineux éclat
De son amour divin.
Merci, mon Dieu, et AINSI SOIT-IL.

Guérir votre *ājñā* chakra

Cette affirmation vous aidera à éliminer les blocages de l'attachement à l'ego qui sont liés au chakra du troisième œil.

La grâce et la sagesse de Dieu
Rayonnent et vibrent à travers moi.
JE SUIS la sagesse qui est en Dieu.
La présence aimante de Dieu remplit mon être de lumière.
Je suis à présent libre de mon attachement à l'ego.
Je me libère du besoin de me sentir membre d'une élite, original ou incompris.
Je laisse de côté mes pouvoirs psychiques et tout sentiment de supériorité spirituelle.
Je me libère des attachements à l'esprit.
Je coupe tous les liens avec l'intellect.

Je chasse toutes les croyances et les habitudes qui m'enchaînaient.
Je m'abandonne à la grâce de Dieu
Et JE SUIS l'instrument de lumière de Dieu.
Que la volonté de Dieu soit faite dans tous les domaines, maintenant et toujours.
Merci, mon Dieu, et AINSI SOIT-IL.

Éveiller votre troisième œil

Les affirmations suivantes peuvent être un outil puissant pour éveiller et ouvrir votre troisième œil. Ces prières peuvent vous aider à cultiver l'énergie de votre troisième œil.

Prière de guérison

Cette substance dorée aux propriétés curatives est l'élixir de la vie éternelle, produite par la glande pinéale, siège du troisième œil. En invoquant cette substance, vous entrez dans la lumière de Dieu.

JE SUIS à présent rempli, soulevé et entouré
Par la substance dorée de la conscience de Dieu.
Je suis à présent débordant de l'amour, de la lumière et de la vérité de Dieu.
Dieu remplit mon aura et mon corps de lumière
Avec cette substance dorée qui me guérit,
Qui ferme les portes de mon corps physique et subtil
Aux niveaux inférieurs astraux de l'esprit
Et qui me met à l'unisson de la conscience de Dieu.

Cette substance dorée et curative me guérit et me soulève.
Elle éveille ma conscience à la conscience de Dieu en moi
Et dans toute la création.
JE SUIS à présent guéri et JE SUIS parfaitement à l'unisson
De la présence de Dieu en moi et dans toute la création.
Je m'éveille avec amour à une plus grande conscience
De la présence de Dieu en moi et autour de moi.
Merci, mon Dieu, et AINSI SOIT-IL.

Stimuler la production de *sóma*

Cette affirmation peut vous aider à éveiller et à stimuler la production de *sóma* (nectar d'immortalité) dans votre troisième œil et votre glande pinéale.

Écoule-toi, sóma, *comme un ruisseau doux et grisant.*
Écoule-toi, sóma, *élixir des dieux, bienfaiteur de l'humanité.*
Écoule-toi, sóma, *comme les courants de doux miel de la lune.*
Écoule-toi, sóma, *comme une vague de copieux nectar.*
Écoule-toi, sóma, *lumière liquide ; circule à travers mon corps.*
Écoule-toi, sóma, *et fais de mon corps un temple de Dieu.*
Écoule-toi, sóma, *comme un excellent ruisseau de pureté et de santé.*

Écoule-toi, sóma, *ouvre les écluses et déverse-toi dans mon être.*
Écoule-toi, sóma, *et remplis-moi d'éclat, de lumière et de gloire.*
Écoule-toi, sóma, *et engloutis-moi dans la substance immortelle de Dieu.*
Je m'abandonne à Dieu et JE SUIS en paix.
Merci, mon Dieu, et AINSI SOIT-IL.

Absorption dans le *nirvāṇa*

Le centre secondaire du troisième œil, le *nirvāṇa* chakra, est l'endroit où la *kuṇḍalinī* est absorbée par la conscience de béatitude absolue. Cette affirmation porte sur cette expérience d'union divine et de fusion suprême avec Dieu. Fermez les yeux et imaginez que la subtile mais puissante *kuṇḍalinī* remonte lentement le long de votre colonne vertébrale, traversant chaque chakra et absorbant chacun des éléments de ces chakras. Finalement, voyez la *kuṇḍalinī* arrivée au *nirvāṇa* chakra au sommet de votre crâne. Puis, récitez l'affirmation suivante à haute voix :

JE SUIS absorbé par la puissance dévorante de la kuṇḍalinī.
Je m'abandonne à la volonté de Dieu.
Mon être se dilate jusqu'à toucher l'infini
Tandis que mon faux ego disparaît dans la totalité.
Je suis rempli de la béatitude du nirvāṇa.
Je prends conscience de la véritable nature de mon être
Et JE SUIS en paix.
Merci, mon Dieu, et AINSI SOIT-IL.

Invocation du troisième œil

Avec cette puissante invocation, vous faites appel aux êtres divins de lumière et recevez leur aide, afin d'ouvrir votre troisième œil et de vivre un éveil spirituel. Invoquer des êtres divins de cette façon produit un effet puissant et profond.

Je lâche prise et laisse Dieu remplir mon troisième œil
De l'éclat de sa lumière divine.
J'en appelle à tous les êtres divins de lumière
Qui viennent au nom de Dieu;
Remplissez mon troisième œil de vos bénédictions rayonnantes.
J'en appelle au magnifique Saint-Esprit,
L'esprit de vérité et de complétude;
Fais resplendir ton beau feu blanc et lumineux,
Afin que celui-ci remplisse et purifie mon troisième œil de son éclatante lumière blanche.
J'en appelle à Saint-Germain;
Remplis mon troisième œil de ta flamme violette et dévorante
Pour nettoyer, guérir et purifier mon troisième œil,
Et accroître sa vibration au plus haut niveau de vibration spirituelle
Que je puisse apprécier à ce moment-ci.
J'en appelle au brillant Jésus-Christ;
Remplis mon troisième œil de ton étincelante lumière dorée
De la conscience du Christ

Et fais resplendir cette lumière dorée scintillante
À travers tous les atomes de mon corps
Et mes différents corps subtils :
Spirituel, mental, émotionnel, physique et matériel.
J'en appelle à Guanyin et à la Vierge Marie ;
Faites briller une belle lumière rose et chatoyante
Pour imprégner et infuser mon troisième œil
De luminosité divine, de douceur, de tendresse,
De paix, d'amour, de compassion, de force et de sagesse.
J'en appelle à Bouddha ;
Fais vibrer la lumière de la sagesse sur mon troisième œil,
Permets-moi d'atteindre l'illumination spirituelle
Et libère-moi de la roue du saṃsāra.
J'invoque Mahamuni Babaji, le sage immortel ;
Fais flamboyer dans toute sa gloire
Ta claire lumière resplendissante de l'illumination
Pour exalter, guérir, purifier et transformer mon troisième œil.
Je demande à présent à Babaji de faire pénétrer dans mon troisième œil
La pure et claire lumière de l'illumination,
Qui m'ouvre à la conscience de la vérité suprême,
Qui permet à mon œil spirituel de voir la réalité suprême,
Et qui accroît ma vibration au plus haut niveau de conscience
Que je puisse apprécier à ce moment-ci.
J'en appelle à tous les êtres divins de lumière
Qui viennent au nom de Dieu,
Pour m'élever à un niveau de conscience supérieur,

Qui me permet de voir la vérité, de connaître la vérité et de vivre la vérité.
Merci, mon Dieu, et AINSI SOIT-IL.

Traitement par la prière

Les traitements par la prière s'appuient sur un processus en neuf étapes qui vous aide à voir la vérité derrière les fausses apparences. Cette méthode est une façon très efficace de changer votre vie en changeant votre état mental.

Traitement pour ouvrir le troisième œil

Ceci est un traitement pour moi-même, (dites votre nom au complet)*, pour parfaitement guérir, éveiller et ouvrir mon troisième œil, ou mieux.*

Je sais et je reconnais à présent qu'il existe une puissance et une présence à l'œuvre dans l'univers et dans ma vie : Dieu, le bon et l'omnipotent. Dieu est la source de tout bien, la lumière de ma vie, la vérité de mon être. Dieu est le guide divin, l'intelligence divine, la véritable perfection de l'être. Dieu est perfection partout et en tout lieu. Dieu est perfection ici et maintenant. Dieu est la lumière divine à l'intérieur de moi, la source de la sagesse, de l'intuition et des perceptions suprasensorielles. Dieu est l'œil qui voit tout, l'œil de vérité et de sagesse divines.

Je fusionne à présent avec Dieu, pour former un tout parfait et homogène. Dieu et moi ne faisons qu'un. Nous ne sommes qu'un seul esprit. Dieu, mon conseiller personnel, est en moi. Dieu est le phare de ma vie, celui qui me montre la voie, le seul vrai guide sur le chemin de la vie. La lumière, la sagesse, l'intuition et la perception suprasensorielle de Dieu sont en moi, au cœur même de mon être. JE SUIS l'œil qui voit tout, l'œil de vérité et de sagesse divines.

Je déclare, par conséquent, pour moi-même, (dites votre nom au complet), *que mon troisième œil est à présent éveillé et ouvert aussi grand qu'il m'est permis de l'apprécier à ce moment-ci.*

À présent, je vois et je sais que mon troisième œil est ouvert, et je l'accepte. Je libère, je dissous, je délie et je relâche tous les blocages qui maintenaient mon troisième œil fermé. Je me libère de toutes les tendances qui me faisaient craindre la vérité. Je dissous toutes les croyances qui m'amenaient à renier mes pouvoirs supranormaux, parce que les gens auraient pensé que je ne suis pas « normal ». Je chasse de mon esprit l'idée que je ne mérite pas d'ouvrir mon troisième œil. Je dissous tout ce qui m'incite à croire que je ne le mérite pas. Je me libère de mon attachement à l'ego et de tout sentiment d'infériorité ou de supériorité.

J'accueille à présent dans mon intellect, mon cœur et mon esprit de nouvelles croyances qui me seront profitables. J'accepte à présent que mon troisième œil soit nettoyé, guéri et purifié. J'accepte le fait d'être prêt à voir et à connaître la vérité. J'accueille à présent mes dons spirituels et mes pouvoirs suprasensoriels. Je mérite de faire l'expérience de la personne que je suis vraiment. Je mérite d'ouvrir mon troisième œil. J'accepte à présent la vérité à mon sujet en tant qu'être divin de lumière.

J'accepte de tout cœur le fait que mon troisième œil soit éveillé et ouvert aussi grand qu'il m'est permis de l'apprécier à ce moment-ci. Je confie à présent cette prière au soin de la loi spirituelle, sachant qu'elle se réalisera aussitôt, par la grâce de Dieu, de façon parfaite. Merci, mon Dieu, et AINSI SOIT-IL.

Pour des centaines de prières et d'affirmations supplémentaires, lisez mes livres *Miracle Prayer* et *La guérison instantanée*. Au chapitre suivant, vous apprendrez comment enfoncer les barrières qui bloquent votre troisième œil et vos dons intuitifs.

14

Méditations du troisième œil

Je veux connaître les pensées de Dieu ;
tout le reste n'est que détails.
— Albert Einstein

Durant ce que nous appelons une séance de « Divine Revelation® Breakthrough », vous êtes guidé vers un état de méditation profonde et prenez directement contact avec l'Esprit qui est en vous. Durant cette séance, des choses remarquables se produisent. Vous vivez une expérience de guérison et d'élévation. Le niveau vibratoire de votre esprit et de votre corps passe à un degré supérieur. Énergie, amour, puissance et lumière inondent votre être. L'inspiration coule à flots.

La plupart des gens qui participent à une séance de « percée spirituelle » désirent développer leur intuition. Certains souhaitent ouvrir leur troisième œil et développer leurs dons de clairvoyance, de clairaudience et de clairsentience. D'autres cherchent à communiquer directement avec leur moi supérieur, avec Dieu en eux ou avec un ange ou un maître ascensionné qui pourra les guider, en prenant une forme qui correspond à leurs croyances. Les participants sont souvent surpris de voir à quel point il est facile de recevoir ces bienfaits.

La communication intérieure avec l'Esprit peut se faire de trois façons : 1) en recevant des visions divines ; 2) en entendant des messages divins ; 3) en recevant des émotions divines. Par exemple, vous pouvez voir un ange ou une lumière éclatante et éblouissante. Vous pouvez entendre des paroles de réconfort ou de sagesse dans votre esprit. Vous pouvez éprouver des sensations extatiques ou encourageantes. C'est ainsi que l'Esprit communique avec votre moi humain.

Vous pouvez apprendre à interpréter ces expériences intérieures et à entendre la voix du divin. Vous pouvez également apprendre à dire tout haut les messages que vous recevez de l'intérieur au moment même où vous les recevez. C'est ce que l'on appelle retransmettre en direct les messages de l'Esprit.

Les messages réconfortants sont accompagnés de sensations de joie, de bonheur, de paix, de sérénité et d'unité extatique. Les élèves sont souvent étonnés de voir à quel point ce contact avec le divin peut être inspirant et libérateur. Ils sont abasourdis par la profondeur de leurs pensées et de leurs inspirations quand ils se mettent au diapason de l'Esprit.

En 1963, quand mon mentor, le Dr Peter Victor Meyer, m'a initiée à mes premières séances de percée spirituelle, un nuage opaque de poussière astrale enveloppait la terre de négativité et de pessimisme. En raison de cette atmosphère de négativité, il fallait 18 semaines de formation pour préparer les élèves à vivre leur première percée.

Aujourd'hui, une bonne partie de cette négativité a été éliminée en raison du grand nombre de personnes qui méditent, qui prient, qui soignent et purifient l'atmosphère entourant la terre. En 1963, il y avait de la « friture sur la ligne », et cela nous empêchait de recevoir clairement les messages de l'Esprit. Aujourd'hui, les élèves, quels que soient leurs antécédents, reçoivent leurs premiers messages au bout de quelques minutes.

Je ne possédais personnellement aucune habileté spéciale en matière d'intuition, de clairvoyance ou de clairaudience avant d'apprendre cette méthode, et pourtant j'ai appris à le faire de façon efficace. Si j'ai pu l'apprendre, vous le pouvez, vous aussi.

Objectifs de la séance

Une séance de percée spirituelle débute par une expérience méditative durant laquelle les quatre objectifs suivants sont atteints.

1. Prendre contact avec le divin

Le premier objectif de la séance est de faire directement l'expérience de la présence aimante de Dieu : le sentiment d'être chez soi dans le cœur de Dieu. Quand j'ai commencé à pratiquer cette méditation, j'ai découvert en elle une grande source de réconfort et de consolation, et j'ai compris que je ne serais plus jamais seule.

Quand vous êtes en contact avec l'esprit divin, vous ressentez des émotions et des bienfaits extraordinaires : amour inconditionnel, paix, tranquillité, sérénité, confort, protection, sécurité, confiance, assurance, joie, bonheur, extase, courants de lumière divine, vagues d'amour divin, force intérieure, puissance, énergie, satisfaction, épanouissement, grâce, bénédictions, gloire, unité et intégralité.

Les sentiments d'unité et d'intégralité sont les deux plus importants. De telles émotions vous aident à comprendre que vous êtes vraiment dans le giron de l'amour divin.

2. *Nom intérieur vibrationnel*

Le second objectif est de recevoir et de vérifier au moins un « nom » intérieur vibrationnel, qui permet d'identifier un aspect de votre moi supérieur ou de votre professeur divin en vous. Les noms intérieurs sont des sons vibratoires correspondant à différents aspects du divin. Il peut s'agir de déités, de maîtres ascensionnés, d'anges, d'archanges ou d'autres êtres divins. Ces noms sont d'importants panneaux indicateurs vous signalant que vous êtes en contact avec le véritable Esprit plutôt qu'avec votre propre esprit ou des entités du monde astral. Après avoir identifié ces véritables noms intérieurs spirituels, vous saurez avec qui vous êtes en contact et de qui vous recevez des messages.

3. *Signal intérieur vibrationnel*

Le troisième objectif est de recevoir et de vérifier un « signal » intérieur vibrationnel correspondant à chacun des noms intérieurs reçus. Ces signaux sont des émotions, des visions, des sons, des mouvements corporels, des odeurs et des goûts subtils. En recevant un signal spécifique pour chaque nom intérieur, vous pourrez par la suite identifier chacun de ces noms par le signal qui lui correspond. Par conséquent, chaque signal est comme une carte d'identité qui vous aide à identifier les êtres divins présents.

Avez-vous déjà eu l'impression d'être touché par l'Esprit ? Peut-être avez-vous déjà été profondément ému par une toile lors d'une visite dans un musée. Peut-être avez-vous déjà été bouleversé par une œuvre musicale lors d'un concert. Ou peut-être avez-vous ressenti une émotion de ce genre alors que vous aidiez une personne dans le besoin ou que vous faisiez du bénévolat dans une maison pour personnes âgées. Ou peut-être s'agissait-il d'un coucher de soleil, d'un film exaltant ou d'un service religieux. Au point culminant de cette expérience bouleversante, vous avez probablement ressenti un frissonnement, des picotements ou une bouffée d'énergie. Vous avez sans doute eu la chair de poule. Cette émotion est l'un de vos signaux vibrationnels divins. Chaque signal apparaîtra de l'une des six façons suivantes.

Vue : clairvoyance

Il se peut que vous aperceviez une lumière d'une couleur particulière à un endroit spécifique dans votre champ de vision intérieur, votre corps ou l'un de vos centres d'énergie. La lumière peut être blanche, dorée, bleue, violette ou de n'importe quelle autre couleur. Votre signal peut également être un magnifique symbole, tel qu'une rose, un arbre, une fleur, une forme géométrique, l'étoile de David, une croix, un lever de soleil, une montagne, un endroit sacré ou toute autre vision agréable. Vous pouvez voir le visage ou la silhouette d'une déité, d'un saint ou d'un magnifique ange aux couleurs chatoyantes. Peut-être verrez-vous Jésus, Bouddha, Krishna ou un autre être divin.

Ouïe : clairaudience

Vous pouvez aussi entendre un son agréable dans votre esprit. Peut-être entendrez-vous une tonalité, des cloches, un carillon, des harpes, des flûtes célestes, des violons ou un autre instrument de musique, des symphonies célestes, la musique des sphères, des chœurs angéliques, des psalmodies, de la pluie qui tombe, des feuilles que l'on froisse, de l'eau qui s'écoule, le bruit du vent ou des vagues, le son de l'univers, le son *Om* ou un autre son similaire.

Goût : clairgustation

Les signaux gustatifs sont des goûts subtils qui apparaissent dans votre bouche ou votre gorge. Vous avez alors l'impression d'avoir mangé quelque chose de délicieux, alors que vous n'avez rien mangé. C'est ce que l'on appelle la *clairgustation*. Peut-être aurez-vous l'impression de goûter quelque chose d'agréable et sucré. Il peut s'agir d'un goût familier, tel que celui de la noix de coco, de la banane, de la carotte, de l'abricot, de l'orange, de la pêche, de la poire, de la framboise, de l'ananas, de la tangerine, du raisin, de la noix de cajou, de l'amande, de l'eau de rose, ou tout autre goût agréable et ambroisien. Ou il peut s'agir d'une saveur nouvelle et inconnue, mais néanmoins délectable.

Odorat : clairolfaction

Les signaux olfactifs sont des odeurs célestes que vous pouvez « sentir » avec vos sens intérieurs. C'est ce que l'on appelle la *clairolfaction*. Lorsque vous détecterez ces doux effluves, vous chercherez autour de vous la personne qui s'est parfumée de la sorte, mais il n'y aura personne. Ce sont vos sens intérieurs qui auront capté ce parfum divin. Vous sentirez peut-être l'odeur charmante de la rose, du jasmin, du lilas, du gardénia, de la lavande, du chèvrefeuille, du pin, de l'eucalyptus, du bois de santal, de l'orange, du citron, de la vanille, de la pêche, de la cannelle, de la muscade, ou un autre parfum agréable. Il peut également s'agir d'une odeur inconnue mais plaisante.

Toucher : clairsentience

Un signal kinesthésique se présente sous la forme d'une sensation subtile dans votre corps. C'est ce que l'on appelle la *clairsentience*. Il peut s'agir d'une sensation inhabituelle mais agréable dans une partie ou dans l'ensemble de votre corps. Peut-être ressentirez-vous une énergie se déplacer en vous. Il se pourrait que vous ressentiez une sensation de chaleur ou une douce brise. Des picotements ou des battements peuvent se faire sentir dans une extrémité, un bras, une jambe ou un orteil. Peut-être qu'une bouffée d'énergie ou un frisson remontera le long de votre colonne vertébrale. De l'énergie ou de l'électricité peut parcourir tout votre corps. Vous pouvez avoir l'impression que quelque chose vous entoure, vous enveloppe ou vous protège. Ou il se pourrait que vous ayez l'impression que quelque chose a touché votre corps, que ce dernier a changé de taille ou de forme. Vous pouvez également perdre toute sensation corporelle. Les frontières de votre corps peuvent se dissoudre. Vous pourriez pleurer des larmes de joie. Ou ressentir d'étranges sensations, comme des spirales ou d'autres formes géométriques. Ou encore votre signal peut correspondre à une expérience bizarre et difficile à décrire.

Mouvement corporel : psychokinésie

Quand vous recevez un signal correspondant à un mouvement physique, une partie de votre corps ou tout votre corps peut se mettre à bouger, à trembler ou à frissonner. Vous n'avez rien à craindre. C'est le signe que Dieu est présent. Votre tête peut se balancer ou pivoter d'avant en arrière. Votre tête ou votre corps peut se mettre à faire des mouvements circulaires. Votre tête peut se déplacer ou s'incliner dans une direction en particulier, remuer ou se balancer. Vous pouvez cligner des yeux. Peut-être votre tête s'inclinera-t-elle vers l'arrière ou sur le côté. Peut-être vos yeux se mettront-ils à rouler dans leur orbite. Une extrémité peut se soulever, se balancer ou bouger. Peut-être donnerez-vous aux autres l'impression que vous êtes en train de danser. Vous pouvez sourire ou arborer une autre expression faciale. Certains muscles peuvent remuer ou se contracter. Tout votre corps peut trembler, trembloter ou frémir. Vous avez déjà entendu parler des Shakers et des Quakers ? On ne les appelle pas ainsi pour rien.

4. Messages reçus par voie orale

Le quatrième objectif de la séance de percée spirituelle consiste à recevoir et à vérifier un message de l'Esprit et de transmettre par voie orale le message que vous avez reçu. Ce message peut être une pensée, une vision ou une sensation que vous exprimez avec des mots à l'instant où vous la recevez dans votre esprit ou votre cœur.

Comment vivre une percée spirituelle

Ce livre peut vous aider à vivre votre propre expérience de percée spirituelle. Puisque tout le processus de la révélation divine s'appuie sur le principe : « Demandez, et on vous donnera », vous pouvez en faire l'expérience simplement en le demandant !

En étant calme et à l'aise, dans un état de méditation profonde, vous pouvez demander à l'Esprit s'il est possible de vivre une expérience de percée spirituelle. Commencez votre méditation par une prière. Puis, tandis que vous plongez de plus en plus profondément en vous-même, vous passez par divers niveaux de conscience. Pour commencer, portez attention à ce qui vous entoure. Prenez ensuite conscience de votre corps, de votre esprit conscient et de votre inconscient. Quand vous êtes prêt, traversez la barrière des apparences : le voile qui vous séparait de la présence divine. Puis, faites l'expérience de l'Esprit en vous en tant que votre propre moi supérieur.

Cet état n'est pas un état de transe ou de sortie hors du corps. Il s'agit d'un état de méditation et de détente profonde dans lequel vous êtes pleinement alerte et éveillé. Franchir le seuil qui mène à votre moi supérieur peut être extraordinairement exaltant ou extrêmement banal. Vous pouvez avoir l'impression d'être dans un état de méditation profonde ou dans un état de veille ordinaire. Cela dépend de votre caractère et de vos expériences passées.

Après être entré dans un état méditatif, vous pouvez faire appel aux aspects de Dieu et à différents maîtres, que ce soit le Saint-Esprit, Jésus, Jéhovah, Krishna, Bouddha, Babaji, Saint-Germain ou d'autres, pour qu'ils vous aident à recevoir des signaux et des messages de l'Esprit. Si vous recevez un signal vibrationnel, demandez à recevoir un nom. Si vous recevez le nom, demandez à recevoir le signal. Une fois que vous avez reçu et le nom et le signal, demandez à recevoir le message. « Demandez, et on vous donnera. »

L'important est de lâcher prise et de permettre au processus de se mettre en branle. Si vous luttez contre celui-ci ou si vous en faites trop, il se peut que cela prenne plus de temps. Vous pouvez surmonter n'importe quel obstacle en utilisant les prières de guérison que vous trouverez dans mes livres *Divine Revelation, Comment entendre la voix de Dieu* et *La guérison instantanée*. Ces prières vous aideront à lâcher prise de façon à ce que vous puissiez plus facilement vivre cette expérience. Vous pouvez également prendre de grandes respirations ou plonger dans votre cœur si jamais vous avez l'impression de faire du surplace.

Vous vous dites peut-être : *Je sais que je ne serai jamais capable de me détendre. C'est trop difficile.* Ou : *Je sais que je vais en faire trop. Je ne vivrai jamais d'expériences spirituelles.*

Je vais demeurer assis là comme une cruche, et il ne se passera rien.

Si vous entretenez ce genre de doutes, répondez à la question suivante : même si vous doutez de vous-même, êtes-vous néanmoins capable de penser ? Quiconque est capable de penser peut recevoir un message de l'Esprit. C'est aussi simple que cela.

Il est normal d'avoir des doutes au sujet de quelque chose que l'on n'a jamais fait auparavant. Mais soyez assuré que vous pouvez vivre une expérience de percée spirituelle. Il suffit d'avoir la volonté d'apprendre. Certains peuvent mettre plus de temps que d'autres à briser la glace. Mais je n'ai jamais rencontré une personne déterminée qui n'y soit pas arrivée.

Lorsqu'ils vivent finalement une expérience de percée spirituelle, la plupart des gens sont envahis par un sentiment de joie, de béatitude, de bonheur, de soulagement, de paix intérieure, de détente profonde, de satisfaction, de complétude, de force intérieure, de maîtrise de soi et de confiance en soi. Se retrouver chez soi en Dieu qui vous accueille à bras ouverts, est généralement une expérience touchante et émouvante.

Vous pouvez recevoir un message d'amour et d'acceptation inconditionnels qui s'adresse personnellement à vous. Ce message peut prendre la forme d'une expérience visuelle qui raconte une histoire. Puis vous pouvez décrire cette vision à voix haute. Ou il peut venir sous la forme de pensées ou de mots dans votre esprit, que vous pouvez retransmettre de vive voix à mesure que vous les recevez. Ou il se peut que vous ressentiez une émotion ou une sensation que vous pouvez ensuite décrire.

Tous ceux qui ont suivi le cours de révélation divine ont réussi à atteindre les quatre objectifs de la séance de percée spirituelle. Pour vous aider à réussir cette percée, vous pouvez utiliser la méditation décrite à la page 286 de ce livre. Et je vous recommande de lire et d'étudier mes livres *Divine Revelation* et *Comment entendre la voix de Dieu.* Vous pouvez également vous inscrire à ma liste d'envoi au *www.drsusan.org,* afin d'être tenu informé des cours offerts. Prenez contact avec l'un des professeurs qualifiés au *www.divinerevelation.org/Teachers.html.* Vous pouvez télécharger la méditation « Divine Revelation Breakthrough » en version mp3 au *www.spiritualityproducts.com/secure/Order.html.* Cette méditation est également offerte avec la version papier du livre *Comment entendre la voix de Dieu,* que vous pouvez commander au *www.amazon.com.*

Développer sa perception extrasensorielle

La meilleure façon de développer nos habiletés extrasensorielles reste la pratique et l'utilisation régulière de celles-ci. Comme n'importe quelle autre habileté, vous pouvez maîtriser ce don avec un peu d'assiduité. Voici quelques exercices qui vous aideront à développer votre capacité à vous ouvrir à l'Esprit et à recevoir des messages clairs de votre voix intérieure. Vous devez d'abord entrer dans un état méditatif, puis assurez-vous de respirer profondément afin de garder le contact avec l'Esprit tandis que vous faites ces exercices. Avant de commencer, étudiez les 10 tests consacrés au discernement spirituel au chapitre 16, présentés plus en détail dans mes livres *Divine Revelation* et *Comment entendre la voix de Dieu.*

Transmission par voie orale

Tandis que vous méditez, si vous recevez un message divin intuitif, retransmettez ce message de façon audible. Comment savoir ce qu'il faut dire ? Si vous avez reçu une vision, décrivez-la. Par exemple, dites : « Je vois un œuf en train de se fendiller et un poussin qui en sort. » Si vous ressentez quelque chose, décrivez cette sensation. Dites : « Paix », « Amour » ou « Mon corps est en train de disparaître ». Si vous recevez des mots, dites tout ce qui vous passe par l'esprit, *sans vous censurer.* Au début, vous n'entendrez peut-être qu'un seul mot. Répétez ce mot à haute voix. Celui-ci sera peut-être suivi de deux mots ou d'une phrase entière. C'est une excellente façon de développer votre perception extrasensorielle et votre conscience supérieure.

Transmission par le chant

Demandez à l'Esprit divin de chanter à travers vous. Vous pensez peut-être être incapable de chanter, mais si vous laissez l'Esprit chanter à travers votre gorge, vous pourriez être surpris. Inspirez profondément, ouvrez la bouche et laissez les tonalités en sortir. Au début, ces tonalités ne viendront peut-être qu'une seule note à la fois. Ayez confiance et laissez agir l'Esprit.

Transmission par la danse

Laissez l'Esprit divin danser à travers vous. Mettez de la musique que vous aimez. Levez-vous et laissez votre corps devenir l'instrument de l'Esprit. Personne ne vous voit, alors laissez-vous aller. Vous pourriez devenir une ballerine ou un farfadet. Peu importe ce que c'est, laissez les choses suivre leur cours aussi longtemps que vous demeurez en contact avec l'Esprit.

Transmission par l'écrit

Laissez l'Esprit divin écrire en se servant de votre main. Vous pouvez utiliser un crayon, un stylo ou un ordinateur. Demeurez en contact avec l'Esprit et écrivez ce qui vient de votre âme. Des formules d'une beauté poétique digne des plus grands génies peuvent venir à des gens ordinaires en contact avec l'Esprit.

Transmission par le dessin, la peinture ou la sculpture

Que vous ayez ou non du talent pour les arts, prenez une feuille de papier et commencez à dessiner ou à peindre sous l'influence de l'Esprit. Ou trouvez de la terre glaise et laissez l'Esprit s'amuser. Laissez votre moi supérieur être l'artiste. Écartez vos doutes ainsi que toutes vos idées préconçues sur l'art. Demeurez en contact avec l'artiste divin dans votre cœur.

Transmission par la musique

Si vous savez jouer d'un instrument, laissez votre musicien intérieur s'exprimer à travers vous. Sinon, utilisez un tambour, un hochet, un xylophone ou un autre instrument à percussion. Vous pouvez improviser des choses divines quand vous laissez l'Esprit guider vos mains. Cette musique divinement inspirée élève votre vibration et apaise votre âme.

Psychokinésie spirituelle

Psycho signifie «esprit» et *kinésie,* «mouvement». La psychokinésie est donc une façon de faire bouger des objets par des moyens spirituels. Apprenez à vous servir des méthodes d'évaluation musculaire, d'un pendule, d'une baguette de sourcier, de baguettes en L, d'un *bobber* de radiesthésie, d'une planchette ou d'une table pour recevoir des messages divins. Les instructions sont disponibles dans mon livre *L'Énergie des auras.* Lorsque vous aurez appris les éléments de base, vous pourrez laisser l'Esprit répondre à vos questions par l'intermédiaire de ces instruments. Assurez-vous d'étudier les 10 tests du chapitre 16 et de les utiliser avec application.

Regarder dans un miroir

La nuit, alors que toutes les lumières sont éteintes, assoyez-vous dans un fauteuil à environ un mètre devant un miroir. Fermez les yeux et prenez de profondes respirations tandis que vous portez votre attention sur chaque partie de votre corps, séparément et progressivement, de la plante de vos pieds jusqu'au sommet de votre tête.

Puis ouvrez les yeux et posez votre regard sur votre front, mais sans vous concentrer sur un point précis. Laissez vos yeux errer un peu dans le vague, comme si vous regardiez une image contenant des objets en trois dimensions. Détendez vos yeux et regardez derrière votre propre image, comme si vous regardiez quelque chose au loin. Pendant ce temps, il se peut que votre image dans le miroir se transforme, disparaisse ou s'obscurcisse. D'autres visages peuvent se superposer au vôtre. Vous verrez peut-être des images embrouillées se déplacer autour de votre corps. Vous verrez peut-être des lumières ou une aura. Pratiquez cet exercice pendant 5 à 10 minutes. Il vous aidera à développer votre don de clairvoyance.

Psychométrie

Demandez un objet que quelqu'un a porté, une montre par exemple. Tenez l'objet dans votre main non dominante tandis que vous êtes dans un état méditatif. Demandez à votre moi supérieur de vous envoyer des impressions, des sensations ou un message au sujet de la personne qui portait cet objet. Cela vous aidera à développer votre don de clairvoyance, de clairaudience et de clairsentience.

Pourquoi suivre votre guide intérieur ?

Vous vous dites probablement que c'est super d'être guidé de l'intérieur et de se laisser guider tous les jours par l'Esprit. Le seul problème lorsqu'on pose des questions à l'Esprit, c'est que l'on reçoit des réponses ! Si vous ne voulez pas connaître ces réponses, cela peut devenir un problème. Suivre son guide intérieur implique d'écouter la voix de l'Esprit et les sages conseils qu'il vous donne.

Il est facile de communiquer avec l'Esprit. Nous avons appris à le faire en le demandant. Il est également facile de comprendre si le message est clair. Vous pouvez apprendre à le faire en lisant le chapitre 16 et mes livres *Divine Revelation* et *Comment entendre la voix de Dieu*. Le plus difficile est de faire confiance à ce que vous recevez et de suivre ces conseils !

Cela demande un effort car votre moi supérieur désire que votre évolution se fasse le plus rapidement possible. Pour cela, vous devez sortir de votre zone de confort et repousser vos propres limites. Si vous êtes prêt à le faire, votre moi supérieur vous donnera des tâches qui vous aideront à repousser vos limites au maximum.

Suivre les conseils qui viennent de l'intérieur, c'est un peu comme sauter dans le vide. Vous devez apprendre à voler très rapidement ou être convaincu que Dieu vous attrapera. Cela peut devenir la plus grande aventure de votre vie… ou la plus difficile. Mais en ayant confiance en l'Esprit et en faisant preuve d'un peu d'audace, votre vie peut devenir un modèle de puissance, d'énergie, de magnificence et de gloire. Vous n'avez qu'à faire confiance aux conseils que vous recevez de l'intérieur, sachant que l'Esprit est désormais votre conseiller personnel.

Au chapitre suivant, nous apprendrons comment ouvrir notre troisième œil grâce à la méditation et vivre une percée spirituelle.

15

La percée spirituelle

En contemplant la beauté dans son esprit, il pourra engendrer, non pas des images de la beauté, mais des choses réelles (car il ne contemple pas une image mais une réalité), et engendrer et cultiver de véritables vertus afin de devenir l'ami de Dieu et immortel, si tant est qu'un mortel en soit capable.

— Platon

Pratiquer la méditation est la méthode par excellence pour ouvrir votre troisième œil et, par conséquent, transformer votre vie de façon percutante et positive. Dans ce chapitre, vous apprendrez des méditations capables de purifier, de guérir, d'éveiller et d'ouvrir votre troisième œil. Il s'agit de méditations guidées que vous pouvez pratiquer en suivant les instructions ci-dessous.

Lisez ces méditations à voix haute lentement et doucement, tandis que vous les enregistrez sur votre ordinateur sous forme de fichiers mp3 ou à l'aide d'un autre appareil d'enregistrement. Vous pourrez ensuite les graver sur un CD ou faire jouer les fichiers mp3 sur votre ordinateur ou un autre appareil portatif. De cette façon, votre propre voix vous guidera durant la méditation.

Vous pouvez méditer assis dans un fauteuil, sur un sofa ou sur un lit pourvu que vous soyez à l'aise. Les instructions les plus importantes sont les suivantes :

1. Assoyez-vous confortablement ;
2. Ne faites aucun effort ;
3. Lâchez prise et ne faites rien à part suivre les instructions.

Vous trouverez de plus amples détails sur la méditation dans mes livres *Exploring Meditation*, *Comment entendre la voix de Dieu* et *Divine Revelation*.

Visualisation du pilier de lumière

La visualisation peut vous aider à créer autour de vous une puissante sphère de protection divine. Beaucoup de gens imaginent se trouver à l'intérieur d'une sphère, d'une bulle ou d'une colonne de lumière qui les entoure et les protège. Voici une façon de visualiser cette protection divine, d'accroître votre énergie et votre charisme, et de vous sentir plus léger et soulevé de terre.

Fermez les yeux et imaginez une magnifique sphère protectrice de lumière divine de la couleur de votre choix (blanche, or, violette, rose, ou de n'importe quelle autre couleur) au-dessus de votre tête. Puis, voyez un rayon de lumière descendre à travers votre corps par le milieu, du sommet de votre tête jusqu'au bout de vos orteils.

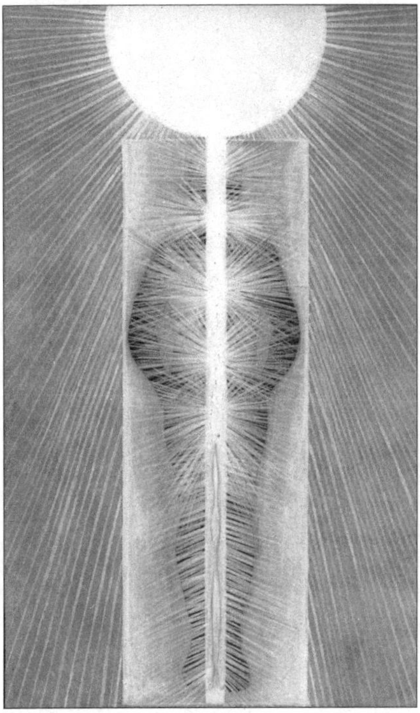

Image 15a. *Visualisation du pilier de lumière*

Visualisez ce rayon de lumière en train de vibrer, de rayonner et de s'étendre vers l'extérieur à partir de vos centres d'énergie, jusqu'à ce qu'il ait complètement englouti votre champ d'énergie.

Cette belle lumière remplit votre champ d'énergie d'amour divin, d'invincibilité, de joie et de satisfaction. Sentez cette lumière divine vibrer et rayonner en vous et autour de vous. Cette lumière s'étend à présent au-delà des limites de votre champ d'énergie pour créer un pilier de lumière divine, qui vous apporte force, puissance et énergie. Dites à voix haute : « JE SUIS divinement protégé par la lumière de mon être. »

Méditation du qi gong

Étendez-vous confortablement sur le dos, la tête posée sur un oreiller. Placez vos bras et vos mains le long du corps, les paumes tournées vers le haut. Placez vos jambes dans une position naturelle, les pieds écartés de la largeur de vos épaules. Laissez vos pieds se détendre.

Regardez le plafond. Puis, laissez vos yeux se tourner vers votre troisième œil au milieu de votre front, entre vos sourcils, sans faire d'efforts inutiles. Portez ensuite votre regard vers l'intérieur, au centre de votre tête, dans la région de la glande pinéale. Regardez ensuite le point à l'arrière de votre tête. Finalement, revenez vers votre troisième œil au milieu du front et fixez-y votre regard.

Fermez les yeux tout en continuant à fixer la région de votre troisième œil. Fermez votre bouche et votre mâchoire. Vos dents du haut et du bas devraient être ensemble. Collez votre langue au palais de façon à ce que le bout de votre langue touche l'intérieur de vos dents du haut. Inspirez et expirez profondément avec le ventre, lentement et doucement.

Puis, tandis que vous inspirez, imaginez tout l'authentique *qi* des cieux entrer dans votre troisième œil et se diriger vers le centre de votre tête. Imaginez ensuite le *qi* au centre de votre tête en train de rayonner à travers votre troisième œil jusqu'aux confins de l'univers. Inspirez et expirez à 20 reprises. Puis, reprenez votre respiration normale tout en contemplant la beauté du ciel.

Quand vous vous adonnez à cette méditation, votre corps peut avoir tendance à bouger ou à trembler. Vous pouvez recevoir des informations en provenance de l'univers. Vous pouvez également voir quelque chose de magnifique dans le ciel. Si cela se produit, ne vous inquiétez pas. C'est tout à fait naturel. Cette méditation peut vous aider à ouvrir votre troisième œil. Elle peut apaiser votre esprit, détendre votre corps et chasser la fatigue[1].

Méditation *trāṭaka*

La méditation *trāṭaka* ou *trāṭakum*, une pratique originaire de l'Inde qui consiste à fixer du regard un objet, est une façon traditionnelle d'augmenter votre pouvoir de concentration et d'ouvrir votre troisième œil. Quand vous fixez un objet les yeux ouverts, on l'appelle *trāṭaka*. Quand vous fermez les yeux et voyez l'objet dans votre esprit, on l'appelle *saguṇa dhyāna* (« méditation avec forme »). Quand vous allez au-delà de la forme, l'objet disparaît, et vous entrez dans la *nirguṇa dhyāna* (« méditation abstraite »). Grâce à cette pratique, vous pouvez atteindre les *siddhi* et les pouvoirs spirituels.

Commencez par fixer l'objet pendant deux minutes. Augmentez ensuite la durée petit à petit. Soyez patient, car la maîtrise de la méditation *trāṭaka* demande beaucoup de pratique. Si votre esprit est entièrement tourné vers l'objet, cela veut dire que vous avez réussi. Si votre esprit se met à vagabonder, continuez à vous exercer jusqu'à ce que votre esprit se calme.

S'il vous est impossible de fixer constamment un objet les yeux ouverts, malgré plusieurs tentatives, fermez tout simplement les yeux et fixez un point entre vos sourcils. Ne vous fatiguez pas les yeux en vous adonnant trop longtemps à la méditation *trāṭaka*. Chaque fois que vous ressentez de la fatigue, fermez les yeux et continuez d'imaginer l'objet dans votre esprit.

La méditation *trāṭaka* améliore la vision, la concentration, la volonté, la constance, la clairvoyance, la télépathie et la guérison spirituelle, et vous aide à développer vos pouvoirs psychiques. Elle peut aussi vous aider à surmonter les distractions, les troubles de l'attention, la tendance de l'esprit à vagabonder et les problèmes mentaux. Elle peut stimuler les lobes frontaux de votre cerveau et ouvrir votre troisième œil.

Fixer une chandelle

La chandelle est l'un des objets souvent utilisés durant la méditation *trāṭaka*. Les chandelles en cire d'abeille ou en cire de soya sont non toxiques et brûlent plus longtemps que celles en paraffine. Mieux encore, fabriquez une lampe à *ghee* en tordant un morceau de coton pour lui donner la forme d'une mèche, en la trempant dans le *ghee* (beurre clarifié), en la plaçant dans un petit récipient pour le *ghee*, et en l'allumant.

Comment la pratiquer

Portez des vêtements amples et confortables. Assoyez-vous confortablement dans une pièce tranquille et sombre où la température est agréable. Placez une chandelle non toxique allumée à environ un mètre devant vous, de façon à ce que la flamme soit à la hauteur des yeux.

Prenez au moins trois profondes respirations avec votre ventre. Inspirez et expirez par le nez. Puis recommencez à respirer de façon normale et naturelle, en laissant votre souffle suivre son cours. Concentrez-vous sur la flamme et portez attention à la couronne de lumière autour de celle-ci pendant une minute. Si des pensées vous viennent à l'esprit, n'essayez pas de leur résister, repoussez-les ou retenez-les. Imaginez qu'elles se consument dans la flamme.

Portez attention à l'endroit sombre sous la partie la plus chaude de la flamme, où la lumière et l'obscurité coexistent. Concentrez-vous sur ce point pendant plus d'une minute, en essayant de ne pas cligner des yeux.

Voyez la flamme et sa lumière sans essayer d'apercevoir des mirages ou des images dans la flamme. Imaginez que la flamme entre dans votre corps par vos yeux, illuminant tout votre être intérieur.

Chaque fois que vos yeux commencent à se remplir de larmes, fermez-les, voyez l'image résiduelle de la flamme dans la région de votre troisième œil, et fixez-la le plus longtemps possible. Au début, il s'agira d'une image résiduelle, mais plus tard elle existera uniquement dans votre esprit.

Après que l'image s'est évanouie, gardez les yeux fermés, frottez vigoureusement les paumes de vos mains l'une contre l'autre pour les réchauffer, puis placez vos paumes par-dessus vos yeux, sans toucher le globe oculaire. Respirez profondément pendant quelques instants.

Fixer l'horizon

Vous pouvez également pratiquer la méditation *trāṭaka* en fixant un point à l'horizon (à l'intérieur ou à l'extérieur) et en ouvrant les yeux le plus grand possible. Prenez de longues et profondes respirations tout en vous concentrant sur votre souffle et le *prāṇa* qui pénètre par vos yeux. Continuez à regarder l'horizon sans cligner des yeux pendant deux minutes. Puis, prenez une profonde respiration, fermez les yeux et concentrez-vous sur le courant d'énergie pranique pendant encore 30 secondes. Cet exercice augmente l'énergie pranique dans vos yeux et votre troisième œil.

Fixer une étoile

La nuit venue, étendez-vous à l'extérieur sur un matelas et fixez une étoile brillante ou la pleine lune. Respirez profondément avec le ventre tandis que vous continuez à fixer ce point, sans cligner des yeux, pendant deux minutes. Puis, prenez une profonde respiration, fermez les yeux et concentrez-vous sur le courant d'énergie pranique pendant encore 30 secondes.

Rouvrez les yeux et continuez à fixer cette étoile ou la lune. Au bout d'un certain temps, il se pourrait que vous aperceviez diverses couleurs ou une couleur en particulier. Il se pourrait également que toutes les autres étoiles environnantes disparaissent par moments. Peut-être verrez-vous une grande quantité de lumière autour de vous. Peut-être verrez-vous deux ou trois lunes ou même la lune disparaître complètement.

Fixer un être divin

Les images représentant des saints ou des êtres divins peuvent aussi être utilisées dans le cadre de la méditation *trāṭaka*. En fixant une personne sainte ou une déité, vous pouvez commencer à absorber ses qualités divines. Je vous recommande d'expérimenter avec différentes images, car elles peuvent vous aider à absorber différents traits. Choisissez une photo ou une image d'un être divin dont les yeux sont remplis de lumière. Un regard neutre et direct peut vous aider à guérir et à prendre contact avec votre moi supérieur. En pratiquant cette méditation, vous pouvez atteindre un plus haut niveau de conscience par la grâce de ce gourou ou de cette déité.

Comment la pratiquer

Dans une pièce sombre où la température est agréable, placez la photo d'un saint ou d'une déité à un ou deux mètres de vous, à la hauteur de vos yeux. Disposez une ou deux chandelles près de l'image de façon à ce que vous puissiez la voir clairement.

Assoyez-vous confortablement. Ouvrez grand les yeux sans faire d'efforts et plongez votre regard dans celui de l'être divin représenté sur l'image. Regardez de façon continue sans cligner des yeux ou le moins possible. Immobilisez votre corps et votre esprit, et votre respiration deviendra plus silencieuse, plus légère et plus raffinée. Tandis que vous fixez son regard, remarquez la lumière et l'énergie pranique qui s'en dégage. Imaginez que vous entrez dans l'image pour rejoindre la source de cette lumière.

Fixez l'image pendant deux minutes, tout en vous concentrant sur la lumière qui brille dans ses yeux. Chaque fois que vos yeux commencent à se remplir de larmes, fermez-les et imaginez ce visage et ces yeux dans votre esprit.

Voici d'autres méditations *trāṭaka* que vous pouvez pratiquer.

Point noir : Placez un point noir sur un mur de couleur pâle ou dessinez une marque noire sur une feuille de papier blanc et accrochez-la au mur.

Om : Écrivez la lettre sanskrite *Om* : ॐ sur un morceau de papier et accrochez-le au mur.

Ciel : Au coucher ou au lever du soleil, étendez-vous à l'extérieur sur un matelas et choisissez un point dans le ciel. Fixez-le sans interruption. Grâce à cette pratique, vous recevrez de nouvelles intuitions.

Miroir : Assoyez-vous devant un miroir et fixez la pupille de l'un de vos yeux.

Milieu du front (*brūmadhya*) : Fixez l'espace entre vos deux sourcils.

Nez ou orteils : Fixez le bout de votre nez ou vos orteils tandis que vous marchez au lieu de vous laisser distraire par les choses et les bruits qui vous entourent.

Ājñā chakra : Les yeux fermés, fixez le centre de votre tête, dans la région de la glande pinéale.

Soleil : Avec l'aide d'un maître yogi, fixez le soleil à son lever et à son coucher. N'essayez pas cela sans l'assistance d'un expert, car vous pourriez gravement endommager vos yeux.

Méditation profonde pour ouvrir votre troisième œil

La pratique de la méditation Divine Revelation® est une méthode efficace pour ouvrir votre troisième œil et développer vos dons pour la clairvoyance, la clairaudience et la clairsentience. Au chapitre 14, vous avez appris ce qu'était une percée vers la révélation divine. Ici, vous pratiquerez une méditation qui vous aidera à vivre cette percée spirituelle.

Pour ce faire, vous pouvez vous inscrire à un atelier ou à une séance avec un professeur qualifié. Vous pouvez aussi identifier votre propre nom et vos propres signaux intérieurs, et même recevoir des messages simplement en méditant. Assoyez-vous, fermez les yeux, prenez de profondes respirations, et lorsque vous serez calme, à l'aise, immobile, équilibré et centré, DEMANDEZ.

DEMANDER est la clé de la réussite. En fait, toute la méthodologie de la révélation divine est fondée sur cet unique principe : « Demandez, et on vous donnera[2]. » Demandez, et on vous donnera le signal. Demandez, et on vous donnera le nom intérieur, la guérison, la bénédiction, la réponse à vos questions. DEMANDEZ, tout simplement.

Vous trouverez ci-dessous les instructions pour une méditation qui vous aidera à recevoir du divin des noms, des signaux et des messages. Mais avant de commencer, terminez la lecture de ce livre et apprenez comment utiliser les 10 tests de discernement spirituel présentés au chapitre 16, mais aussi aux chapitres 8 et 9 de mon livre *Comment entendre la voix de Dieu* et aux chapitres 12 et 13 de mon livre *Divine Revelation*.

1. Commencez par une prière.

Récitez à voix haute une prière, telle que :

> *Je reconnais qu'il existe une seule et unique puissance dans l'univers, celle de Dieu, le bon et l'omnipotent. Je ne fais qu'un avec cette puissance et cette présence de Dieu. Par conséquent, je réclame que mon signal et mon message divins me soient envoyés dans l'ordre et au moment choisis par Dieu. Je demande à* (nom d'un être divin) *de m'envoyer un signal et un message divins. Je chasse à présent tous les blocages qui m'empêchaient de recevoir mes signaux et mes messages divins. Je chasse toutes les idées qui me faisaient croire que j'étais séparé de Dieu ou que Dieu était hors de portée. J'accepte et j'accueille à bras ouverts cette relation divine et parfaite avec Dieu. Merci, mon Dieu, et AINSI SOIT-IL.*

Dans l'espace entre parenthèses ci-dessus, ajoutez le nom d'un être divin ou d'une déité que vous aimez et avec laquelle vous vous sentez à l'aise. Le concept de « nom intérieur » est expliqué à la page 262 de ce livre.

2. Prenez de profondes respirations.

Prenez de très profondes respirations. Remplissez-en tout votre corps. Cela est essentiel et vous aidera à recevoir votre signal et votre message. Inspirez et expirez lentement jusqu'à ce que vous vous sentiez détendu, centré et équilibré.

À chaque nouvelle respiration, imaginez, tandis que vous expirez, que votre conscience s'écoule de votre tête vers votre cœur. Prenez de profondes respirations jusqu'à ce que vous vous sentiez détendu. Puis, recommencez à respirer normalement.

3. Détendez votre corps.

Dites à voix haute : « Je cesse à présent de m'intéresser à mon environnement extérieur pour entrer plus profondément dans la dimension physique. » Prenez conscience de votre corps. Remarquez la présence de tensions, de douleurs ou de toutes autres sensations, et portez en silence votre attention sur celles-ci jusqu'à ce qu'elles se soient dissipées. Si vous le désirez, vous pouvez détendre chaque partie de votre corps individuellement et progressivement, en commençant par vos orteils et en remontant jusqu'à votre cuir chevelu. Prenez de profondes respirations. Laissez votre conscience glisser de votre tête vers votre cœur tandis que vous expirez et entrez plus profondément en vous-même.

4. Détendez votre esprit conscient.

Dites à voix haute : « Je suis à présent détendu et attentif à ma conscience. » Portez attention à votre esprit. Imaginez que votre esprit est calme et immobile, comme un étang sans la moindre ride ou comme la flamme d'une chandelle que rien ne fait vaciller. Continuez à prendre de profondes respirations et à entrer plus profondément en vous-même.

Glissez hors de votre tête pour entrer dans votre cœur tandis que vous expirez.

5. Détendez votre esprit inconscient.

Dites à voix haute : « Je suis à présent détendu jusqu'au niveau de mon esprit inconscient. » Prenez conscience de votre esprit inconscient. Entrez dans un état profond de détente tandis que vous prenez contact avec les niveaux les plus profonds de votre esprit, sous la surface des pensées et des émotions. Respirez profondément et détendez-vous encore plus complètement. Glissez hors de votre tête pour entrer dans votre cœur tandis que vous expirez, jusqu'à ce que vous vous sentiez en contact avec l'Esprit.

6. Entrez en contact avec l'Esprit.

Abandonnez-vous à la présence aimante de Dieu, quelle que soit la forme que vous croyez être celle de Dieu, dans un état d'unité et de totalité, profondément détendu, étendu et rempli d'une paix et d'une béatitude parfaites. Si vous n'êtes pas dans cet état, continuez à respirer profondément ou utilisez les prières de guérison appropriées décrites au chapitre 7 de mon livre *Comment entendre la voix de Dieu* et au chapitre 10 de *Divine Revelation*.

7. Demandez votre signal.

Dites à voix haute : « Je demande à (nom d'un être divin) de me donner à présent mon signal divin. Envoie-moi un message plus fort, plus fort, plus fort. »

8. Lâchez prise et laissez Dieu agir.

Prenez une autre profonde respiration. Ne faites rien, moins que rien. Ne cherchez rien et n'essayez pas d'obtenir un signal. Maintenez une attitude neutre dans un état de pure existence. Cela veut dire que vous devez lâcher prise et laisser Dieu agir. C'est ce que l'on appelle le programme « Ne faites rien ». Abandonnez-vous complètement. Ne faites absolument rien.

9. Reconnaissez et vérifiez votre signal.

Vous verrez, entendrez, goûterez, sentirez ou ressentirez quelque chose ou percevrez un mouvement corporel. Il s'agira vraisemblablement de votre signal. Si vous ne recevez pas un signal clair, retournez à l'étape 2 et recommencez la procédure.

Une fois que vous aurez reçu un signal clair, dites quelque chose du genre : « (nom d'un être divin), si le signal suivant (décrivez le signal) est bien ton signal, envoie-moi maintenant un signal plus fort. » Vous remarquerez que le signal devient plus fort quand vous demandez à l'être divin de l'amplifier. S'il diminue ou disparaît, retournez à l'étape 2 et recommencez la même procédure.

10. Demandez votre message.

Dites à voix haute quelque chose du genre : « (nom d'un être divin), dis-moi, s'il te plaît, (votre question ou votre demande). » Posez des questions à votre moi supérieur et ayez une conversation avec lui. Il est nécessaire de DEMANDER. Sinon, votre moi supérieur ou votre être divin ne répondra pas.

11. Lâchez prise et laissez Dieu agir.

Prenez une autre profonde respiration. Ne faites rien, moins que rien. Ne cherchez rien et n'essayez pas d'obtenir un message. Maintenez une attitude neutre et d'abandon total. Soyez réceptif. Vous aurez peut-être l'impression que c'est vous qui inventez les réponses, et d'une certaine façon c'est vrai, car vous êtes cette divine présence en vous et c'est votre moi supérieur qui répond à vos questions. Ayez confiance en ce que vous recevez.

12. Exprimez votre reconnaissance et revenez.

Sortez lentement de votre état méditatif. Prenez une profonde respiration et soufflez, comme si vous vouliez éteindre une chandelle. Dites quelque chose du genre :

> *Je remercie à présent Dieu pour cette merveilleuse méditation et pour tout ce que j'ai reçu.* (Soufflez une chandelle.)
>
> *Je reviens à présent du niveau de l'Esprit vers le niveau de l'inconscient, sachant que mon inconscient a été guéri par cette méditation.* (Soufflez une chandelle.)
>
> *Je reviens à présent au niveau de l'esprit conscient, sachant que mon esprit conscient ne fait qu'un avec l'esprit de Dieu.* (Soufflez une chandelle.)

Je reviens à présent au niveau du corps physique, sachant que mon corps est en parfaite santé. (Soufflez une chandelle.)

Je reviens à présent au niveau de mon environnement, sachant que je ramène avec moi toutes les bénédictions que j'ai reçues durant cette méditation. (Soufflez une chandelle.)

Soufflez ensuite quatre autres chandelles imaginaires et revenez complètement à votre point d'équilibre intérieur et extérieur. Puis, dites à voix haute de façon à vous faire clairement entendre :

JE SUIS alerte. JE SUIS éveillé. JE SUIS intérieurement et extérieurement équilibré. JE SUIS divinement protégé par la lumière de mon être. Merci, mon Dieu, et AINSI SOIT-IL.

13. Difficultés ?

Si vous avez de la difficulté avec cette procédure, vous pouvez :

1. Utiliser la méditation Divine Revelation Breakthrough, téléchargeable en format mp3 au *https://www.spiritualityproducts.com/secure/Order.html,* pour vous aider à recevoir des signaux et des messages ;
2. Lire le reste de ce livre et étudier les 10 tests de discernement spirituel au chapitre 16. Lisez également mes livres *Divine Revelation* et *Comment entendre la*

voix de Dieu. Apprenez, étudiez et utilisez les 10 tests présentés dans ces livres;

3. Lire *Divine Revelation* et pratiquer la méditation du chapitre 8 et les prières de guérison du chapitre 10.

4. Entrer en contact avec un professeur qualifié pour enseigner le programme Divine Revelation et prendre rendez-vous avec lui pour vérifier les noms et les signaux que vous avez reçus. Pour plus d'information et une liste de professeurs qualifiés, allez au *www.divinerevelation.org/Teachers.html*.

Au chapitre suivant, vous apprendrez à utiliser les 10 tests de discernement spirituel, une étape essentielle pour recevoir des intuitions et des conseils clairs et fiables.

16

Explorer les royaumes intérieurs en toute sécurité

Il y a une sagesse de la tête et […]
il y a une sagesse du cœur.
— Charles Dickens, *Les Temps difficiles*

Provoquer l'ouverture de votre troisième œil est-il une pratique sûre ? Comment savoir si les expériences et les messages que vous recevez sont authentiques ? Pouvez-vous identifier qui ou quoi vous fait vivre ces expériences subtiles ou vous donne ces conseils ?

Le développement des pouvoirs psychiques est présentement très populaire. On dirait que tout le monde est devenu voyant, médium, guérisseur ou autre. Plusieurs s'ouvrent aux plans intérieurs et prennent contact avec des guides, des anges et des messagers. Mais s'ouvrir sans distinction au monde intérieur est aussi dangereux que d'inviter de purs inconnus dans votre maison.

Ouvririez-vous votre porte à un inconnu ? C'est exactement ce que font les gens qui jouent avec les phénomènes occultes sans discernement. Vous n'ouvririez jamais votre porte à des vagabonds, alors pourquoi ouvrir votre conscience avant d'avoir identifié à qui ou à quoi vous avez affaire ?

Devenir spirituellement dégourdi

Vous savez comment vous occuper de votre maison et de votre propriété. Vous savez comment vous conduire sur la rue ou dans le métro. À présent, il est temps d'apprendre à vous débrouiller et à pratiquer votre spiritualité en toute sécurité quand vous explorez les royaumes intérieurs. À connaître le territoire en consultant une carte de votre vie intérieure. À faire preuve d'un véritable discernement spirituel.

Certaines personnes disent : « Je reçois des messages et j'entends des voix intérieures tous les jours. Je ne sais pas qui me donne ces conseils, mais je les suis. » Est-ce intelligent ? Il n'est pas nécessaire d'être un génie pour comprendre qu'il est dangereux de suivre des conseils de n'importe qui et d'écouter des voix non identifiées qui peuvent prêter à confusion.

Tout ce dont vous avez besoin se trouve au plus profond de vous-même. Si vous faites confiance au divin et permettez à l'Esprit de vous guider, vous n'aurez pas à demander conseil à des imposteurs. Il y a une grande différence entre la vraie voix de l'Esprit et tout ce qu'il peut y avoir d'autre dans votre esprit. Vous pouvez apprendre à faire la différence.

Ce chapitre vous aidera à distinguer entre les voix intérieures et à identifier la source de vos messages intuitifs.

Vous apprendrez dix façons de vérifier si une intuition est authentique et provient d'une source divine.

D'où viennent ces messages

1	MONDE SPIRITUEL	Voix divine
2	MONDE MENTAL	influences internes
3	MONDE ASTRAL	êtres inférieurs
4	ENVIRONNEMENT	influences extérieures

Image 16a. *Les quatre royaumes*

Vos messages intérieurs proviennent de l'un des quatre plans élémentaires d'existence.

Royaume divin

Le premier est l'authentique royaume divin. À ce niveau, l'Esprit s'adresse directement à vous. Vous pouvez entrer en contact avec divers aspects de votre moi supérieur, entendre la voix des anges, des archanges, des prophètes, des saints, des déités et d'autres êtres divins. Vos êtres chers disparus qui sont entrés dans la lumière divine peuvent également communiquer avec vous à partir de ce plan spirituel.

Royaume mental

Le deuxième royaume est celui du monde mental, où sont emmagasinées toutes vos expériences passées. Là vous pouvez entrer en contact avec votre inconscient ou avec l'inconscient collectif : souvenirs, croyances, habitudes, conditionnement et endoctrinement sociétal imposés par les parents, les églises, les écoles, les pairs, la société, les médias, et ainsi de suite. Vous pouvez puiser dans ce dépôt d'erreurs mentales et croire à tort qu'il s'agit de l'Esprit. Vous pouvez penser entendre la véritable voix du divin ou recevoir des révélations divines, alors que vous vous parlez simplement à vous-même !

Royaume astral

Le troisième royaume est celui du plan astral, où vous pouvez entrer en contact avec des entités astrales ou des esprits prisonniers sur terre : soit des personnes décédées qui, pour diverses raisons, ne sont pas entrées dans l'éclatante lumière divine. Même si elles n'ont plus de corps, ces entités désincarnées n'existent pas sur le plan spirituel. Par conséquent, certaines d'entre elles demeurent sur terre et essaient de communiquer avec les humains. Elles peuvent essayer de se faire passer pour des êtres « supérieurs » et vous donner des noms ayant une consonance « élevée ». À nouveau, vous pouvez entrer en contact avec un être astral en pensant qu'il s'agit d'un être divin.

Royaume environnemental

Le quatrième royaume est celui de l'environnement. Vous pouvez puiser dans les pensées des gens qui vous entourent, lire dans leur esprit ou capter la statique générale qui flotte dans les banques de pensées environnementales. Vous pouvez lire l'histoire de la planète ou de l'humanité, conservée à l'intérieur d'un dense nuage mental recouvrant la terre. Mais vous pouvez aussi croire à tort que l'Esprit vous parle, alors que vous ne faites que capter des débris mentaux qui flottent dans l'atmosphère.

Même si votre troisième œil est ouvert, cela ne veut pas nécessairement dire que vous êtes en contact avec le plus haut niveau de conscience. Vous pouvez utiliser vos sens subtils de la vue, de l'ouïe et du toucher pour entrer en contact avec n'importe quel royaume d'existence à n'importe quel niveau. Étant donné que vous pouvez recevoir des messages d'un grand nombre d'endroits différents, ne serait-il pas plus prudent de devenir spirituellement dégourdi et d'apprendre à pratiquer votre spiritualité en toute sécurité ?

Tout ce qui brille n'est pas Dieu

Le fait de ne pas avoir été formé pour reconnaître la véritable voix divine est la principale raison pour laquelle vous pourriez avoir de la difficulté à identifier qui ou quoi vous a envoyé les messages que vous avez reçus.

La plupart des institutions religieuses ne seraient pas en mesure de vous aider à vivre cette expérience ou à reconnaître s'il s'agit de quelque chose de réel, même si elles le voulaient. La majorité des chefs religieux ne savent pas eux-mêmes comment faire. Alors, comment pourraient-ils l'enseigner aux autres ?

Même au sein de la communauté métaphysique, rares sont ceux qui enseignent l'art du discernement. Si de nombreuses personnes apprennent à s'ouvrir aux royaumes intérieurs, on ne leur enseigne pas à discerner sur quel niveau elles se trouvent ou avec qui ou quoi elles sont en train de communiquer.

Il est temps d'apprendre à pratiquer votre spiritualité en toute sécurité. Je vous propose 10 façons de distinguer entre la véritable voix de l'Esprit et les autres « voix » dans votre tête. Ces 10 tests vous aideront à recevoir des messages divins clairs et précis. Utilisez-les pour évaluer les messages intérieurs que vous recevez. Armé de ces tests, vous ne pouvez pas vous tromper. Je vous encourage fortement à étudier ces tests plus en détail dans mes livres *Divine Revelation* et *Comment entendre la voix de Dieu*.

Test 1 : Le test de l'expérience personnelle

« Quel effet cela me fait-il ? »

Quand vous êtes en contact avec le véritable royaume de l'Esprit, vous vous sentez joyeux, heureux, protégé, en sécurité, satisfait, content et aimé. Vous ne vous sentirez jamais intimidé, inquiet, anxieux, indécis ou perplexe. Vous faites au contraire l'expérience d'un état d'harmonie, de totalité, d'unité et de perfection. C'est ce que l'on ressent en présence de l'Esprit. Le plus important est d'éprouver une sensation d'harmonie et de totalité, car aucune entité astrale ne peut contrefaire une telle expérience.

Les gens reçoivent parfois des intuitions divines pour ensuite ressentir immédiatement après des émotions négatives. Cette expérience courante indique que la personne

Tests de discernement spirituel

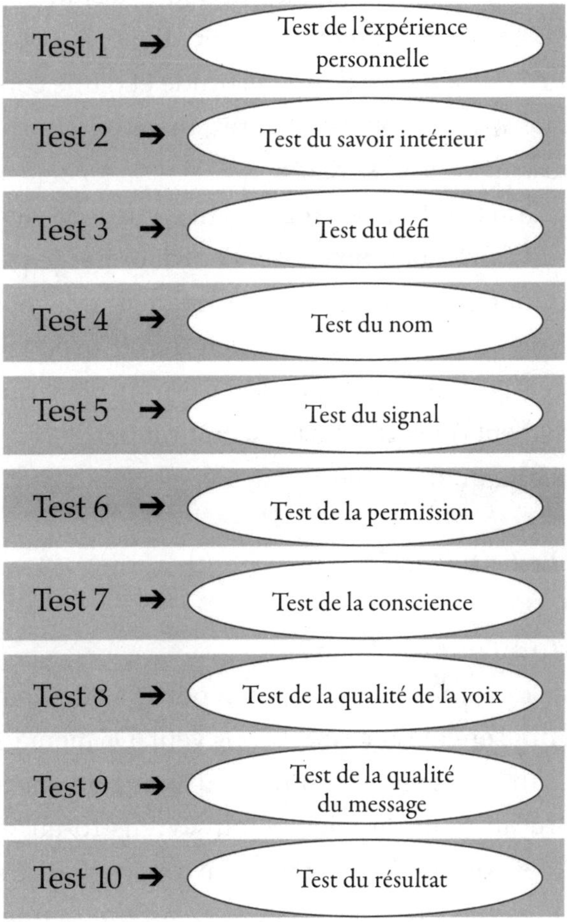

Image 16b. *Dix tests*

est entrée en contact avec l'Esprit, mais que la confusion, le doute, la peur et d'autres négations mentales se sont interposés pour démentir le caractère divin de l'expérience.

Test 2 : Le test du savoir intérieur

« Est-ce vrai ? »

Vous le saurez, au-delà de tout doute raisonnable. Vous le *saurez*, tout simplement. Quand l'Esprit vous parle, vous faites l'expérience d'une certitude et d'une conviction incontestables. Alors vous le saurez, même si vous ne savez pas comment vous le savez.

Avez-vous déjà eu des regrets du genre : « Je savais que j'aurais dû faire quelque chose. Pourquoi n'ai-je pas suivi mon intuition ? » C'est votre savoir intérieur qui vous parle. Ce sentiment de certitude n'a rien à voir avec le fait de « prendre ses rêves pour la réalité », qui survient quand on veut tellement quelque chose qu'on finit par se convaincre de n'importe quoi.

Test 3 : Le test du défi

« Viens-tu au nom de Dieu ? »

Si un inconnu frappe à votre porte, vous demandez d'abord qui l'envoie et ce qu'il vous veut. De même, si vous recevez un message, demandez d'abord au messager : « Viens-tu au nom de Dieu ? » ou « Viens-tu au nom du Christ ? » Si vous ne recevez pas une réponse claire et positive, cela veut dire que vous avez affaire à une entité astrale. Dirigez cette entité vers la lumière divine en utilisant la prière de guérison astrale ci-dessous. Puis demandez à nouveau : « Viens-tu au nom de Dieu ? » jusqu'à ce que la réponse soit oui.

Les étudiants me demandent toujours si un esprit imposteur du monde astral peut mentir si on lui pose cette question. Jusqu'à présent, je n'ai jamais surpris d'esprits imposteurs en train de mentir si la question est formulée telle que recommandée. Ils refusent plutôt de répondre à la question. Dans ce cas, utilisez immédiatement la prière de guérison astrale.

Certains professeurs suggèrent de demander : « Viens-tu dans la lumière ? » Pour ma part, je ne le recommande pas. De quelle lumière parlez-vous ? De celle produite par une ampoule électrique ou une lampe fluorescente ? par les flammes de l'enfer ? par une Bud Light ?

Voici la prière de guérison astrale que vous devez réciter de façon audible, avec force et conviction, si vous ne recevez pas une réponse clairement positive à votre question :

> *Chers amis, vous êtes guéris et pardonnés. Vous êtes entourés d'amour. Vous êtes unis à la vérité de votre être. La lumière et l'amour divins sont à présent en vous et autour de vous. La vibration de la terre ne vous retient plus. Vous êtes libres d'aller vers la lumière divine. J'en appelle au Saint-Esprit pour qu'il vous amène à votre lieu d'expression parfaite. Vous êtes bénis, pardonnés et libérés dans l'amour, la lumière et l'intégralité de l'Esprit universel. Vous êtes bénis, pardonnés et libérés dans l'amour, la lumière et l'intégralité de l'Esprit universel.*

Vous êtes soulevés par la lumière de Dieu, soulevés par la lumière de Dieu, soulevés par la lumière de Dieu. Allez à présent dans la paix et l'amour.

Étudiez mes livres *Divine Revelation, Comment entendre la voix de Dieu* et *L'énergie des auras* pour en apprendre davantage sur les entités astrales et la guérison astrale.

Test 4 : Le test du nom

« Quel est ton nom ? »

Quand un inconnu se présente à votre porte, vous lui demandez sa carte professionnelle avant de le laisser entrer. Tous les êtres divins ont un nom, et vous pouvez demander à le connaître. Même Dieu a un nom. Le nom de Dieu est « DIEU ». Toutes les déités, tous les maîtres ascensionnés, tous les êtres angéliques et même tous les aspects de votre moi supérieur ont un nom. Mais demeurez vigilant. Méfiez-vous des esprits imposteurs qui essaieront de vous tromper en vous donnant de faux noms à consonance « élevée ». Et ne vous laissez pas intimider par les esprits qui refuseront de vous donner leur nom. Envoyez plutôt ces esprits imposteurs vers la lumière divine en utilisant la « prière de guérison astrale ».

Test 5 : Le test du signal

« Donne-moi ton signal. »

Le signal est le signe que vous êtes en contact avec un aspect particulier de l'Esprit. Chaque nom possède son propre signal unique et distinct associé à celui-ci. Par exemple, la Vierge Marie peut venir à votre rencontre en projetant une lumière rose dans votre cœur. Pour d'autres, il pourra s'agir d'une sensation de chaleur dans les mains. D'autres encore entendront des harpes célestes en présence de Marie. Chaque fois que vous serez en contact avec Marie, vous recevrez ce même signal. De même, tous les êtres divins avec lesquels vous entrerez en contact vous donneront un signe précis. Ainsi, chaque fois que vous recevrez une intuition divine claire, ce signal sera également présent. Quand le signal cessera, cela voudra dire que le message est terminé. Pour plus d'information sur les signaux, relisez les pages 262 à 267.

Test 6 : Le test de la permission

« Ai-je la permission de poser cette question ? »

Avant de poser une question à votre moi supérieur, demandez-vous d'abord :

1. Est-ce bien sage de ma part de poser cette question ?

Vous ne recevrez pas la permission dans les cas suivants : 1) si vous cherchez à connaître l'avenir ; 2) si votre question est inutile ou frivole ; 3) si votre question est inappropriée, 4) si vous n'êtes pas prêt à entendre la réponse ; 5) si la formulation de votre question empêche votre moi supérieur de répondre. Dans mon livre *Divine Revelation*, un chapitre entier est consacré à la formulation de vos questions.

2. Suis-je en mesure de recevoir une réponse claire à cette question ?

Il se peut que vous ayez de la difficulté à recevoir une réponse concernant une formule de physique quantique si vous n'êtes pas physicien, ou la façon de résoudre un problème mathématique complexe si vous n'êtes pas mathématicien. Dans ce cas, cette permission vous sera probablement refusée, surtout si vos pouvoirs intuitifs ne sont pas encore assez développés.

3. Ai-je la permission de poser cette question ?

Si vous voulez mettre votre nez dans les affaires des autres ou si vous voulez savoir quelque chose que vous n'êtes pas encore censé savoir, on ne vous donnera pas la permission de le faire.

Test 7 : Le test de la conscience

« Suis-je alerte ? »

Vous serez conscient, éveillé, attentif et alerte quand vous entrerez en contact avec un véritable être divin. Vous ne quitterez pas votre corps et ne laisserez rien « prendre le contrôle ». Vous n'aurez pas de trous de mémoire. La seule occasion où vous pouvez être inconscient au moment de recevoir un message divin est durant la nuit, en rêve, tandis que vous dormez.

Quitter son corps ou en abandonner le contrôle, comme le font ceux qui s'adonnent à la médiumnité inconsciente, ou channeling, est une pratique dangereuse. Elle brise la coordination corps-esprit et peut causer des maladies ou une mort prématurée. Les médiums inconscients peuvent essayer d'impressionner les gens en disant : « Je ne me souviens jamais de ce qui se passe quand je suis en transe. » Mais qu'y a-t-il d'impressionnant dans le fait de quitter son enveloppe corporelle, de laisser un parfait inconnu l'occuper et de lui donner la permission de l'utiliser et même d'en abuser ?

Test 8 : Le test de la qualité de la voix

« La voix semble-t-elle naturelle ? »

La voix intuitive que vous entendrez avec votre oreille intérieure ressemblera à toutes les autres pensées qui traversent votre esprit. Si vous répétez votre message à voix haute, il vous semblera normal et naturel. Vous ne parlerez pas avec un accent étranger ou bizarre, ni ne ferez des mouvements étranges ou théâtraux. Le véritable Esprit parle avec votre propre voix, dans votre langue et avec votre propre accent.

Il est possible d'expliquer pourquoi certains adeptes du channeling parlent avec des accents étranges. Ils pourraient être dupés par des esprits imposteurs venus d'un plan astral inférieur. Il pourrait s'agir de performances théâtrales. Ils pourraient inconsciemment prendre un accent en raison de leurs propres doutes quant à leur capacité à recevoir de véritables messages. Ou ils pourraient réellement posséder la rare habileté de laisser un véritable fantôme prendre possession de leur corps et parler avec l'accent de la personne décédée.

Nous sommes censés être impressionnés par les accents étranges des canalisateurs. Pourquoi devrions-nous être impressionnés par une bizarrerie ? Dieu a-t-il besoin de parler avec un accent bizarre ? Ou Dieu ne parle-t-il pas plutôt d'une voix aimable, douce et poétique, et avec simplicité, tout comme Jésus parlait avec des mots simples qui lui venaient de l'Esprit ?

Test 9 : Le test de la qualité du message

« Le message est-il vrai ? »

Le véritable message de l'Esprit sera utile, édifiant, apaisant, pertinent, pratique, simple, aimant, inspirant et non moralisateur. La voix divine n'essaiera jamais de vous contraindre ou de vous forcer avec des injonctions intimidantes du genre : « Si tu n'adhères pas à notre religion ou à notre déité, tu iras en enfer » ou « Notre gourou est le seul vrai gourou et la seule voie qui mène à Dieu ». Elle ne vous menacera pas et ne vous jugera pas en vous disant des choses telles que : « Tu seras puni pour tes péchés » ou « Tu devras rembourser tes dettes karmiques ».

L'Esprit divin n'annonce jamais de catastrophes ou de malheurs gravés dans le marbre. Il ne vous dira jamais de vous faire du mal ou de faire du mal à une autre personne. Son message ne provoquera jamais en vous des sentiments de peur, de culpabilité, de colère, de dépression ou toutes autres émotions négatives. Il ne présentera jamais de conditions ou de demandes à satisfaire, telles que : « Il vous suffit de lire la Bible pour aller au ciel. » Récompense et châtiment ne sont pas des concepts de la vérité divine.

Des esprits imposteurs peuvent essayer de vous impressionner avec des messages compliqués à consonance « élevée ». Manquons-nous de confiance en nous au point de croire qu'un message est forcément « profond » si nous n'arrivons pas à le comprendre ? Méfiez-vous des messages ineptes et inintelligibles qui contiennent des phrases telles que : « Le septième rayon de la quinzième hiérarchie du dix-neuvième secteur de la commission cosmique du commandant Asthar ».

L'Esprit vous encouragera à prendre vos propres décisions et à assumer la responsabilité de votre vie. Il n'essaiera pas de vous assujettir par la flatterie. Malheureusement, les humains ont un grand défaut : ils sont sensibles à la flatterie. C'est ainsi que les esprits imposteurs manipulent les personnes crédules et que plusieurs gourous maintiennent leurs disciples sous leur coupe. Méfiez-vous des messages du genre : « Vous faites partie des élus », « Vous avez reçu une mission plus importante que les autres » ou « Vous êtes spécial et incompris ».

Test 10 : Le test du résultat

« Suis-je revigoré ? »

Immédiatement après avoir reçu un vrai message d'une voix divine, vous vous sentirez comblé, heureux, fou de joie, soulagé, confiant, stimulé et motivé. Si vous vous sentez abandonné, vidé, insignifiant, éreinté, épuisé ou fatigué, cela veut dire que votre message vient du royaume astral ou mental. C'est l'un des tests les plus importants, car les entités astrales, n'étant pas du niveau divin, sont incapables de vous procurer ce sentiment revigorant.

N'oubliez pas que votre inconscient peut intervenir rapidement après la réception d'un authentique message divin pour s'y opposer ou remettre en cause l'ensemble de votre expérience. Cela indique simplement que vous avez perdu contact avec le divin et que vous êtes redescendu dans un royaume inférieur. Ne niez pas et ne remettez pas en cause votre expérience divine.

Si vous pratiquez la médiumnité, le counseling ou la guérison par l'imposition des mains, vous devriez vous sentir encore plus revigoré dans les heures qui suivront. Si vous vous sentez épuisé, c'est le signe incontestable que vous avez utilisé l'énergie de votre ego plutôt que l'énergie divine pour soigner les autres. Lâchez prise et laissez l'Esprit agir à travers vous.

Comment utiliser les 10 tests

Assurez-vous que votre message intérieur ait passé les 10 tests. Un test n'est pas suffisant. Votre message doit les passer tous les 10 si vous voulez être sûr d'être en contact avec une voix divine et non une autre voix. Il suffit de 8 secondes pour utiliser ces 10 tests. Vous avez bien lu : HUIT SECONDES. Ce qui prend du temps, c'est de demander : « Viens-tu de Dieu ? », « Quel est ton nom ? », « Donne-moi ton signal » et « Ai-je la permission de poser cette question ? ». Tous les autres tests sont instantanés et automatiques.

Le chapitre suivant est consacré aux expériences vécues par des personnes ayant ouvert leur troisième œil.

Cinquième partie

Bonheur suprême du troisième œil

17

Expériences du troisième œil

Ce n'est pas ce que vous regardez qui compte,
c'est ce que vous voyez.
— Henry David Thoreau

Ce chapitre est consacré à ceux qui ont eu la gentillesse de me faire part de leurs expériences du troisième œil. Certains des comptes rendus les plus inspirants que j'ai reçus sont retranscrits ici.

Expérience de la lumière blanche

Melissa Drake Johnson, une conceptrice de bijoux de Fayetteville dans l'Arkansas, nous décrit son expérience :

> « Je venais de me mettre au lit pour la nuit. J'en avais trop fait physiquement et je me sentais un peu courbaturée. Comme je crois au travail par les fréquences d'énergie, j'ai fait appel à l'énergie de l'archange Raphaël pour me débarrasser de ces sensations pénibles et de la tension qui m'habitaient. Et

cela a fonctionné à merveille. Puis j'ai pensé faire appel à la fréquence de guérison du Christ. Et c'est ce que j'ai fait.

« Aussitôt, tout l'intérieur de ma tête s'est illuminé comme une piste d'atterrissage. Cette gigantesque explosion de lumière blanche dans ma tête m'a complètement aveuglée. Puis, tout mon corps s'est mis à trembler pendant environ une minute. Quand les tremblements ont cessé, je me suis dit : Ouah ! »

Un rêve prémonitoire

Michael Dimura, de Middlesex dans le New Jersey, auteur du livre *Between Heaven and Hell*, rapporte :

> « Je me suis toujours intéressé aux phénomènes psychiques et paranormaux, et ce, dès mon plus jeune âge. Il m'est déjà arrivé de sentir certaines choses avant qu'elles ne se produisent, mais je me disais en général qu'il s'agissait de simples coïncidences. Jusqu'à une nuit d'été de 1994.
>
> « Tout a commencé par un rêve dans lequel je conduisais la nuit dans ce qui semblait être un tunnel : rien devant moi qu'un trou noir. Tout à coup, j'ai aperçu deux lumières qui venaient vers moi à grande vitesse. Je n'avais nulle part où aller, et les lumières continuaient à se rapprocher, puis je me suis réveillé en sursaut au moment où les deux véhicules étaient sur le point d'entrer en collision.

À nouveau, je me suis dit que ce n'était rien, mais deux nuits plus tard…

« J'avais laissé ma petite amie devant chez elle vers minuit avant de prendre moi-même le chemin du retour. Je roulais sur une petite route, un raccourci entre les deux artères principales de la ville, un parcours que j'avais emprunté des centaines de fois auparavant. Soudain, j'ai remarqué des lumières qui venaient dans ma direction, comme si le conducteur roulait du mauvais côté de la route ! Je me suis aussitôt souvenu de mon rêve. Après avoir jeté un coup d'œil autour de moi, je me suis rendu compte que durant l'été la canopée des grands arbres donnait à cette route l'apparence d'un tunnel… exactement comme dans mon rêve.

« J'ai agrippé le volant et immédiatement tourné à droite sur l'une des deux seules routes qui traversent cette rue, puis je me suis rangé sur l'accotement. Je me suis retourné juste à temps pour voir passer la voiture qui roulait effectivement du mauvais côté de la route. Je suis rentré chez moi fortement ébranlé par ce qui venait de se passer.

« Depuis, je porte toujours attention à mes rêves et aux mauvaises vibrations, quelle que soit la situation. »

Prescience d'un drame national

Daryl Hajek de Los Angeles en Californie, auteur de *Blood Blossom*, écrit :

« Je suis un homme dans la cinquantaine, atteint de surdité, mais possédant un don de clairvoyance (depuis l'enfance). Je n'utilise pas ce don de façon consciente. C'est plutôt quelque chose qui se produit spontanément à l'occasion. Par exemple, j'ai eu une vision le 9 septembre 2001, deux jours avant les attaques terroristes du 11 septembre.

« J'étais au lit, et alors que j'allais m'assoupir, j'ai vu dans mon esprit un avion percuter un grand édifice à plusieurs reprises. Cette vision s'est répétée une dizaine de fois avant que je ne parvienne à m'éveiller et à m'asseoir dans mon lit, le souffle coupé et tremblant de tous mes membres. Il m'a fallu une bonne heure avant de pouvoir me rendormir.

« Deux jours plus tard, le 11 septembre, ma mère est entrée dans ma chambre en pleurant. Je lui ai demandé si le chien était mort (nous avions un petit chien âgé de 15 ans qui était malade depuis quelque temps). Elle m'a dit non et fait signe de la suivre dans la salle de séjour. Elle m'a indiqué le téléviseur, et j'ai vu un édifice d'où sortait de la fumée ; puis une explosion a secoué l'autre édifice à côté de celui-ci.

« Au début, je n'ai pas compris ce que je regardais. Je me disais qu'un appareil de climatisation avait explosé à la suite d'un court-circuit. J'ai demandé à ma mère ce qui s'était passé. Elle m'a expliqué que des avions avaient percuté les deux édifices. Cette réponse m'a donné le frisson et je me suis souvenu de la vision que j'avais eue deux nuits plus tôt. Pris de nausées, j'ai failli vomir. C'est alors que la peur s'est emparée de moi, car je venais de comprendre que c'était la réalité et non un film hollywoodien.

« Cette expérience m'a ébranlé pendant plusieurs mois. Il m'a fallu beaucoup de temps pour apprendre à surmonter une telle vision. »

Visions d'un être cher décédé

Bryan Mattimore, un auteur et consultant en innovation marketing de Stamford dans le Connecticut, écrit :

« J'avais 21 ans quand mon père est décédé d'un cancer. Peu de temps après son décès, j'ai vécu avec lui plusieurs expériences spirituelles profondes : toutes lucides (extrêmement réelles, claires, plus réelles en un sens que celles que l'on vit consciemment à l'état de veille sur ce plan physique). Les premières fois, j'étais avec lui sur un plan intérieur et j'essayais de le convaincre qu'il était mort. Il était un peu désorienté à la suite de cette transition vers un nouveau mode d'être, et il ne comprenait pas pourquoi les gens sur le plan physique ne pouvaient ni l'entendre ni lui parler.

« Au début, quand je m'éveillais après l'une de ces expériences, je m'en voulais de lui avoir dit qu'il était mort, car sur un plan intérieur, il n'était évidemment pas mort. Puis je me suis rendu compte que j'essayais simplement de l'aider à transiter vers sa nouvelle vie. La dernière fois où je l'ai vu, plusieurs mois après son décès, il s'était finalement installé dans un monde intérieur, vivant dans une belle petite maison au bord d'un lac bleu et clair comme du cristal. Il m'a serré dans ses bras avant de nous quitter.

« Ces expériences m'ont beaucoup aidé à accepter son décès. Oui, j'ai pleuré, mais j'étais heureux de savoir qu'il allait bien. J'ai vécu une expérience similaire avec mon chien bien-aimé, Clyde, un setter anglais, qui, après avoir quitté ce monde, a été escorté par un maître intérieur jusque dans sa nouvelle vie. »

Développer son troisième œil

Le Dr Joy Pedersen, présidente de l'Express Success de Lakeland en Floride, rapporte :

« L'archange Michel m'est apparu pour me demander d'écrire son livre, *Wisdom of the Guardian*, et de me joindre à lui pour mettre sur pied un centre de guérison. Je lui ai demandé combien de chapitres, et il m'a répondu : « Vingt-deux ». J'ai accepté. J'ai commencé ma pratique en utilisant une très vieille méthode de guérison spirituelle appelée Ho'oponopono. Ce processus de purification m'a aidée à débloquer mes dons.

« Durant mes premières séances avec des clients, j'ai remarqué que je pouvais voir les causes cachées de leurs problèmes. J'ai appris que je pouvais entrer en contact et communiquer avec leur âme. Ancêtres, parents, anges et maîtres ascensionnés ont commencé à transmettre leurs messages à mes clients à travers moi. J'ai découvert que je pouvais voir le déroulement de l'histoire depuis le début des temps. Mes dons se sont développés, ou j'ai pris conscience d'eux, à la suite d'événements inspirés qui ont contribué à leur révélation.

« Différents événements m'ont amenée à découvrir que je possédais certains dons spécifiques. Je croyais à la réincarnation et j'avais été invitée à faire l'expérience de mes propres vies passées par l'intermédiaire d'une thérapeute. Après notre troisième séance, j'ai remarqué que les souvenirs de ces vies passées semblaient se trouver « tout juste » sous la surface. Cette découverte m'a permis par la suite de me souvenir de n'importe quelle vie passée, à n'importe quel moment, sans l'aide d'un thérapeute. Des années plus tard, durant une séance avec un client, je me suis rendu compte que je pouvais également voir ses vies passées.

« C'est donc progressivement que j'ai découvert la possibilité de puiser dans mes dons intuitifs et d'utiliser mes sens supranormaux. Je les utilise tous aujourd'hui avec gratitude pour aider les autres. »

Pratiques spirituelles pour éveiller le troisième œil

Acharya Sri Khadi Madama, auteure, conférencière et visionnaire, de Toms River dans le New Jersey, décrit comment elle a vécu l'ouverture de son troisième œil :

« En 1967, à l'âge de 19 ans, j'ai eu l'incroyable chance de rencontrer mon mentor en yoga, Muriel Schneider, dans la lignée du saint indien H. H. Sri Swami Sivananda Saraswati. Nos conversations s'étiraient parfois jusqu'aux petites heures du matin. Je m'assoyais à ses pieds, complètement envoûtée. L'une des premières histoires dont j'ai entendu parler portait sur l'ouverture du troisième œil dans le livre de T. Lobsang Rampa intitulé *Le troisième œil*. Dans ce livre, illustrant l'ouverture du portail donnant accès à l'*ājñā* chakra, il décrit comment une petite calle de bois est enfoncée à un point précis du front pour forcer l'ouverture de cette porte cachée.

« En réalité, la seule façon d'ouvrir ce point consiste à aligner sa vie sur la plus haute fréquence qui correspond à ce chakra. Après ces premières péripéties, et soulagée d'apprendre qu'on ne m'enfoncerait pas un petit morceau de bois dans le front, je me suis attelée, avec l'aide de Muriel, à l'ouverture de ce portail. Pour ce faire, il faut se construire un caractère, une morale et une vie spirituelle élevés, et pratiquer régulièrement le *trāṭaka* : l'art de maîtriser le mouvement des yeux afin de rester concentré, de travailler à l'unisson à enflammer l'énergie du nerf optique, et d'augmenter notre capacité à garder une vision intérieure de façon à localiser le point caché correspondant à la porte de lumière.

« On m'a appris que je devais avoir tout particulièrement bon caractère pour que ma fréquence puisse ouvrir la porte lorsque cette vision serait à l'endroit désigné. J'ai utilisé pour cela une chandelle blanche en suivant des directives très précises sur la façon de pratiquer le *trāṭaka*. J'ai découvert qu'en m'y exerçant régulièrement, le processus fonctionnait et me permettait de développer mes dons de clairvoyance et de vue à distance. Je n'ai jamais eu de mauvaises expériences à cause de ce nouveau sens. Je crois que nous le possédons tous et qu'il suffit d'apprendre à le cultiver de façon appropriée. En fait, nous sommes tous censés développer cette habileté pour le bien de l'humanité.

« Pour développer le troisième œil ou l'*ājñā* chakra, il faut non seulement fixer la flamme d'une chandelle, mais aussi adopter un mode de vie axé sur la conscience, l'humilité et la pureté, un mode de vie qui résonne avec l'ouverture du portail. Sinon, on se contente de fixer la flamme d'une chandelle, comme quelqu'un qui se tient devant une porte et qui ne se décide pas à frapper pour voir s'il y a quelqu'un à la maison.

« Au début, il s'agissait simplement d'un entraînement pour les yeux, puis j'ai commencé à voir des images de personnes et d'objets à distance. J'ai appris, en expérimentant avec une étudiante qui vivait loin de chez moi, que je pouvais « voir » son environnement immédiat, même si je n'avais jamais visité son coin de pays ou vu de photographies de sa maison. L'information était très spécifique et se révélait presque toujours exacte. Par exemple, je lui disais : « Il y a une boîte de carton derrière ton sofa,

> les rabats sont repliés les uns sur les autres », à quoi elle répondait : « Non, pas du tout. » Puis, après avoir vérifié, elle me confirmait qu'il y avait effectivement une boîte à cet endroit. J'ai réussi ce genre d'exploit plus d'une douzaine de fois.
>
> « Accéder au cortex central en tournant ma vision intérieure vers le point *ājñā* me permet de récupérer des données intuitives quand je travaille avec des personnes. En fait, j'ai reçu la plupart des données pour mon livre *From Lost Horizon to Finding Shangri La* grâce à cette méthode. C'est quelque chose que j'ai mis des années à développer. Je crois que tout le monde possède ce talent latent, qui ne demande qu'à être développé. »

Voyez comment pratiquer la méditation *trāṭaka* à la page 281 de ce livre.

La voix de Dieu m'a averti d'un danger

Lee Dawson m'a fait parvenir par courriel la description de l'expérience suivante :

> « Je participais à une expédition d'escalade. Le premier de cordée a fait quelque chose qu'il n'aurait pas dû faire. Sans m'avertir, il m'a fait passer par une route beaucoup trop difficile pour mon niveau. Je me suis retrouvé aux deux tiers du chemin sur une pure surface rocheuse, dans l'impossibilité de continuer à grimper ou de redescendre. J'ai cru que c'était la fin et que j'allais mourir.

« Soudain, j'ai senti une présence rassurante à mes côtés. Venue de nulle part, une « voix » m'a dit ce que je devais faire. On aurait dit que j'avais tout à coup acquis de l'expérience et une énergie que je ne savais pas posséder. J'ai réussi à me hisser jusqu'au sommet, puis le premier de cordée m'a dit : « Je savais que tu y arriverais ! » Je l'ai néanmoins houspillé pour m'avoir fait prendre cette route !

« J'ai ensuite suivi une série de cours sur le corps de lumière. Depuis que j'ai suivi ces cours, j'ai l'impression de canaliser de l'information soit de mon moi divin supérieur, soit d'une autre source de haut niveau. Les révélations et les intuitions que je reçois ne peuvent pas venir de mon esprit de tous les jours. J'ai été témoin de phénomènes de synchronicité et d'associations qui dépassaient de beaucoup le champ de compréhension de ma conscience ordinaire.

« De plus, j'ai développé une étrange habileté qui me permet de sentir les énergies, chose que j'étais incapable de faire auparavant. Ces nouveaux « sens » ne ressemblent en rien à mes cinq autres sens. Il est difficile de décrire avec des mots ce que je perçois. C'est un peu comme faire un tour de montagnes russes, mais sans la sensation du mouvement.

« J'éprouve également une forte impression de mouvement à l'intérieur et autour de moi. Ces énergies virevoltent et tourbillonnent tandis qu'elles circulent en nous et autour de nous, rappelant les propriétés visuelles du plasma solaire qui fait bouger les lignes du champ magnétique du soleil sous forme d'arches et de tourbillons. »

Rencontre avec des êtres angéliques

Mollie Jensen, une auteure qui pratique le channeling intuitif, de San Rafael en Californie, écrit :

« Cela a commencé avec une lumière, ressemblant à celle d'une étoile, qui est descendue et qui s'est arrêtée devant mon troisième œil, droit devant le centre de mes yeux. Cette lumière a ensuite pris la forme de ce que j'appellerais un être angélique : un être ayant une forme humaine, ou plutôt une silhouette humaine, remplie de lumière.

« Cet être m'a ensuite offert un symbole qui ressemblait à une étoile comptant plusieurs branches, puis il m'a dit que je pouvais l'utiliser si je voulais établir une meilleure connexion avec des êtres d'une autre dimension. Évidemment, j'ai répondu : « Oui, merci beaucoup ! » L'être a tendu la main vers moi et inséré ce symbole entre mes yeux. On m'a dit qu'il s'agissait d'une sorte d'appareil de transmission qui m'aiderait à recevoir de l'information d'une source supérieure.

« Je me rappelle avoir éprouvé un sentiment d'intense bonheur durant cette expérience, même si cela ne semble avoir duré que quelques minutes. Puis je l'ai vu ascensionner, laissant ce symbole dans la région de mon troisième œil ; et même s'il a semblé partir, j'ai l'impression qu'il ne m'a jamais vraiment quittée.

« Je suis convaincue que ma rencontre avec cet être est ce qui m'a aiguillonnée vers mon travail de canalisatrice. Cette expérience s'est avérée inestimable dans la mesure où elle m'a aidée à y voir plus clair lorsque j'ai dû prendre des décisions importantes dans ma vie. Depuis cette expérience, j'ai perfectionné ma technique et je suis devenue une canalisatrice intuitive qui travaille avec ce conseiller divin afin d'aider mes clients. Je leur apprends également à insérer un symbole personnel dans la région de leur troisième œil et à ouvrir ainsi leurs propres canaux intuitifs.

« Je peux maintenant faire appel à ce conseiller chaque fois que j'ai besoin d'aide ou qu'on me demande mon aide. Évidemment, il arrive que mes ridicules travers humains m'empêchent de l'entendre, même si chaque fois que je m'arrête vraiment pour l'écouter, il est toujours là pour moi. Je suis convaincue que tout le monde peut en faire autant et que cela fait simplement partie de ce que nous sommes censés faire. »

Ouverture du troisième œil à la suite d'une cure de désintoxication

L'auteure Angela Mia White m'a écrit :

« L'ouverture de mon troisième œil aura été toute une aventure. Alors que j'essayais de traiter et de surmonter une maladie débilitante que les médecins n'arrivaient pas à diagnostiquer ni même à nommer, je suis tombée sur une série de vidéos diffusées sur la chaîne YouTube portant sur les chakras et l'éveil du troisième œil. Désireuse d'ouvrir mon troisième œil, j'ai été guidée vers des vidéos qui expliquaient que le fluorure entraîne la calcification de la glande pinéale, siège de notre troisième œil. Cela empêche l'ouverture du troisième œil et crée un blocage qui inhibe notre créativité et l'éveil de l'âme.

« J'ai désintoxiqué mon corps pendant plus d'une année en ne consommant que des fruits, des jus fraîchement pressés, des légumes et des herbes. Ce faisant, beaucoup plus de choses sont devenues évidentes comparativement à ce dont j'étais consciente auparavant. Carol Tuttle est la première personne qui a contribué à ma formation. Elle m'a expliqué qu'après avoir pris de profondes respirations, nous pouvions visualiser une petite boule d'énergie de couleur indigo devant notre troisième œil, la faire doucement pénétrer dans notre front, puis la faire rebondir comme une balle. Vous pouvez également imaginer votre troisième œil en train de papillonner comme si vous veniez de vous réveiller : visualiser votre troisième œil s'ouvrant physiquement.

« Cela m'a permis d'ouvrir mes chakras, mais aussi de parler aux anges, à Marie, à Jésus et même à Dieu. Après cet éveil, on m'a demandé d'écrire un livre intitulé *From Sick to Bliss to Conversations With*

God. On m'a dicté ce titre et expliqué que le livre serait publié et payé par les anges. Jusqu'à présent, ils ne se sont pas trompés. Ce livre est pour la planète. Il a été écrit pour témoigner de l'éveil à grande échelle auquel nous assistons. »

S'ouvrir à la communication animale

Denise Mange, de New York, décrit ses expériences avec son troisième œil :

« Saint François m'a toujours attirée. Principalement parce qu'il parlait aux animaux, quelque chose que j'ai toujours voulu pouvoir faire. J'ai passé mon enfance à étudier toutes les créatures vivantes qui croisaient ma route. Durant mes après-midi de vacances, dans les champs qui entouraient notre maison familiale dans les montagnes, je conversais avec les chenilles, les scarabées, les papillons, les poussins, les grenouilles et les chevaux, et quand j'avais de la chance, avec les chiens que je rencontrais de temps en temps. Tout cela afin de pouvoir observer et possiblement partager une pensée ou deux avec l'une de ces extraordinaires petites âmes que je vénérais, sachant intuitivement qu'elles avaient un message pour moi et mes semblables.

« Malgré ces expériences et ces désirs de mon enfance, ce n'est pas sans quelque appréhension et scepticisme que je me suis inscrite à un cours de communication avec les animaux durant l'été de 2014, à l'âge de 33 ans. Enfant, j'avais toujours été intuitive et plutôt empathique, mais quelques rencontres déplaisantes m'avaient amenée à bloquer ces dons durant mon adolescence et le début de ma vie adulte.

« Ce cours a été pour moi un retour aux sources et un réveil après avoir bloqué mon troisième œil pendant toutes ces années. Ce qui m'avait semblé naturel dans un premier temps m'avait par la suite échappé. Mes habiletés intuitives et empathiques étaient rouillées. Ce que je pensais n'être qu'une simple mise à niveau de routine s'est avéré la plus satisfaisante des retrouvailles avec cette petite fille qui, à travers le continuum et tous les paradoxes du temps, se trouvait encore dans ce champ, avec ces mêmes animaux, ayant toujours le même désir d'avoir une relation à cœur ouvert avec eux.

« Je me suis appliquée à entrer en communication télépathique avec des animaux comme on me l'avait appris. Ma première expérience de communication animale s'est produite avec Miss Nellie, qui m'a confié par la suite aimer beaucoup ce titre. Nellie était un bouledogue anglais qui est entré dans ma vie par le truchement de son gardien, Richard, un gentil yogi qui est ensuite devenu mon plus solide allié durant ce processus qui m'a permis de reprendre contact avec moi-même, mon troisième œil et finalement notre univers si vaste, unique et merveilleux.

« Durant une séance de méditation, Miss Nellie m'a montré une image d'elle-même couchée sur un lit, avec Richard étendu à ses côtés, tourné vers la fenêtre. Miss Nellie m'a aussi montré Richard en train de descendre l'escalier vers l'ordinateur dont il se servirait pour répondre à mon courriel et m'expliquer le sens de ces images que j'avais vues dans mon esprit.

« Miss Nellie m'a aussi montré un chat roux tigré. Richard m'a confié plus tard que ce chat était l'un de ses anges et l'une des principales raisons pour lesquelles il avait adopté Miss Nellie. Des images sont alors apparues dans mon esprit. Et bien qu'étrangement banales à première vue, elles m'ont inspiré un profond sentiment d'amour et de reconnaissance, puis en reliant les points entre eux, je me suis rendu compte qu'ils dépeignaient un tableau beaucoup plus large.

« Tandis que je continuais à m'ouvrir aux possibilités offertes par mon troisième œil, j'ai vécu ma première expérience de la mort lorsque j'ai vu l'esprit de mon chien bien-aimé quitter son corps sous la forme d'une boule de lumière. Alors que Paco poussait son dernier soupir dans les bras de ma mère à l'autre bout du pays, son âme est apparue devant moi telle une sphère lumineuse et incandescente qui s'est ensuite dirigée vers un coin de la pièce avant de s'envoler dans le ciel.

« Puis, après la mort de mon grand-père quelques mois plus tard, j'ai été réconfortée par un être magnifique, qui était en réalité l'ange de la mort comme je devais l'apprendre par la suite, vêtu d'une robe et d'un casque de lumière, et tenant un livre dans lequel il écrivait à l'aide d'une belle et grande plume. Quand j'ai demandé à cet être stupéfiant quel était son nom, j'ai entendu : « Azraël ». Grâce à Google, une rapide recherche m'a permis de découvrir qui était Azraël et de me rendre compte du don inestimable que j'avais reçu lors de sa visite : le réconfort de savoir qu'il guiderait mon grand-père jusque dans l'au-delà, où il retrouvera Paco, et un jour sa petite-fille, quand le moment sera venu.

« Quand j'entre dans un état cérébral associé aux ondes thêta, je suis capable de faire appel au moi supérieur d'un animal pour entrer en contact avec lui et recevoir des messages par le biais d'images, d'odeurs, de mots et d'une profonde compréhension de ce qui doit être clarifié.

« Tout le monde possède un troisième œil. Il attend simplement que nous l'activions pour nous faire connaître une beauté, une grâce, un amour, une compassion, une joie, une légèreté et une unité sans pareil. »

L'amour inconditionnel de Dieu

Orea De Sa'Hana m'a écrit pour me faire part de son expérience :

> « Il y a une vingtaine d'années, j'ai fait l'expérience de l'amour inconditionnel de Dieu pendant environ 45 minutes. C'était un peu comme si des écailles m'étaient tombées des yeux et que je pouvais enfin voir. J'ai pleuré durant presque tout le temps que

cela a duré. Il n'y a pas de mots pour décrire la totalité et l'extravagance (un mot nouveau que mes guides ont récemment utilisé) de cet amour. Celui du parent le plus bienveillant du monde est peu de chose en comparaison.

« Nous, humains, qui aimons mettre des mots sur les choses, continuerons à essayer de décrire ce qui est indescriptible. Pour ma part, c'est pour une seule raison, comme je l'ai dit à Dieu durant cette expérience : « Je dois leur dire, aide-moi à leur dire ! » C'était tout ce à quoi mon âme aspirait : répandre la nouvelle de l'amour de Dieu.

« Cela dit, je pense que nous devons faire attention de ne pas dépenser trop de temps et d'énergie à l'intellectualiser quand nous pourrions simplement… aimer. »

Au chapitre suivant, nous découvrirons pourquoi l'ouverture de notre troisième œil est si importante et comment elle est reliée à notre évolution spirituelle.

18

Un troisième œil complètement éveillé

Nous sommes faits de la matière des rêves;
Et notre petite vie est entourée de sommeil.
— William Shakespeare[1]

Le but de ce livre n'est pas seulement de vous aider à développer votre perception suprasensorielle. Si éveiller votre intuition, recevoir des messages divins, percevoir des phénomènes subtils et faire l'expérience de dimensions autres que celle du monde physique sont des objectifs louables, ces accomplissements sont peu de chose, comparés au véritable trésor enfoui au fond de votre être.

Votre troisième œil n'est pas seulement un instrument qui vous permet de voir les royaumes invisibles. C'est un œil grâce auquel vous pouvez percevoir la vérité. Par conséquent, dans ce chapitre, nous explorerons le but ultime de toute vie humaine : l'atteinte de l'illumination spirituelle qui découle de la découverte de son vrai moi.

Le sens du mot « illumination » varie selon le contexte. Il peut vouloir dire acquérir de nouvelles connaissances, s'ouvrir à des idées qui nous étaient jusque-là inconnues ou approfondir un pan du savoir. Mais son sens véritable est beaucoup plus profond. Il renvoie à un état de conscience supérieur et à un élargissement de la conscience. Ceux qui ont vraiment atteint l'illumination vivent dans une dimension complètement différente de celle des autres. Ils voient le monde différemment et ils savent qui ils sont réellement.

Vous vous demandez peut-être : « Qui suis-je en réalité ? » La réponse est que vous n'êtes pas ce corps, cet esprit, ces émotions ou les choses que vous possédez. Vous n'êtes pas votre histoire, votre éducation ou l'argent dans votre compte bancaire. Vous êtes beaucoup plus que la somme de ces petites choses. Vous êtes un être de lumière multidimensionnel : radieux, magnifique, illimité et formidable.

Et peut-être vous posez-vous la question suivante : « Quel est ce monde ? » La réponse est : « Ce monde est votre propre création. Vous l'avez fabriqué à partir de votre propre imagination. » N'est-ce pas fantastique ? Oui, en effet. Et c'est la vérité suprême. Je ne suis pas la première personne à concevoir cette idée. Ce n'est pas moi qui l'ai inventée. Si vous lisez les textes sacrés de différentes cultures, vous verrez que de nombreux sages de l'Antiquité connaissaient et enseignaient cette vérité.

Vāsiṣṭha, un grand prophète de l'Inde antique, disait : « La servitude n'est rien d'autre que la notion d'objet. Les notions de moi et de monde ne sont que des ombres, non des vérités. De telles notions créent les objets ; ces objets ne sont ni vrais ni faux. Par conséquent, abandonnez les notions de moi et d'objet, et demeurez dans la vérité[2]. »

Vāsiṣṭha disait également : « Quand dans un esprit pur apparaissent des concepts et des notions, l'apparence du monde acquiert une existence propre. Mais quand l'esprit abandonne la relation sujet-objet qu'il entretient avec le monde, il est instantanément absorbé dans l'infini. »

Shiva aurait dit : « L'esprit seul explique pourquoi nous faisons l'expérience du monde comme s'il était réel ; mais nous ne pouvons le considérer comme étant une véritable cause, car il ne peut y avoir d'autre esprit qu'une pure conscience. Par conséquent, si nous prenons conscience que l'esprit qui perçoit est lui-même irréel, il devient évident que le monde perçu l'est lui aussi. »

Vāsiṣṭha a décrit ce monde matériel comme un « long rêve » : « C'est en raison de notre ignorance que le long rêve du monde des apparences nous semble réel : ainsi notre moi individuel acquiert-il une existence. Mais quand nous apprenons la vérité, nous voyons que tout cela n'est en fait que le Moi. »

Edgar Allan Poe se demandait si tout ce que nous voyions et croyions voir n'était pas « qu'un rêve à l'intérieur d'un rêve ». Iris Murdoch a dit un jour : « Nous vivons dans un monde imaginaire, un monde d'illusion. Notre plus grande tâche est de découvrir la réalité. » Et Albert Einstein faisait remarquer : « La réalité n'est qu'une simple illusion, bien que très persistante. »

L'allégorie de la caverne

Dans son œuvre la plus connue, *La République*, livre VII, Platon décrit comment l'âme émerge des ténèbres de l'ignorance, alors que le troisième œil est fermé, dans la lumière de la véritable illumination, où le troisième œil est ouvert. Dans ce livre, un dialogue se noue entre le philosophe Socrate (mentor de Platon) et Glaucon (philosophe et frère aîné de Platon).

À l'aide d'une allégorie, Socrate veut montrer à Glaucon dans quelle mesure notre nature est éclairée ou obscurcie. Il décrit des prisonniers enchaînés au fond d'une caverne. L'entrée de la caverne s'ouvre sur la lumière du soleil. Mais les prisonniers sont enchaînés par le cou et les jambes de sorte qu'ils ne peuvent pas tourner la tête. Ils peuvent uniquement regarder droit devant eux, vers le mur de la caverne. Un feu est allumé au-dessus et derrière eux, et une partie surélevée traversée par un mur bas les sépare du feu. Des hommes marchent le long de ce mur en portant des urnes et des statues d'animaux. Les prisonniers ne peuvent donc voir que les ombres projetées sur le mur opposé, ombres d'eux-mêmes et des hommes qui défilent en portant des statues d'animaux. Ils entendent la voix des hommes qui parlent entre eux et celle des autres prisonniers. Par conséquent, les ombres projetées sur le mur ressemblent à un théâtre de marionnettes.

Socrate décrit ensuite ce qui se passerait si les prisonniers étaient libérés de leurs chaînes. En se tournant vers la lumière, ils ressentiraient une douleur intense et la lumière les aveuglerait. Ils diraient que les ombres qu'ils avaient l'habitude de voir sont réelles et que le monde physique est faux, même si on leur expliquait que ce qu'ils voyaient dans la caverne n'était qu'une illusion.

Si on les traînait de force à l'extérieur de la caverne et qu'ils apercevaient le soleil, ils seraient aveuglés et ils mettraient du temps à s'habituer à la lumière. Le ciel nocturne et ses étoiles seraient beaucoup plus agréables à regarder que le soleil de midi. Finalement, ils verraient tout ce qui existe dans le monde physique, et ils se rendraient compte que les ombres dans la caverne étaient des illusions.

Peu importe ce que les prisonniers avaient cru dans la caverne, et peu importe les habiletés et les honneurs qu'ils avaient acquis durant leur vie dans la caverne, ils ne voudraient jamais retourner à leur vie de servitude dans la caverne.

Si ceux qui ont vu le soleil retournaient dans la caverne, ils auraient du mal à voir quoi que ce soit, et il leur faudrait du temps pour se réhabituer à voir clairement dans la caverne. Les autres prisonniers se moqueraient de leur cécité et considéreraient leur propre situation supérieure à celle des prisonniers qui ont vu la lumière. Ils iraient peut-être jusqu'à mettre à mort ceux qui guideraient les autres vers la lumière.

Socrate dit que dans cette allégorie, la prison est le monde visible, le feu est le soleil et le périple hors de la caverne est l'ascension de l'âme vers une conscience supérieure, vers une plus grande lumière : la véritable lumière de l'illumination spirituelle. Dans les deux cas, la confusion (visuelle et spirituelle) est la même : qu'il s'agisse de sortir à la lumière ou de retourner dans l'obscurité. Par conséquent, nous ne devrions jamais ridiculiser ceux dont les yeux se sont habitués à la lumière ou à l'obscurité.

Socrate poursuit en expliquant que la possibilité ou la capacité d'apprendre est inhérente à l'âme et ne vient pas des professeurs ou de l'éducation reçue. Et tout comme nos yeux ne peuvent passer de l'obscurité à la lumière sans le reste du corps, de même l'intellect peut uniquement délaisser le monde du devenir pour le monde de l'être en vertu d'un mouvement de l'âme dans son entier, et « apprendre progressivement à supporter la vue de l'être, et du plus éclatant et du meilleur des êtres, ou, autrement dit, du bien. »

Il incombe aux chefs d'État de ne pas simplement rester dans les royaumes célestes de la lumière, mais également de devenir des bienfaiteurs de l'État en descendant dans la caverne pour en ramener ceux qui sont dans les ténèbres. Socrate lance une mise en garde contre l'ambition politique, car il considère que la vertu et la sagesse sont les véritables biens de la vie. Il conclut en disant : « Le processus, disais-je, ne consiste pas à retourner une coquille d'huître, mais à amener une âme, dont le jour ne valait pas beaucoup mieux que la nuit, à découvrir le véritable jour de l'être en la faisant remonter des profondeurs au cours d'une ascension qui est, selon nous, la véritable philosophie[3]. »

Le monde en tant qu'illusion

Même si la réalité physique semble vraie, elle est semblable aux ombres projetées sur les murs de la caverne de Platon. Nous, humains, sommes prisonniers de notre propre caverne de fausses perceptions. Tant que nous n'avons pas ouvert notre troisième œil et vu la lumière aveuglante du véritable soleil spirituel, qui est la gloire de Dieu, nous demeurons attachés et enchaînés dans les ténèbres de l'ignorance.

L'*Advaita* («non-dualité») *Vedānta* (littéralement «la fin du Veda» ou «savoir suprême») a été propagé par Ādi Śaṅkara (509-477 avant notre ère), peut-être le plus grand saint à avoir foulé le sol de la terre. Dans ses écrits et commentaires, il parle de la réalité éternelle du moi, ce qui est très éloigné de l'ignorance des prisonniers enchaînés dans la caverne de Platon.

Les textes du *Vedānta* et des *Upaniṣad* sont à l'origine de l'*Advaita*. Selon cette philosophie, notre perception du monde et notre conception du moi sont erronées. La façon dont nous voyons l'obscurité de la caverne ou l'éclat du monde à l'extérieur de la caverne : voilà la différence entre l'ignorance et l'illumination.

Voici quelques citations d'Ādi Śaṅkara, tirées de son ouvrage intitulé *Aparokṣānubhūti* («expérience directe» ou «réalisation de soi»). Ces profonds aphorismes se passent de commentaires. Les indications correspondent au numéro du verset cité[4] :

2. *Ici est expliqué le moyen de parvenir à la réalisation du Soi [*Aparokṣānubhūti *] pour l'acquisition de la libération finale. Seul celui dont le cœur est pur doit constamment faire tout son possible pour méditer la vérité ci-après enseignée.*

5. *Seul celui qui voit [le Soi] en soi-même est permanent ; la chose vue, à l'opposé, est transitoire – une telle conviction inflexible porte en vérité le nom de discernement.*

11. *La connaissance ne peut être réalisée que par la seule investigation [*vicāra*], tout comme un objet ne peut pas être perçu sans l'aide de la lumière.*

12. *Qui suis-je ? Comment ce monde est-il créé ? Qui est son créateur ? De quel matériau ce monde est-il fait ? Voilà comment se pratique l'investigation.*

13. *Je ne suis ni le corps, qui est une combinaison des cinq éléments de la matière, ni un agrégat des sens ; ce que je suis est différent de tout cela. Voilà comment l'on pratique l'investigation.*

21. *Le Soi est éternel, puisqu'il est l'existence même ; le corps est transitoire, car il est en essence non-existence ; pourtant les gens considèrent ces deux comme n'étant qu'un ! Qu'est-ce que l'ignorance, sinon cela ?*

53. *Quand l'ignorance donne naissance à la dualité, on voit un autre, mais lorsque tout se trouve identifié au Soi, on ne perçoit pas le moindre autre.*

54. *Au sein de l'état dans lequel on perçoit tout comme étant identifié au Soi, il ne survient ni illusion ni affliction, puisque la dualité est absente.*

70. *À la façon dont on prend une corde pour un serpent, la nacre pour de l'argent, l'ignorant prend le Soi pour le corps.*

84. *Tout comme en raison du déplacement d'un nuage, la lune semble être en mouvement, une personne, en raison de l'ignorance, prend* Ātman *pour le corps.*

87. *Voilà comment l'illusion du corps survient dans le Soi par ignorance. Puis, grâce à la réalisation du Soi, elle s'évanouit dans ce même Soi suprême.*

94. *Les textes du* Vedānta *posent l'ignorance comme étant la cause véritable et matérielle du monde phénoménal, tout comme l'est l'argile pour une carafe. Cette ignorance une fois détruite, où l'univers peut-il subsister ?*

95. *Tout comme une personne en proie à la confusion ne perçoit qu'un serpent et ignore la corde, un ignorant ne voit que le monde phénoménal sans connaître la Réalité.*

96. *La nature réelle de la corde une fois connue, l'apparence du serpent ne persiste pas ; ainsi, une fois le substrat connu, le monde phénoménal disparaît complètement.*

141. *Le sage doit constamment et avec vigilance considérer l'invisible, le visible et tout le reste comme étant son propre Soi, qui est conscience même.*

142. *Ayant réduit le visible à l'invisible, le sage doit considérer l'univers comme faisant un avec la Réalité. Ainsi seulement, il demeurera dans le bonheur éternel avec un esprit rempli de conscience et de félicité.*

Ādi Śaṅkara et plusieurs autres saints de premier plan, que ce soient les prophètes de l'Antiquité Veda Vyāsa et Vaśiṣṭha ou Advaita Ramana Maharishi au XIXe siècle, ou plus près de nous, la mystique Byron Katie au XXIe siècle, ont tous vanté l'introspection comme étant la voie royale vers la réalisation de soi et l'illumination spirituelle. Nous devons tous découvrir un jour la réponse à cette question : « Qui suis-je ? » Et la réponse est que votre vrai moi, votre moi supérieur, n'est pas « ceci ou cela » (*neti neti*, selon Śaṅkara) et ne correspond à rien dans le monde matériel.

Votre vrai moi est impérissable, immuable, éternel, sans nom, sans forme, sans commencement et sans fin, sans limite et non manifesté. Il se situe au-delà des noms, des formes et des phénomènes. Il est infini et absolu. Il est un et uniquement un. Selon les *Upaniṣad,* il est « l'un sans second[5]. » Autrement dit, il n'y a pas de numéro deux. Il n'y a pas de dualité. Il n'y a que l'un. Et cette unité, cette totalité est en moi, en vous et en toutes choses. Nous sommes tous un. Les textes sacrés, les *Upaniṣad,* contiennent les *Mahāvākyas* (littéralement, « les grandes déclarations » ou « les affirmations suprêmes »). En voici quelques-unes, qui résument la nature de la réalité suprême :

« Je suis cela. » *(Aham Brahmāsmi[6].)*

« Tu es cela. » *(Tat Tvam Asi[7].)*

« Tout est cela. » *(Sarvaṃ khalvidam brahma[8].)*

« Cela seul est. » *(Tad eva brahma tvam[9].)*

Le jardin d'Éden

L'allégorie du jardin d'Éden dans la Bible judéo-chrétienne relate la chute de l'humanité d'un état éclairé d'unité dans l'ignorance de la dualité[10].

Ce récit n'est pas une leçon d'histoire et il ne concerne pas un événement qui se serait produit il y a plusieurs milliers d'années. Il s'agit d'une allégorie de la condition humaine, ici et maintenant, à chaque heure de chaque jour.

Adam, le premier homme, qui représente l'ensemble de l'humanité, vit dans le jardin d'Éden, le paradis de l'immortalité, de l'union parfaite avec Dieu et de l'illumination spirituelle. Dans ce jardin, Dieu fournit à Adam toutes sortes de fruits et de plantes magnifiques qu'il peut manger.

Au milieu du jardin se trouvent deux arbres à nul autre pareils. Le premier est l'arbre de la vie, qui accorde l'immortalité et la vie éternelle. Il symbolise l'unité, la totalité et l'illumination spirituelle. Son énergie *kuṇḍalinī* circule vers le haut et ouvre tous les chakras, y compris le troisième œil.

Le second est l'arbre de la connaissance du bien et du mal. Que symbolise « la connaissance du bien et du mal » ? Le bien et le mal sont les deux pôles de la dualité, comme le blanc et le noir, le vrai et le faux, la récompense et le châtiment, la guerre et la paix. La pensée dualiste est la cause de notre isolement et de notre séparation d'avec Dieu. Elle est ignorance. Son énergie *kuṇḍalinī* circule vers le bas et bloque le troisième œil et les autres chakras.

Dieu enseigne à Adam qu'il peut manger les fruits de tous les arbres du jardin, sauf ceux de l'arbre de la connaissance du bien et du mal. Dieu avertit Adam que s'il mange du fruit de cet arbre, il mourra sûrement. Il ne sera plus uni à Dieu ni immortel. Car le fait de manger du fruit de cet arbre équivaut à adopter une pensée dualiste.

Dieu crée Ève, la première femme, à partir d'une côte d'Adam, et ils sont tous les deux « nus », mais « sans se faire mutuellement honte ». Ils sont « nus » parce qu'ils sont sans faux-semblant. Ils savent et expriment qui ils sont vraiment, sans honte et sans se cacher derrière le masque de l'ego. Leur troisième œil, qui est complètement ouvert, voit la vérité de leur véritable identité. Adam et Ève vivent dans un état d'intégrité, d'innocence, d'amour et de contentement, sans ruse, avidité ni besoin. Ce sont des êtres divins immortels, unis à Dieu, en paix avec eux-mêmes, en harmonie avec la nature.

Cette unité absolue est appelée *Paramaśiva* (*sat* : « absolu »). Quand Dieu crée Ève à partir d'Adam, il fait naître la dualité de l'unité. Adam et Ève représentent les deux aspects de l'absolu : l'aspect masculin ou *Shiva* (*chit* : « conscience »), et l'aspect féminin ou *Shakti* (*ānanda* : « béatitude »). Ces polarités masculine et féminine correspondent au *yin* et au *yang* dans la philosophie du confucianisme. Adam et Ève vivent au paradis, car le yin et le yang sont stables, en équilibre et en paix.

Mais Ève est tentée par le serpent qui l'encourage à manger du fruit de l'arbre défendu. Le serpent parvient à la convaincre qu'elle ne mourra pas. Alors, elle mange du fruit et invite Adam à faire de même. Puis, leurs « yeux se sont ouverts, et ils ont compris qu'ils étaient nus ». Leur troisième œil se ferme, et leurs deux yeux physiques, qui représentent la dualité, s'ouvrent. À présent ils ont honte, alors ils se fabriquent des vêtements à l'aide de feuilles de figuier pour se couvrir. Ces vêtements représentent l'ego, le faux sentiment de l'identité.

Avant de manger le fruit, Adam et Ève ne voient pas la dualité. Leur conscience élargie voit le monde par le biais de leur troisième œil. Ils perçoivent tout comme faisant partie d'eux-mêmes. Ils sont pleinement éclairés et par conséquent ne font aucune différence entre eux et Dieu. Ils vivent en harmonie avec ce qui les entoure.

Après avoir mangé le fruit, ils tombent dans l'*avidyā* (« l'ignorance ») et découvrent leurs limites. Ils font l'expérience de l'ego en tant qu'entité distincte, et s'identifient à tort à celui-ci. Le fait d'avoir désobéi à Dieu et mangé du fruit défendu ouvre les yeux d'Adam et d'Ève à la honte et détruit leur innocence. C'est ce que l'on appelle la « chute » ou la « chute de l'Homme ».

Le serpent est « la plus astucieuse de toutes les bêtes des champs que le Seigneur Dieu a faites ». Ce serpent représente la *kuṇḍalinī*, une forme de *prāṇa* : l'énergie vitale qui donne vie au cosmos. C'est le plus subtil élément de la nature. La *kuṇḍalinī* peut monter le long du *nāḍī suṣumṇā*, ce qui élève la conscience et ouvre la voie vers la vie éternelle, ou elle peut descendre, ce qui abaisse la conscience et mène à la mort. Quand l'esprit s'identifie à l'ego, la *kuṇḍalinī* s'écoule vers le bas. Elle descend au niveau du *mūlādhāra* chakra, le plus bas des chakras dans le système des sept chakras. Et elle demeure là, enroulée sur elle-même et endormie.

Quand Adam et Ève ont croqué dans la pomme de l'arbre qui représentait la dualité, la croyance en l'opposition du bien et du mal est née. Cette croyance est erronée, le résultat d'une identification trompeuse avec la dualité : *pragya aparadh* en sanskrit, « l'erreur de l'intellect ». Ils ne voient plus la vérité. Au contraire, ils s'imaginent être limités, isolés et séparés de Dieu. Ils s'identifient à leur ego plutôt qu'à leur véritable moi.

Quand Adam et Ève ont mangé du fruit défendu de la dualité, l'ego est venu au monde. La séparation d'avec Dieu est venue au monde. La souffrance et la honte sont venues au monde. Les faux-semblants sont apparus. Ils ont cherché des feuilles de figuier pour couvrir ce qu'ils considéraient désormais inapproprié. En mangeant de ce fruit, ils mourraient certainement. Cette identification trompeuse avec l'ego est la source de la pensée dualiste, qui sépare les humains de leur vraie nature d'une pureté immortelle et immaculée. Ainsi la mort est venue au monde.

Adam et Ève (l'humanité) étaient destinés à vivre éternellement au paradis terrestre dans un état d'unité avec Dieu, sans honte, sans culpabilité et sans aucune croyance, habitude ni circonstance négative. C'est la vie éternelle, sans aucune fausse croyance. Dans cet état, ils sont parfaitement conscients de leur vraie nature et spirituellement entiers.

Parce qu'Adam et Ève ont fait un mauvais usage de leur libre arbitre et choisi la dualité plutôt que l'unité, Dieu les chasse du paradis terrestre et les rend mortels. Dieu expulse Adam « pour qu'il ne tende pas la main pour prendre aussi de l'arbre de la vie, en manger et vivre à jamais ». Des chérubins et une épée foudroyante sont placés à l'entrée du jardin, afin que personne ne puisse y pénétrer. L'immortalité est donc retirée à tous ceux qui mangent de l'arbre du bien et du mal (à ceux qui s'identifient faussement à l'ego et qui, par conséquent, se jugent eux-mêmes et jugent les autres en lançant des condamnations.)

C'est uniquement en demeurant dans l'état correspondant au paradis terrestre (un état d'unité avec Dieu) que l'on vous accordera le privilège de l'immortalité. L'entrée du jardin est la barrière psychique ou la barrière de façade : la fausse croyance selon laquelle nous sommes séparés de Dieu, séparés de l'Esprit. En faisant l'expérience de l'unité avec Dieu, vous êtes réadmis dans le jardin d'Éden, et la vie éternelle vous est à nouveau accordée :

Au vainqueur, je donnerai à manger de l'arbre de vie qui est dans le paradis de Dieu.

— Apocalypse 2,7

Illumination spirituelle

Ce livre ne porte pas uniquement sur l'ouverture de votre troisième œil ou le développement de vos habiletés psychiques. C'est aussi un guide et une voie d'accès vers la réalité suprême, qui est atteinte à la suite d'une longue évolution s'échelonnant sur plusieurs vies. Plus votre troisième œil est éveillé, plus votre vision spirituelle se développe, et ainsi vous atteindrez finalement la pleine réalisation dans la conscience de Dieu.

Une fois que vous avez découvert votre véritable identité, une fois que vous avez pris conscience de qui vous êtes vraiment (contrairement à ce que vous pensiez être), vous n'êtes plus prisonnier du cycle apparemment sans fin des naissances et des morts. Vos semences karmiques sont brûlées, et vous atteignez le *mokṣa* (littéralement « liberté ») : la véritable prise de conscience de votre moi et de la réalité suprême. Vous ne faites plus partie de cette folie qui a créé ce monde illusoire. Vous êtes à présent libre.

Quelles sont les implications de la découverte de votre vrai moi ? Vous n'avez plus à vous réincarner. Cela veut dire que vous êtes libre de vivre dans le royaume céleste en tant qu'être divin de lumière, ou vous pouvez choisir de fusionner complètement avec le Brahmaṇ absolu et ainsi atteindre le pinacle de l'évolution spirituelle. Tandis que vous vous unissez pleinement avec l'infini, vous cessez de vous identifier avec votre esprit, votre ego ou votre intellect, pour vous identifier uniquement en tant que pure conscience absolue, infinie et parfaite.

Dans cet état, vous êtes la divinité infinie et sans frontières. Vous êtes complet et entier. Vous êtes satisfait et en paix. Vous êtes plein. Vous êtes finalement libre. Vous avez fusionné avec « tout ce qui est » pour ne faire qu'un. Vous êtes Brahmaṇ. Vous êtes l'absolu. Vous êtes l'Un. Et vous êtes enfin de retour à la maison.

Notes

Chapitre 1 : Qu'est-ce au juste qu'un troisième œil ?

1. Matthieu 6,22.

Chapitre 2 : Histoire du troisième œil

1. Genèse 32,30.
2. James Mason-Hudson, photographe, Creative Commons Attribution-Share Alike 3.0 Unported license.
3. Wikimedia Commons.
4. Luis García (Zaqarbal), photographe, Creative Commons Attribution-Share Alike 2.0 Generic license.
5. David K. Osborn. « Did the Greeks Have Chakras ? ».
6. Frank Cole Babbit, éd. « Plutarch, De Iside et Osiride ».
7. Mark Beck, éd. *A Companion to Plutarch*, page 91.
8. *http://www.greatdreams.com/eye/eye.htm.*
9. John D. MacArthur. « Charles Thomson – Principal Designer of the Great Seal ».
10. John D. MacArthur. « Source of Novus Ordo Seclorum ».
11. John D. MacArthur. « Annuit Coeptis – Origin and Meaning of the Motto Above the Eye ».

12. John D. MacArthur. « Source of Novus Ordo Seclorum ».
13. S. Brent Morris, P. M. « Eye in the Pyramid ».
14. Robert Ingham Clegg. *Encyclopedia of Freemasonry, Volume 1*, page 52.
15. *http://afiftabsh.com/2010/05/30/secret-societies-free-masons/masonic-tracing-board/.*
16. *http://abovetopsecret.com/forum/thread928223/pg1.*
17. « The Ancient Connection Between Sirius, Earth and Mankind's History », Humans Are Free.
18. Jimmy Dunn. « Horus, the God of Kings in Ancient Egypt ».
19. Shira. « Symbols from the Middle East ».
20. « Eye of Horus, Eye of Ra », Symboldictionary.net.
21. Alan H. Gardiner. *Egyptian Grammar.*
22. Benoît Stella alias BenduKiwi, illustrateur, GNU Free Documentation license.
23. « The Eye of Horus », Ancient Egypt Online.
24. David Flynn. « October 8 », Watcher.
25. H. Peter Aleff. « The system of Horus Eye fractions ».
26. « What does the pharmacist's symbol « Rx » means ? », The Straight Dope.
27. « Udjat Eye », The Global Egyptian Museum.
28. *http://en.wikipedia.org/wiki/File :Romtrireme.jpg.*
29. John H. Taylor, éd. *Journey Through the Afterlife*, page 130.
30. Captmondo, photographe pour le British Museum, GNU Free Documentation license.

31. Walters Art Museum, Creative Commons Attribution-Share Alike 3.0 Unported license.
32. Melissa Troyer. « The Eye of Horus and the Pineal Gland ».
33. Wikimedia Commons.
34. « Totafot », Balashon Hebrew Language Detective.
35. T. Lobsang Rampa. *The Third Eye*, pages 75-77.
36. Traveler100, photographe, Creative Commons Attribution-Share Alike 3.0 Unported license.

Chapitre 3 : Le siège du troisième œil dans le cerveau

1. Gert-Jan Lokhorst. « Descartes and the Pineal Gland ».
2. Ibid.
3. Ibid.
4. Ibid.
5. Ibid.
6. Ibid.
7. Ibid.
8. Helen Hattab. « Descartes's Body-Machine ».
9. Gert-Jan Lokhorst. « Descartes and the Pineal Gland ».
10. « Chronobiology », Polimedica.
11. Willard L. Koukkari, Sothern, Robert B. *Introducing Biological Rhythms*.
12. Jeremy Pearce. « Aaron Lerner, Skin Expert Who Led Melatonin Discovery, Dies at 86 ».

13. Kim Kiser. « Father Time », Minnesota Medicine.
14. Robert Y. Moore. « Loss of a circadian adrenal corticosterone rhythm following suprachiasmatic lesions in the rat ».
15. Friedrich K. Stephan. « Circadian Rhythms in Drinking Behavior and Locomotor Activity of Rats Are Eliminated by Hypothalamic Lesions ».
16. Rae Silver. « The Suprachiasmatic Nucleus is a Functionally Heterogeneous Timekeeping Organ ».
17. Joseph S. Takahashi. « The Human Suprachiasmatic Nucleus ».
18. Alfred J. Lewy. « The dim light melatonin onset, melatonin assays and biological rhythm research in humans ».
19. David C. Klein. « Evolution of the vertebrate pineal gland : the AANAT hypothesis ».
20. Allan F. Wiechmann. « Melatonin : parallels in pineal gland and retina ».
21. Julie Ann Miller. « Eye to (third) eye ; scientists are taking advantage of unexpected similarities between the eye's retina and the brain's pineal gland ».
22. Masasuke Araki. « The evolution of the third eye ».
23. Julie Ann Miller. « Eye to (third) eye ; scientists are taking advantage of unexpected similarities between the eye's retina and the brain's pineal gland ».
24. Masasuke Araki. « The evolution of the third eye ».
25. Allan F. Wiechmann. « Melatonin : parallels in pineal gland and retina ».

26. Richard Cox. « The Mind's Eye », *USC Health & Medicine.*
27. David C. Klein. « The 2004 Aschoff/Pittendrigh Lecture : Theory of the Origin of the Pineal Gland – A Tale of Conflict and Resolution ».
28. « Banisteriopsis caapi (BLACK) Peru », Shamanic Extracts.
29. R. Gucchait. « Biogenesis of 5-methoxy-N,N-dimethyltryptamine in human pineal gland ».
30. Rick J. Strassman. *DMT : The Spirit Molecule.*
31. N. V. Cozzi. « Indolethylamine N-methyltransferase expression in primate nervous tissue ».
32. S. A. Barker. « LC/MS/MS analysis of the endogeneous dimethyltryptamine hallucinogens ».
33. D. Beach Barret. « An Introduction to Melatonin, the Pineal Gland Secretion That Helps Us Access Higher Understanding ».

Chapitre 4 : Le troisième œil à l'épreuve de la science

1. « Melatonin », *Encyclopedia Britannica.*
2. Dr Neil Cherry. « EMR Reduces Melatonin in Animals and People ».
3. « Melatonin », *Encyclopedia Britannica.*
4. « Scientists discover a new function of the dopamine in the pineal gland, involved in sleep regulation », Universitat de Barcelona.
5. Dr Neil Cherry. « EMR Reduces Melatonin in Animals and People ».

6. Ibid.
7. R. J. Reiter et J. Robinson. *Melatonin : Your body's natural wonder drug.*
8. E. F. Torrey. « Seasonality of births in schizoprenia and bipolar disorder : a review of the literature ».
9. Frank McGillion. « The Pineal Gland and the ancient art of Iatromathematica ».
10. Ibid.
11. Richard Boyd. « The Scientific Basis for the Spiritual Concept of the Third Eye ».
12. Scott Thill. « 4 Things You Should Know About Your « Third Eye » ».
13. « Jimo Borjigin, PhD », Medical School, Molecular and Integrative Physiology, University of Michigan.
14. Bradford S. Weeks. « Scientific Electromagnetic Field « EMF » Studies ».
15. Kavindra Kumar Kesari. « Biomarkers inducing changes due to microwave exposure effect on rat brain ».
16. Bary W. Wilson. « Evidence for an Effect of ELF Electromagnetic Fields on Human Pineal Gland Function ».
17. Dylan Charles, éd. « Do Electromagnetic Fields Affect the Pineal Gland ? ».
18. Shu-qun Shi. « Circadian Disruption Leads to Insulin Resistance and Obesity ».
19. David Salisbury. « Circadian clock linked to obesity, diabetes and heart attacks ».

20. « Itai Kloog : Harvard School of Public Health », PubFacts Scientific Publication Data.
21. Scott Thill. « 4 Things You Should Know About Your « Third Eye » ».
22. Itai Kloog. « Does the Modern Urbanized Sleeping Habitat Pose a Breast Cancer Risk ? ».
23. Jennifer A. Evans. « Individual differences in circadian waveform of Siberian hamsters under multiple lighting conditions ».
24. David W. Frank. « Time-Dependent Effects of Dim Light at Night on Re-Entrainment and Masking of Hamsters Activity Rhythms ».
25. « Scientists discover a new function of the dopamine in the pineal gland, involved in sleep regulation », Universitat de Barcelona.
26. N. Ongkana. « High accumulation of calcium and phosphorus in the pineal bodies with aging ».
27. R. Mahlberg. « Pineal calcification in Alzheimer's disease : an in vivo study using computed tomography ».
28. Jennifer Luke. *Fluoride Deposition in the Aged Human Pineal Gland.*
29. Paul Connett, Ph. D. « 50 Reasons to Oppose Fluoridation ».
30. National Research Council. « Fluoride in Drinking Water : A Scientific Review of EPA's Standards ».
31. « How to Decalcify the Pineal Gland (Third Eye/Ajna Chakra) ? », *Decalcify Pineal Gland.*

32. Walter Last. « The Borax Conspiracy : How the Arthritis Cure Has Been Stopped ».
33. Joanne Powell. « Orbital prefrontal cortex volume predicts social network size : an imaging study of individual differences in humans ».
34. « Science Confirms Third Eye Chakra », 2012, Merovee.
35. Serena Roney-Dougal. « Some Speculation on the effect of Geomagnetism on the Pineal Gland 1 », Psi Research Centre.
36. « Gale Encyclopedia of Occultism and Parapsychology : Rosa Kuleshova », Answers.
37. Sheila Ostrander. *Psychic Discoveries Behind the Iron Curtain.*
38. Ibid.
39. Vladimir Petropavlovsky. « The Third Eye Mystery ».
40. Anneli Rufus. « Third Eye Science ».
41. Sara W. Lazar. « Meditation experience is associated with increased cortical thickness ».
42. Chien-Hui Loou. « Correlation between Pineal Activation and Religious Meditation Observed by Functional Magnetic Resonance Imaging ».

CHAPITRE 5 : VOTRE CORPS SUBTIL

1. Svatmarama. *Hatha Yoga Pradipika,* 2,3.
2. Gopi Krishna. *Kundalini.*
3. B. K. S. Iyengar. *Light on Yoga,* pages 439-440.

4. Swami Harinanda. *Yoga and the Portal.*
5. Parmahansa Yogananda. *The Second Coming of the Christ,* Volume 1, page 87.
6. Ibid., page 109.
7. Matthieu 6,22.

CHAPITRE 6 : *ĀJÑĀ* : VOTRE CHAKRA DU TROISIÈME ŒIL

1. V. K. Subramanian. *Saundaryalahari of Shankaracharya,* 36, page 20.

CHAPITRE 7 : SURMONTER LES BLOCAGES PSYCHIQUES

1. « Brow Chakra Meditation to connect with your « third eye » », Watkins.
2. Santosh Ayalasomayajulam. *Veerabrahmendra, the precursor of Kalki.*

CHAPITRE 8 : DÉVELOPPEZ VOS POUVOIRS SUPRASENSORIELS

1. Matthieu 7,7.

CHAPITRE 9 : LE SIÈGE DES *SIDDHI*

1. Maharishi Mahesh Yogi. *Bhagavad Gita,* 6,19.
2. Swami Hariharananda Aranya. *Yoga Philosophy of Patanjali,* 1,2-3.
3. Maharishi Mahesh Yogi. *Bhagavad Gita,* 4,22.
4. Maharishi Mahesh Yogi. *Bhagavad Gita,* 2,58.

5. Swami Hariharananda Aranya. *Yoga Philosophy of Patanjali*, 3,24.
6. Ibid., 3,23.
7. Ibid., 3,25.
8. Ibid., 3,26.
9. Ibid., 3,27.
10. Ibid., 3,28.
11. Ibid., 3,29.
12. Ibid., 3,32.
13. Ibid., 3,33.
14. Ibid., 3,34.
15. Ibid., 3,35.
16. Ibid., 3,36.

Chapitre 10 : Alchimie du troisième œil

1. Eric Steven Yudelove. *100 Days to Better Health, Good Sex and Long Life*, pages 9-10.
2. Fabrizio Pregadio. « Cinnabar Fields (*Dantian*) ».
3. Ibid.
4. Ibid.
5. Tom Bisio. « Daoist Meditation Lesson Eight Theory : Golden Fluid and The Micro-Cosmic Orbit ».
6. « The Microcosmic Orbit », YuLi QiGong : Jade Power QiGong.

Chapitre 11 : Le nectar de l'immortalité

1. John Freed. « The Mesopotamian Winged Genies ».
2. Wikimedia Commons.
3. H. H. Wilson, trad. *Rgvedasamhita, Mandala 9*. 9.001.01, 9.001.02, 9.001.03.
4. H. H. Wilson, trad. *Rgvedasamhita, Mandala 9*. 9.113.07, 9.113.09, 9.113.10.
5. *Hatha Yoga Pradipika*, 3,43-45.
6. R. B. Jefferson. « The Doctrine of the Golden Mercuric Sulphur (Cinnabar) ».
7. Tao Lin. « DMT : You Cannot Imagine a Stranger Drug or a Stranger Experience ».
8. Iona Miller. « Soma Pinoline », Pineal DMT.
9. Cliff Pickover. « DMT, Moses, and the Quest for Transcendence ».
10. Iona Miller. « Soma Pinoline », Pineal DMT.

Chapitre 12 : Le troisième œil des yogis

1. *Hatha Yoga Pradipika*, 4,17.

Chapitre 15 : La percée spirituelle

1. JungOccult, « Styles of Chi Kung Opening Third Eye ».
2. Matthieu, 7,7.

Chapitre 18 : Un troisième œil complètement éveillé

1. *La Tempête,* acte 4, scène 1, pages 148-158.
2. Yoga Vasistha – The Art of Realization.
3. « Plato, The Allegory of the Cave », The History Guide.
4. Vimuktananda, Swami, trad. « Aparokshanubhuti ».
5. Max Muller, trad. *The Upanishads,* Chandogya Upanishad 6,2-1.
6. Max Muller, trad. *The Upanishads,* Brihadaranyaka Upanishad 1.4.10.
7. Max Muller, trad. *The Upanishads,* Chandogya Upanishad 6.8.7.
8. Max Muller, trad. *The Upanishads,* Chandogya Upanishad 3.14.1.
9. Max Muller, trad. *The Upanishads,* Kena Upanishad, 1,5 à 1,9.
10. Genèse 3,2-3.

Bibliographie

LIVRES

ARANYA, Swami Hariharananda. *Yoga Philosophy of Patanjali*,Calcutta, India, University of Calcutta, 1963.

AYALASOMAYAJULAM, Santosh. *Veerabrahmendra, The Precursor of Kalki*, Goa, India, CinnamonTeal Print and Publishing, 2010.

BECK, Mark, éd. *A Companion to Plutarch*, Hoboken, N. J., Wiley-Blackwell, 2014.

CLEGG, Robert Ingham. *Encyclopedia of Freemasonry*, Volume 1, Chicago, The Masonic History Company, 1929.

GARDINER, Alan H. *Egyptian Grammar, Being An Introduction to the Study of Hieroglyphs*, Oxford, Royaume-Uni, Oxford University Press, 1927.

HARINANDA, Swami. *Yoga and the Portal : Swami Harinanda's Guide to Real Yoga*, Jay Dee Marketing, 1996.

IYENGAR, B. K. S. *Light on Yoga : Yoga Dipika*, New York, Schocken Books, 1977, p. 439-440.

KOUKKARI, Willard L. et Robert B. SOTHERN. *Introducing Biological Rhythms : A Primer on the Temporal Organization of Life, with Implications for Health, Society, Reproduction, and the Natural Environment,* New York, Springer Publishing Company, 2006.

KRISHNA, Gopi. *Kundalini, The Evolutionary Energy in Man,* Boston, Shambala Press, 1967.

MAHESH YOGI, Maharishi. *La Bhagavad Gita : nouvelle traduction commentée des chapitres 1à 6,* Argel, 1991.

NATIONAL RESEARCH COUNCIL. *Fluoride in Drinking Water : A Scientific Review of EPA's Standards,* Washington, DC, The National Academies Press, 2006.

OSTRANDER, Sheila et Lynn SCHROEDER. *Fantastiques recherches parapsychiques en U.R.S.S.,* Paris, Robert Laffont, 1975.

RAMPA, T. Lobsang. *Le troisième œil,* Éditions 84, 2004.

REITER, R. J. et J. ROBINSON. *Melatonin : Your Body's Natural Wonder Drug,* New York, Bantam Books, 1995.

SHUMSKY, Susan. *Ascension,* Macro Éditions, 2012.

_______. G. *Divine Revelation,* New York, Fireside, 1996.

_______. *Exploring Meditation,* Franklin Lakes, N. J., New Page Books, 2002.

_______. *Comment entendre la voix de Dieu,* Varennes, Éditions AdA, 2016.

_______. *La guérison instantanée,* Varennes, Éditions AdA, 2016.

_______. *Miracle Prayer,* Franklin Lakes, N. J., New Page Books, 2006.

_______. *L'Énergie des chakras,* Varennes, Éditions AdA, 2015.

_______. *L'Énergie des auras,* Varennes, Éditions AdA, 2014.

STRASSMAN, Rick J. *DMT : La molécule de l'esprit,* Exergue, 2005.

Subramanian, V. K. *Saundaryalahari of Shankaracarya*, Delhi, India, Motilal Banarsidass Publishers, 1998.

Swatmarama, Pancham Sinh, trad. *Hatha Yoga Pradipika*, Allahabad, India, Sudhindra Nath Vasu, The Panini office, Bhuvaneswari Asrama, 1914.

Taylor, John H., éd. *Journey Through the Afterlife : Ancient Egyptian Book of the Dead*, Cambridge, Mass., Harvard University Press, 2013.

Yogananda, Parmahansa. *The Second Coming of the Christ : The Resurrection of the Christ Within You*, Volume 1, Los Angeles, Self-Realization Fellowship, 2004.

Yudelove, Eric Steven. *100 jours pour améliorer votre santé, sexualité et longévité : Un guide de yoga taoïste et Chi Kung*, Charriot d'Or, 1999.

Citations et articles scientifiques

Barker, S. A., J. Borjigin, I. Lomnicka et R. Strassman. « LC/MS/MS analysis of the endogenous dimelthyltryptamine hallucinogens, their precursors, and major metabolites in rat pineal gland microdialysate », *Biomed. Chromatogr*, 2013, 27, p. 1690-1700, doi : 10.1002/bmc2981.

Chien-Hui Loou, Chang-Wei Hsieh, Jyh-Horng Chen, Chang-Wei Hsieh, Si-Chen Lee, Chi-Hong Wang. « Correlation between Pineal Activation and Religious Meditation Observed by Functional Magnetic Resonance Imaging », 24 juin 2014, *www.theragem.nl/KristalLichtTherapie/Resources/pineal_gland.pdf/*

Cox, Richard. « The Mind's Eye », USC Health & Medicine, hiver 1995, In Craft, Cheryl M., éd., *EyesightResearch.org*.

COZZI, N. V., T. A. MAVLYUTOV, M. A. THOMPSON, A. E. RUOHO. « Indolethylamine N-methyltransferase expression in primate nervous tissue », *Society for Neuroscience Abstracts* 2011, 37 : 840.19.

EVANS, Jennifer A., Jeffrey A. ELLIOT et Michael R. GORMAN. « Individual differences in circadian waveform of Siberian hamsters under multiple lighting conditions », *J Biol Rhythms*, octobre 2012, 27(5), p. 410-419.

FRANK, David W., Jennifer A. EVANS, Michael R. GORMAN. « Time-Dependent Effects of Dim Light at Night on Re-Entrainment and Masking of Hamster Activity Rhythms », *J Biol Rhythms*, avril 2010, 25(2), p. 103-112.

GUCCHAIT, R. « Biogenesis of 5-methoxy-N, N-dimethyl-tryptamine in human pineal gland », *J. Neurochem*, 1976, 26, p. 187-190.

« Itai Kloog : Harvard School of Public Health », PubFacts Scientific Publication data, 11 juillet 2014, *http://www.pubfacts.com/author/Itai+Kloog/*.

KESARI, Kavindra Kumar, Sanjay KUMAR, J. BEHARI. « Biomarkers inducing changes due to microwave exposure effect on rat brain », General Assembly and Scientific Symposium : URSI, 2011.

KISER K. « Father Time », *Minnesota Medicine*, 2005, 88(11), p. 26.

KLEIN, David C. « The 2004 Aschoff/Pittendrigh Lecture : Theory of the Origin of the Pineal Gland – A Tale of Conflict and Resolution », *J Biol Rhythms* 2004, 19, p. 264.

______. « Evolution of the vertebrate pineal gland : the AANAT hypothesis », *Chronobiol. Int.*, 2006, 23(1-2), p. 5-20.

KLOOG, Itai ; Boris A. PORTNOV, Hedy S. RENNERT, Abraham HAIM. « Does the Modern Urbanized Sleeping Habitat Pose a Breast Cancer Risk ? », *Chronobiology International*, 2011, 28(1), p. 76-80.

LAZAR, Sara W., Catherine E. KERR, Rachel H. WASSERMAN,Jeremy R. GRAY, Douglas N. GREVE, Michael T. TREADWAY, Metta MCGARVEY, Brian T. QUINN, Jeffery A. DUSEK, Herbert BENSON, Scott L. RAUCH, Christopher I. MOORE et Bruce FISCHL. « Meditation experience is associated with increased cortical thickness », *Neuroreport*, 28 novembre 2005 ; 16(17), p. 1893-1897.

LEWY, Alfred J. « The dim light melatonin onset, melatonin assays and biological rhythm research in humans », *Biol. Signals Recept*, 1999, janvier-avril, 8(1-2), p. 79-83.

LUKE, Jennifer. « Fluoride Deposition in the Aged Human Pineal Gland », *Caries Res* 2991, 35, p. 125-128.

MAHLBERG, R. ; S. WALTHER, P. KALUS, G. BOHNER, S. HAEDEL, F. M. REISCHIES, K. P. KÜHL, R. HELLWEG et D. KUNZ. « Pineal calcification in Alzheimer's disease : an in vivo study using computed tomography », *Neurobiol. Aging*, Février 2008, 29(2), p. 203-209.

MCGILLION, Frank. « The Pineal Gland and The Ancient Art of Iatromathematica », *Journal of Scientific Exploration*, 2002, 16(1), p. 19-38.

MILLER, Julie Ann. « Eye to (third) eye ; scientists are taking advantage of unexpected similarities between the eye's retina and the brain's pineal gland », *Science News*, 9 novembre 1985, in Thefreelibrary.com.

MOORE, Robert Y. et Victor B. EICHLER. « Loss of circadian adrenal corticosterone rhythm following suprachiasmatic lesions in the rat », *Brain Research*, juillet 1972, 42 (1), p. 201-206.

ONGKANA, N., X. Z. ZHAO, S. TOHNO, C. AZUMA, Y. MORIWAKE, T. MINAMI et Y. TOHNO. « High accumulation of calcium and phosphorus in the pineal bodies with aging », *Biol. Trace Elem. Res.*, novembre 2007, 119(2), p.120-127.

PEARCE, Jeremy. « Aaron Lerner, Skin Expert Who Led Melatonin Discovery, Dies at 86 », *The New York Times*, 17 février 2007.

POWELL, Joanne, Penelope A. LEWIS, Neil ROBERTS, Marta GARCÍA-FIÑANA et Robin DUNBAR, Robin. « Orbital prefrontal cortex volume predicts social network size : an imaging study of individual differences in humans », 1er février 2012. The Royal Society Publishing, 3 novembre 2014. *http://rspb.royalsocietypublishing.org/content/early/2012/01/27/rspb.2011.2574/*.

RONEY-DOUGAL, Serena et Gunther VOLG. « Some Speculations on the effect of Geomagnetism on the Pineal Gland 1 », 2012, ; Psi Research Centre. 26 juin 2014. *www.psi-researchcentre.co.uk/article_10.html/*.

SALISBURY, David. « Circadian clock linked to obesity, diabetes and heart attacks », 21 février 2013, Vanderbilt University. 12 novembre 2014, *http://news.vanderbilt.edu/2013/02/circadian-clock-obesity/*.

« Science Confirms Third Eye Chakra », 2012, Merovee. 7 novembre 2014, *http://merovee.wordpress.com/2012/02/01/science-confirms-third-eye-chakra/*.

« Scientists discover a new function of the dopamine in the pineal gland, involved in sleep regulation », 2012,

Universitat de Barcelona. 8 novembre 2014, *http://www.ub.edu/web/ub/en/menu_eines/noticies/2012/06/060.html/.*

SHI, Shun-qun, Tasneem S. ANSARI, Owen P. MCGUINNESS, David H. WASSERMAN et Carl Hirschie JOHNSON. « Circadian Disruption Leads to Insulin Resistance and Obesity », *Current Biology,* 4 mars 2013, 23(5), p. 372-381.

SILVER, Rae et William J. SCHWARTZ. « The Suprachiasmatic Nucleus is a Functionally Heterogeneous Timekeeping Organ », *Methods Enzymol,* 2005, 393, p. 451-465.

STEPHAN, Friedrich K. et Irving ZUCKER. « Cicardian Rhythms in Drinking Behavior and Locomotor Activity of Rats Are Eliminated by Hypothalamic Lesions », *Proc Natl Acad Sci U S A,* juin 1972, 69(6), p. 1583-1586.

TORREY. E. F., J. MILLER, R. RAWLINGS et R. H. YOLKEN. « Seasonality of births in schizophrenia and bipolar disorder : a review of the literature », *Schizophr Res.,* 7 novembre 1997, 28(1), p. 1-38.

WEEKS, Bradford S. « Scientific Electromagnetic Field « EMF » Studies », 28 mai 2008, *WeeksMD.* 16 juillet 2014, *http://weeksmd.com/2008/05/references-about-the-science-of-emf-danger/.*

WIECHMANN, Allan F. « Melatonin : parallels in pineal gland and retina », *Exp. Eye Res,* juin 1986, 42(6), p. 507-527.

WILSON, Bary W., Cherylyn W. WRIGHT, James E. MORRIS, Raymond L. BUSCHBOM, Donald P. BROWN, Douglas L. MILLER, Rita SORNMERS-FLANNIGAN et Larry E. ANDERSON. « Evidence for an Effect of ELF Electromagnetic Fields on Human Pineal Gland Function », *Journal of Pineal Research*, 1990, 9, p. 259-269.

SOURCES INTERNET

ALEFF, H. Peter. « The system of Horus Eye fractions », Recoveredscience.com, 24 juillet 2014, *www.recovereds-cience.com/const102horuseye.html/*.

ARAKI, Masasuke. « The Evolution of the Third Eye », février 2007. Nikon, 4 juin 2014, *www.nikon.com/about/feelnikon/light/chap05/sec02.html/*.

BABBIT, Frank Cole, éd. « Plutarch, De Iside et Osiride ». 25 juin 2014, *http://data.perseus.org/citations/urn:cts:greekLit:tlg0007.tlg089.perseus-eng1:51/*.

« Banisteriopsis caapi (BLACK) Peru », 2007, Shamanic Extracts. 13 novembre 2014, *www.shamanic-extracts.com/xcart/shamanic-products/banisteriopsis-caapi-black-peru.html/*.

BARRETT, D. Beach. « An Introduction to Metatonin, the Pineal Gland Secretion that Helps Us Access Higher Understanding », 2002, Metatonin Research. 3 octobre 2014, *http://metatoninresearch.org/*.

BISIO, Tom. « Daoist Meditation Lesson Eight Theory : Golden Fluid & The Micro-Cosmic Orbit », 24 avril 2013, New York Internal Arts. 15 novembre 2014, *www.interalartsinternational.com/free/daoist-meditation-lesson-eight-theory-golden-fluid-the-micro-cosmic-orbit/*.

BOYD, Richard. « The Scientific Basis for the Spiritual Concept of the Third Eye », 2011, Energetics Institute.

8 juillet 2014, *www.energeticsinstitute.com.au/page/third_eye.html/*.

« Brow Chakra Meditation to connect with your « third eye » », 10 juillet 2014, Watkins. 10 septembre 2014, *www.watkinspublishing.com/brow-chakra-meditation-third-eye/*.

CHARLES, Dylan, éd. « Do Electromagnetic Fields Affect the Pineal Gland ? », 20 novembre 2012, Waking Times. 15 juillet 2014, *www.wakingtimes.com/2012/11/20/effects-of-electromagnetic-fields-on-the-pineal-gland/*.

CHERRY, Dr Neil. « EMR Reduces Melatonin in Animals and People », 26 juillet 2000, EMF Guru. 25 juillet 2014, *www.feb.se/EMFguru/Research/emf-emr/EMR-Reduces-Melatonin.htm/*.

« Chronobiology », Polimedica. 23 juin 2014, *www.polimedica.org/ ?p=1652/*.

CONNETT, Paul, Ph. D. « 50 Reasons to Oppose Fluoridation », 2012, Fluoride Action Network. 5 novembre 2014, *www.fluoridation.com/fluorideindrinkingwater.htm/*.

DUNN, Jimmy. « Horus, the God of Kings in Ancient Egypt », 2012, Tour Egypt. 15 juillet 2014, *www.touregypt.net/featurestories/horus.htm/*.

« Eye of Horus », Ancient Egypt : The Mythology. 19 juin 2014, *www.egyptianmyths.net/udjat.htm/*.

« Eye of Horus, Eye of Ra », 2009, Symboldictionary.net, a Visual Glossary. 20 juillet 2014, *http://symboldictionary.net/?p=519/*.

FLYNN, David. « October 8 », Watcher. 24 juillet 2014, *www.mt.net/~watcher/OCT8.html/*.

FREED, John. « The Mesopotamian Winged Genius », 23 février 2013, Near Eastern Archaeology. 3 juin 2014, *http://nearchaelogy.blogspot.com/2013/02/the-mesopotamian-winged-genius.html/*.

« Gale Encyclopedia of Occultism and Parapsychology : Rosa Kuleshova », 2001, Answers. 15 septembre 2014, *www.answers.com/topic/rosa-kuleshova/*.

HATTAB, Helen. « Descartes's Body-Machine », 2001, Experience and Experiment in Early Modern Europe. 12 septembre 2014, *www.folger.edu/html/folger_institute/experience/textures_hattab.htm/*.

« How to Decalcify the Pineal Gland (Third Eye/Ajna Chakra) ? », 2012, Decalcify Pineal Gland. 7 novembre 2014, *http://decalcifypinealgland.com/how-to-decalcify-the-pineal-gland/*.

JEFFERSON, R. B. « The Doctrine of the Golden Mercuric Sulphur (Cinnabar) », The Doctrine of the Elixir. 17 novembre 2014, *http://duversity.org/elixir/*.

« Jimo Borjigin, PhD », Medical School, Molecular and Integrative Physiology, University of Michigan. 27 juillet 2014, *http://medicine.umich.edu/dept/molecular-integrative-physiology/jimo-borjigin-phd/*.

JungOccult. « Styles of Chi Kung Opening Third Eye », 3 décembre 2013, Scribd. *www.scribd.com/doc/188841262/Styles-of-Chi-Kung-Opening-Third-Eye/*.

LAST, Walter. « The Borax Conspiracy : How the Arthritis Cure Has Been Stopped », Health-Science-Spirit. 7 novembre 2014, *www.health-science-spirit.com/borax.html/*.

LIN, Tao. « DMT : You Cannot Imagine a Stranger Drug or a Stranger Experience », 5 août 2014, Vice. 25 novembre 2014, *www.vice.com/read/dmt-you-cannot-imagine-a-stranger-drug-or-a-stranger-experience-365/*.

LOKHORST, Gert-Jan. « Descartes and the Pineal Gland », 18 septembre 2013, Stanford Encyclopedia of Philosophy. 25 juin 2014, *http://plato.stanford.edu/entries/pineal-gland/*.

MACARTHUR, John D. « Annuit Coeptis – Origin and Meaning of the Motto Above the Eye », 2014, Great Seal. 6 juin 2014, *http://greatseal.com/mottoes/coeptis.html/*.

______. « Charles Thomson – Principal Designer of the Great Seal », 2014, Great Seal. 6 juin 2014, *http://greatseal.com/committees/finaldesign/thomson.html/*.

______. « Explanation of the Great Seal's Symbolism », 2014, Great Seal. 6 juin 2014, *http://greatseal.com/symbols/explanation.html/*.

______. « Source of Novus Ordo Seclorum », 2014, Great Seal. 6 juin 2014, *http://greatseal.com/mottoes/seclorumvirgil.html/*.

« Melatonin », 30 janvier 2014, Encyclopedia Britannica. 3 juin 2014, *www.britannica.com/EBchecked/topic/373799/melatonin/*.

MILLER, Iona. « Soma Pinoline », 2006, Pineal DMT. 25 novembre 2014, *http://ionaparamedia.50megs.com/whats_new_1.html/*.

MORRIS, S. Brent, P. M. « Eye in the Pyramid », Masonic Service Association. 6 juin 2014, *www.msana.com/eyeinpyramid.asp/*.

MULLER, Max, trad. Sacred Text Archive. *The Upanishads, Part I*. 8 août 2014, *http://www.sacred-texts.com/hin/sbe01/index.htm/*.

______. Sacred text Archive. The Upanishads, Part II. 8 août 2014, *http://www.sacred-texts.com/hin/sbe15/sbe15076.htm/*.

OSBORN, David K. « Did the Greeks Have Chakras ? », Greek Medicine. 25 juillet 2014, *http://www.greekmedicine.net/b_p/Greek_Chakras.html/*.

PETROPAVLOVSKY, Vladimir. « The Third Eye Mystery », 19 août 2003, Pravda.ru. 20 mai 2014, *http://english.pravda.ru/science/tech/19-08-2003/3551-introscopy-0/*.

PICKOVER, Cliff. « DMT, Moses, and the Quest for Transcendence ». *http://sprott.physics.wisc.edu/pickover/pc/dmt.html/*.

« Plato, The Allegory of the Cave », 2012, The History Guide. 5 mai 2014, *www.historyguide.org/intellect/allegory.html/*.

PREGADIO, Fabrizio. « Cinnabar Fields (*Dantian*) », 2014, The Golden Elixir. 25 novembre 2014, *http://www.goldenelixir.com/jindan/dantian.html/*.

RUFUS, Anneli. « Third Eye Science », 27 août 2009, Psychology Today. 25 juin 2014, *www.psychologytoday.com/blog/stuck/200908/third-eye-science/*.

Shira. « Symbols from the Middle East ». 27 juin 2014, *www.shira.net/culture/symbols.htm/*.

TAKAHASHI, Joseph S. « The Human Suprachiasmatic Nucleus », Howard Hughes Medical Institute.

14 septembre 2014, *www.hhmi.org/biointeractive/human-sprachiasmatic-nucleus/*.

« The Ancient Connection Between Sirus, Earth and Mankind's History », 2014, Humans Are Free. 17 novembre 2014, *http://humansarefree.com/2014/03/the-ancient-connection-between-sirus.html#sthash.WwubMkaz.dpuf/*.

« The Eye of Horus », Ancient Egypt Online, 2010. 19 juin 2014, *http://www.ancientegyptonline.co.uk/eye.html/*.

« The Microcosmic Orbit », YuLi QiGong : Jade Power QiGong. 14 novembre 2014, *www.yuliqigong.com/MicroOrbit.html/*.

THILL, Scott. « 4 Things You Should Know About Your « Third Eye » », 22 mars 2013, Alternet. *www.alternet.org/personal-health/4-things-you-should-know-about-your-third-eye ?paging=off ?current_page=1#bookmark/*.

« Totafot », 2007, Balashon Hebrew Language Detective. 3 octobre 2014, *www.balashon.com/2007/01/totafot.html/*.

TROYER, Melissa, 21 janvier 2013, « « The Eye of Horus and the Pineal Gland » Resonates with Me ». 14 juillet 2014, *http://resonateswith.me/the-eye-of-horus-and-the-pineal-gland-connection/#sthash.1rc2Xip5.DGjN2kvm.dpbs/*.

« Udjat Eye », The Global Egyptian Museum. 18 juin 2014, *www.globalegyptianmuseum.org/glossary.aspx ?id=384/*.

VIMUKTANANDA, Swami, trad. « Aparokshanubhuti », Sankaracharya.org. 13 septembre 2014, *www.sankaracharya.org/aparokshanubhuti.php/*.

« What Does the pharmacist's symbol « Rx » mean ? », 17 mai 1999, The Straight Dope. 24 juillet 2014, *www.straightdope.com/columns/read/1641/what-does-the-pharmacists-symbol-rx-mean/.*

Wilson, H. H., trad. « *Rgvedasamhita, Mandala 9* ». 13 septembre 2014, *www.theasis.net/RgV/rv9_2.html/.*

« Yoga Vasistha – The Art of Realization ». *http://yogi.lv/files/yoga_vasistha.pdf.*

Au sujet de l'auteure

La D^re^ Susan Shumsky a choisi de consacrer sa vie à aider les gens à prendre leur vie en main de façon efficace, énergique et positive. Susan est une experte de premier plan en spiritualité, une conférencière professionnelle saluée et très respectée par la critique, une invitée recherchée par les médias, une ministre du mouvement de la Nouvelle Pensée et une docteure en divinité.

La D^re^ Shumsky est l'auteure de *Divine Revelation*, constamment republié par Simon & Schuster depuis 1996, et de quatre ouvrages primés : *Exploring Chakras, How to Hear the Voice of God* et *Ascension*, chez New Page Books ; et *Miracle Prayer*, chez Penguin Random House. Parmi ses autres ouvrages, on retrouve *Exploring Meditation, Exploring Auras, Comment entendre la voix de Dieu, La guérison instantanée, L'Énergie des auras* et *L'Énergie des chakras*, parus chez New Page Books et Les Éditions AdA. Ses livres ont été publiés dans plusieurs langues à travers le monde, nombre d'entre eux se sont hissés à la première position des meilleures ventes sur le site Amazon.com, et deux ont été choisis par le One Spirit Book Club.

La D^re^ Shumsky pratique des disciplines de croissance personnelle depuis 1967. Pendant 22 ans, elle s'est entraînée à la méditation profonde plusieurs heures par jour dans l'Himalaya, les Alpes suisses et d'autres lieux isolés, sous la supervision personnelle d'un maître indien, le Maharishi Mahesh Yogi, fondateur de la Méditation Transcendantale, gourou des Beatles et de Deepak Chopra. Elle a fait partie de l'entourage immédiat du Maharishi pendant sept ans en Espagne, à Majorque, en Autriche, en Italie et en Suisse. Elle a ensuite étudié la philosophie de la Nouvelle Pensée et la métaphysique pendant 25 autres années, avant de devenir docteure en divinité.

La D^re^ Shumsky a enseigné le yoga, la méditation, la prière et l'intuition à des milliers d'étudiants à travers le monde depuis 1970 en tant que pionnière dans le domaine de la conscience. Elle a fondé Divine Revelation®, une technologie unique et ayant fait ses preuves qui permet d'entrer en contact avec la présence divine, d'entendre et de vérifier notre voix intérieure, et de recevoir des conseils clairs de la divinité.

La D^re^ Shumsky voyage énormément, offrant et organisant des ateliers, des conférences, des séminaires à bord de bateaux de croisière et des visites de plusieurs lieux sacrés un peu partout dans le monde. Elle offre également des séminaires à distance, des services de coaching spirituel personnalisés, des séances de prière thérapeutique et des séances de percée spirituelle.

Toutes ces années consacrées à la recherche dans le domaine de la conscience et de l'exploration intérieure ont enrichi ses livres et ses enseignements, qui peuvent grandement aplanir les nombreux obstacles auxquels est confronté celui qui cherche sa vérité intérieure, tout en réduisant considérablement le temps requis pour trouver la voie intérieure menant à l'Esprit.

Sur son site Web, *www.drsusan.org*, vous pouvez :

- vous abonner à sa liste d'envoi ;
- voir l'itinéraire de la D[re] Shumsky ;
- lire le premier chapitre de tous ses livres ;
- écouter gratuitement des douzaines d'entrevues et de séminaires télévisés avec la D[re] Shumsky ;
- inviter la D[re] Shumsky à venir parler devant votre groupe ;
- trouver des professeurs qui enseignent la Révélation divine dans votre secteur ;
- consulter le curriculum de la Révélation divine ;
- vous inscrire pour participer à une retraite ou à des cours de Révélation divine ;
- commander des CD, des fichiers téléchargeables ou des cartes laminées de prières de guérison ;
- commander des livres, des produits audiovisuels ou des cours par correspondance ;
- commander de magnifiques illustrations couleur de la D[re] Shumsky ;
- vous inscrire à des séances téléphoniques ou à des séminaires télévisés de la D[re] Shumsky ;
- vous inscrire pour visiter des destinations sacrées à travers le monde.

En vous joignant à sa liste d'envoi au *www.drsusan.org*, vous recevrez une mini-méditation guidée téléchargeable gratuitement en plus d'un accès gratuit à son cercle de prière hebdomadaire par téléconférence, ainsi qu'à son forum communautaire en ligne.

Pour vous remercier d'avoir lu ce livre, je vous offre le code du coupon-rabais que vous pourrez utiliser quand vous vous inscrirez à l'une de nos retraites ou l'un de nos voyages organisés au *www.divinetravels.com* : THIRDEYE108.

La D^re^ Shumsky voudrait recevoir de vos nouvelles. Vous pouvez lui écrire au sujet de vos expériences personnelles concernant l'ouverture de votre troisième œil à l'adresse : divinerev@aol.com.